经济管理与会计实践创新研究

刘秀霞　李　敏　窦素花　主编

哈尔滨出版社
HARBIN PUBLISHING HOUSE

图书在版编目（CIP）数据

经济管理与会计实践创新研究 / 刘秀霞，李敏，窦
素花主编 . -- 哈尔滨：哈尔滨出版社，2023.1

ISBN 978-7-5484-6706-9

Ⅰ．①经… Ⅱ．①刘… ②李… ③窦… Ⅲ．①经济管
理－研究②会计学－研究 Ⅳ．①F2

中国版本图书馆 CIP 数据核字 (2022) 第 156682 号

书　　名：经济管理与会计实践创新研究

JINGJI GUANLI YU KUIJI SHIJIAN CHUANGXIN YANJIU

作　　者：刘秀霞　李　敏　窦素花　主编

责任编辑：张艳鑫

封面设计：张　华

出版发行：哈尔滨出版社（Harbin Publishing House）

社　　址：哈尔滨市香坊区泰山路 82-9 号　邮编：150090

经　　销：全国新华书店

印　　刷：河北创联印刷有限公司

网　　址：www.hrbcbs.com

E - mail：hrbcbs@yeah.net

编辑版权热线：（0451）87900271　87900272

开　　本：787mm×1092mm　1/16　印张：11.25　字数：257 千字

版　　次：2023 年 1 月第 1 版

印　　次：2023 年 1 月第 1 次印刷

书　　号：ISBN 978-7-5484-6706-9

定　　价：68.00 元

凡购本社图书发现印装错误，请与本社印制部联系调换。

服务热线：（0451）87900279

　　伴随着经济全球化步伐的不断加快，社会主义市场经济的不断发展，企业正面临着崭新的发展环境和发展压力。如何做好新形势下的企业经济管理创新对企业的良性发展至关重要。本书着重阐述了新形势下，企业经济管理面临的崭新环境以及做好新形势下企业经济管理与会计实践创新的重要性和必要性，并且对新形势下做好企业经济管理与会计实践创新的策略等相关问题做出了分析与探讨。

　　企业经济管理的内容是多方面的，主要应该包括与企业发展密切相关的企业的战略目标、组织机构的职能、人力资源、内部控制等诸多方面的管理。伴随着企业管理的不断深入，经济管理已经成为企业管理不可或缺的重要组成部分。同时，当今企业发展面临的是一个经济全球化的时代，经济与科技都在日新月异地发展，世界范围内的竞争越来越激烈，如何适应这种崭新的发展环境，在世界范围内的激烈竞争中获得企业发展的潜力是所有企业不可回避的问题。因此，新形势下的企业经济管理创新便被很多企业提上议事日程。中国企业参与国际竞争越来越频繁，其面临的压力以及各种新情况和新问题也越来越多。对此我们应该具有清醒认识，并且探索出一条与此相适应的经济管理创新道路。

　　本书主要介绍了经济管理的战略以及问题，还对企业发展以及会计实践做了相关研究探讨。为了保证我国企业的竞争力和发展潜力，我们应该从观念创新、机制创新等各个方面出发，充分认识企业经济管理的重要性，借鉴国外先进经验并且与企业的具体实际相结合，不断探索符合企业实际的经济管理与会计实践创新模式，提高企业的竞争力。

编委会

主　编

刘秀霞　山东省物化探勘查院

李　敏　中铁十四局集团房地产开发有限公司

窦素花　沂水县财政局

副主编

高　霞　山东省临沂市沂水县财政局

胡怀彬　山东省泰安市宁阳县财政局

任晓宁　平度市人民检察院

孙海燕　枣庄市人事考试中心

姚文师　国能生物发电集团有限公司

赵　青　国网晋城供电公司

朱然发　山东沂水经济开发区管理委员会

ontents
目录

第一章　经济学理论

经济是国家以及企业都非常注重的，经济学的价值也从中体现出来。本章主要介绍经济学的一些理论，包括计划经济与市场经济、供求关系以及企业等内容。

第一节　计划经济与市场经济

一、马克思主义经济理论

我国市场经济的社会主义性质，决定了马克思的开放经济理论是我国扩大对外开放、发展开放经济的理论基础。马克思著作中关于国际分工理论、国际价值理论、国际生产价格理论以及对外贸易能够增加一国价值量的论述，构成了这一理论基础的核心。

1. 马克思开放经济理论的基本内容

国际分工是指世界上各国之间的劳动分工，它是社会分工超出国家界限的结果。国际分工理论是扩大国际经济交流、发展开放经济的理论基础。马克思在其著作中对国际分工方面的问题有许多论述，其基本观点是：

第一，国际分工是生产力发展到一定阶段的结果，生产力发展水平，决定着国际分工的深刻程度。马克思认为，由于生产力的发展，才出现社会分工，并且随着生产力发展水平的提高，社会分工程度日趋深化，范围也不断扩大。在原始社会末期，由于生产力的发展，出现了三次社会大分工。但是，由于自然经济占统治地位的奴隶制社会和封建社会，生产力发展水平较低，商品经济不发达，因而那时的社会分工是不发达的社会分工。社会分工的范围狭小，是属于地方性的分工。当然，那时在邻近国家之间也存在着极不发达的国际分工，但这种国际分工带有很大的偶然性和局限性。而生产力的迅速发展，资本主义大机器工业的建立对资本主义国际分工的形成起了重要的作用。

第二，任何一个实行社会化大生产的国家，都必然要超出国界参加国际分工和国际市场交换。马克思指出："由于社会分工，这些商品的市场日趋扩大；生产劳动的分工，使它们各自的产品互相变成商品，互相成为等价物，使它们互相成为市场。"社会分工是商品交换产生的前提条件，国内分工形成了国内市场，国际分工形成了国际市场。在社会化生产条件下，大机器生产使得生产规模和生产能力不断扩大，源源不断地生产出来的大批商品，必然要突破国内市场的范围，在世界范围内不断寻求新的市场，销往世界各地。同时，由于生产的扩大和膨胀，引起对原材料的大量需求，也不得不从国外寻求新的原材料来源。这样，社会化的大生产就把工业品的销售、原材料的供应紧密地联结在一起，使得经济发展水平不同的国家都卷入了国际分工和世界市场之中。"使一切国家的生产和消费都成为世界性的了……过去那种地方的和民族的闭关自守和自给自足状态已经消逝，现在代之而起的已经是各个民族各方面互相往来和各方面互相依赖了。"

第三，一个国家参加国际分工，可以节约社会劳动，增加利润。马克思认为，一个国家参加社会分工，能够比较有效地发挥本国优势，利用自己相对有利的条件进行专业化生产。这样就可以降低生产成本，提高利润率。马克思指出："对外贸易一方面使不变资本的要素变得便宜，一方面使可变资本转化成的必要生活资料变得便宜，它具有提高利润率的作用。"这段话的意思是说，通过参加国际分工和国际市场的交换，一方面可以使不变资本的要素，如生产用的原材料、燃料等，变得便宜了，这样就可以节约生产所花费的物化劳动；另一方面可以使可变资本转化成的生活资料，如粮食和其他食品等变得便宜了，这样，就可降低工资，减少劳动支出。二者的节约，就会使生产成本降低，利润率提高。

2. 马克思开放经济理论的现实意义

马克思的理论不仅论证了参与国际分工、发展开放经济的必然性和必要性，而且为如何参与国际分工和推动开放经济发展提供了理论基础。其理论仍然有着极为重要的现实意义：

第一，马克思的国际价值理论、国际分工理论为我国如何参与国际分工提供了重要依据。我国参与国际分工的目的是为了实现社会劳动的节约，增加我国的价值。马克思的国际价值、国际分工理论告诉我们：出口本国价值小于国际价值的产品，或进口本国价值大于国际价值的产品，就可以增加一个国家的价值量。这就为我国商品的进出口提供了重要依据。依据这一理论，我国在安排商品出口时，应尽可能地安排我国生产效率高、价值小于或和国际价值近似的产品出口；在组织商品进口时，应尽可能地组织国际价值小于本国价值的产品进口。这样，我国在国际分工中才能获得更多的实际利益。

第二，不断提高我国的劳动生产率，是参与国际竞争的根本途径。马克思的国际价值理论指出，商品的国际价值，不是取决于生产商品的国别劳动时间，而是取决于国际社会必要劳动时间。因此，那些劳动生产率高、国际社会必要劳动时间较少的国家，按照国际价值出售产品，便可以获得较多利益。反之，那些劳动生产率较低、国际社会必要劳动时间较多的国家，按照国际价值出售产品，获益较少，甚至不能弥补支出。所以，要想在国际市场竞争中占据主动地位，在国际分工中争得一席之地，必须采取各种办法，提高其劳动生产率。从总体上来看，我国的劳动生产率还比较低。千方百计地提高劳动生产率，对我国来讲有着更特殊的重要意义。

技术作为一种复杂劳动，它在生产力诸要素中发挥着特殊的作用，对商品价值的形成和实现起着越来越重要的作用。发展科学技术，提高劳动生产率，是参与国际竞争的根本手段。因此，建立高科技产业群，逐步形成参与国际竞争的强大物质基础，是发展开放经济的根本途径。

第三，国际价值和国际生产价格理论，为正确制定国际贸易商品价格提供了根本的理论依据。在国际市场上，只有国际价值才是社会价值。国际市场的商品交换只能按照国际价值进行。因此，国际价值是国际市场价格的基础。国际市场价格是国际价值或其转化形式国际生产价格的货币表现形式。在国际市场上，各大宗商品的集散地和交易中心的价格，大量进口或大量出口某种商品的国家的进出口价格，某些重要商品的国际拍卖价格或投标价格等，集中代表了国际市场价格。它是国际价值或国际生产价格的具体体现形式。因此，上述各种价格是各国进出口贸易制定其商品价格的重要依据。

第四，马克思的国际生产价格理论，阐明了资本以及和资本投放有密切关系的劳动力在国际上流动的客观必然性和可能性。这就为利用外资和对外投资以及劳务贸易提供了根本的理论依据。资本过剩的发达国家为了使其资本获得平均利润，向资本短缺的发展中国家进行投资，这是世界经济发展的必然趋势，而发展中国家在资金不足的情况下，接收和利用外来资金，也是由其客观经济条件所决定的。当然，这并不排除发展中国家，在某些领域或行业向其他发展中国家或某些发达国家进行投资，这同样也是由平均利润驱动的。同样的道理，劳动力资源丰富的发展中国家，向劳动力比较缺乏的发达国家输出劳务，也是世界经济发展的必然趋势。当然，这也不排除发达国家在某些领域或行业，特别是在知识密集型领域，向发展中国家输出劳务。

3. 中国特色开放型经济理论研究

"开放"是"通"的代名词，"不通"就是"不开放"，"通"就是"开放"，"通"最原始的概念就是指人的活动范围有多大，活动范围越大，"通"的程度也就越高；人的活动范围越小，"通"的程度也就越低。只有"通"，社会经济的各个领域才能有效运行。只要"开放"，社会经济活动就活跃；"不开放"，社会经济活动就呆滞。只有坚持开放，才符合人类社会经济发展的客观规律；只有坚持开放，才能促进人类社会经济发展；只有坚持开放，才能使中国融入世界经济中来；只有坚持开放，才能实现中国广大内陆地区的快速发展。

远古时期，无论是动物还是人，都要依赖自然界生存，依水而居，依山而食。为了获得足够的食物，为了找到合适的居住场所，都尽可能地扩大自己的活动范围，扩大自己的领地，因为这样做可以占有充足的食物，只有走得更远才能获得更多的资源。人怎样才能走得更远？怎样才能扩大自己的活动领域呢？长时间的生存磨砺，人们慢慢懂得了只有借助交通工具才能走得更远。

陆路走的人多了，走的时间长了，道路就出现了，骑马这样的交通方式就跟着出现了。石头滚动可以滚得很远，轮子和车就发明出来了，借助车辆人们可以走得很远。河流是流动的，借助漂浮物在水面航行可以将人带到很远的地方，船舶就发明出来了，借助船舶人们可以走得很远。交通工具的发明和使用成为扩大人们活动范围的重要原因或条件。

信息沟通，传递情报，古人依赖的只有声音和文字两种手段，口传耳听，文字记录，人能走到哪里，信息才能传递到哪里。后来发明了文字，才可以记录历史，才可以将信息传递到远方。通信工具的发明和使用成为扩大人们活动范围的重要原因或条件。

现代交通工具已经远远不是古人所使用的原始工具，而是飞机、高速铁路列车、汽车、高速公路、万吨巨轮，构成了庞大的航空网、铁路网、公路网、远洋运输网，四维立体交通网络，足以将人带到全球的任何一个角落。

现代通信工具已经远远不是古人所使用的声音和文字，而是无线电广播、电话、电视、电脑与互联网、卫星与雷达，构成庞大的现代通信网络，四维立体网络，足以让人们及时分享全世界传播的信息，及时了解全世界发生的情况。

人员流动、物资流动、资金流动、信息流动，四种媒介的流动足以将地球变成一个"大村落"，过去古人农耕社会的自然村落，以及原始狭小的活动封闭领地，再也无法存在了，畅通已经成为必然，开放已经成为必然。

开放的含义是"展开、解除封锁、解除禁令、解除限制"。开放是相对于封闭而言的事物形态，封闭是指生产要素不可以自由流动，开放就是指生产要素可以自由流动，事实说明只有生产要素自由流动，生产链条才能正常运转，生产要素配置才能得以实现，商品才能流动，社会活动才富有活力。

开放的空间领域可以分为区内开放、区间开放和区外开放。区内开放是指特定区域内的开放；区间开放是指国家内各地区之间的开放；区外开放泛指国家之间的开放。

经济体可以是国家，也可以是一个地区，还可以是一个区域联盟。如果经济体是一个封闭形态，则边界壁垒坚硬，难以形成浸润，内部力量和外部力量都难以进出。经济体与经济体之间界面呈切线状。如果经济体是一个开放形态，则边界柔软，内部力量和外部力量都容易进出，界面彼此浸润。开放实际上就是彼此浸润的过程。

人类社会解决生产什么和生产多少、如何生产以及为谁生产这三大基本问题的方法有三种，即自然经济方式、市场经济方式和计划经济方式。

在自给自足的自然经济中，家庭或经济单位（如原始公社、封建庄园）为直接满足自身的需要而生产，自耕而食，自织而衣。生产什么和生产多少、如何生产以及如何分配，由家长、首领或者有发言权的团体根据自己掌握的资源、自己的需要以及经验来决定。随着社会生产力的发展，在全世界，自然经济逐渐瓦解，让位于市场经济方式。但是，在许多欠发达国家的农村，一定程度的自然经济方式仍然大量存在。

下面我们把注意力放在决定现代经济运行的计划经济方式和市场经济方式上。

二、市场经济

市场经济作为一种体制，在西方是随着自然经济的瓦解而逐步形成的。市场经济是在财产权利的制度制约下，通过个人和企业在市场上自愿交换、分散决策来解决经济上的三个基本问题的。

千千万万的消费者根据自己的爱好和需要在市场上选购产品和服务，千千万万的生产者在生产不是自己所需要的各种材料、半成品和成品，没有人在进行统一的指挥和调度，整个经济是怎样实现有序、协调和有效率的呢？在通常情况下，你不用担心服装店里全是上衣而买不到裤子，超市里只卖白酒而没有饮料，或者医院里全是牙科大夫而找不到能治感冒的内科医生。是什么在引导着千千万万分散的决策者？

用于解释市场经济机制的一个最简单的模型是这样的：市场活动的主体是大量分散决策的消费者和生产者，有两类市场——产品市场和要素市场。在产品市场上，生产者是产品供给方，消费者是产品需求方；在要素市场上，消费者是要素供给方，而生产者是要素需求方。消费者在要素市场上提供要素服务取得收入，而在产品市场上支出，以换取自己需要的产品；生产者在产品市场上销售产品取得收入，而在要素市场上支出，以换取生产所需的要素和服务。每个消费者通过市场交换使自己得到最大的满足，而每个生产者则力求得到最大的利润。

市场机制是产生均衡价格（即使供需数量相等的价格）的机制。当供大于求时，价格下跌；当求大于供时，价格上升。这并不是人为规定的法则，而是供需双方在市场中讨价还价的结果。根据各自追求最大利益的行为准则，价格较低时需求增加或供给减少或两者同时发生，而价格较高时则相反。当所有市场上都形成了均衡价格时，市场就同时解决了经济上的三个基本问题：产品市场上各种产品的均衡产量，是生产什么和生产多少的答案；生产者为取得最低成本而采用的技术和企业组织方式，是如何生产的答案；要素的价格和数量则解决了为谁生产的问题。

对市场体制的理论分析，是以下列假定为基础的：

1. 理性选择：这是最基本的假定。人是理性的，即每个人都会在一定的约束条件下争取自身的最大利益。这是经济生活中的基本事实。你在支出你的收入时当然在寻找一个最能使自己满意的方式，一模一样的商品，你会有意去买贵的那个吗？你在求职的时候当然希望得到包括物质和精神在内的最高报偿的工作，你没有必要无缘无故地选择最不愉快的工作并且只肯接受一半工资。如果经济中多数人行为的准则是多工作、少拿钱、把财富分给邻居，那么就要寻找另外的评价经济有效性的标准，需要重写经济学了。但，这毕竟不是事实。

经济学分析在理性人的假设下资源配置的机制及其效率，并非一定在推崇自私自利的价值观，并不必然否定人的社会性的一面，不否定他的高尚行为。反过来，社会上合理的利他行为的存在，也不否定经济学在理性假设下得到的资源配置效率的结论——除非有人专门把自己的劳动或资金放在最没有生产率的地方。对这条假定的批评或者担心，许多时候是由于对这个假定的含义和所起的作用的误解。

2. 自由和自愿的选择：在人们自愿的前提下自由选择，是另一个基本的假设。自愿保证了交易是增进交易双方利益的；而自由则使得所有可能的这样的交易都可以进行，从而把社会总体的利益增进到最大限度。这里有时还有一个内含的假定，就是选择的交易活动没有溢出交易双方之外的效果，否则"自愿"进行的香烟交易会使第三者"不自愿"地吸到二手烟，带来选择者并不给以补偿的他人的损失。

3. 权利界定清晰：经济学一般假定在市场经济中，每个行为主体选择的权利是明确界定的。你只能用你拥有支配权的东西做交易，而所有经济物品的权利归属是清晰的。任何人都不能侵犯他人的权利：不能强迫、不能盗窃、不能抢劫、不能欺诈，在现实的市场体制中，这些是靠法律来界定和保护的。当然，难免有权利界定不清的情况存在，这时交易就有困难了：显然对权利的法律界定和保护是市场机制得以顺利运转的基础条件。

有了这些基本假定，经济学证明，在满足完全竞争、信息完备、没有外部性等条件时，市场机制可以导致资源在一定意义下的最优配置，"看不见的手"将引导个体的自利行为，增进社会总体的利益。

然而，在现实世界中，上面所说的那些条件并不完全具备，这使得市场经济的运行绝不像前面描述的那样美妙和谐。垄断、经济活动的外部性、信息的不完备，使得市场机制无法实现通过价格来有效配置资源的功能。收入的不平均，甚至部分人连生存的基本需求也得不到保障，市场导致的这种分配是社会所不能接受的。分散的经济决策可能引起总体经济产出和物价严重的波动。自由放任的市场机制无法解决这些问题，经济需要"看得见的手"——代表社会公共利益的政府的干预。世界上没有哪个国家是纯粹的市场经济，市场机制必须由代表国家意志的计划手段加以补充。

三、计划经济

如果说市场经济体制是非人为设计、自然形成的资源配置方式，那么，计划经济体制就是人为设计的替代市场体制的另一种资源配置方式。

当人们看到私有制基础上的市场体制带来的种种弊端，特别是一个世纪到半个世纪前一些极端严重的弊端：巨大的贫富差距、社会的不公正、人对人的压迫、周期性萧条和经济混乱，等等，希望有一种新的能够直接代表社会利益和愿望的制度取而代之。于是在通过社会革命消灭了私有制以后建立了社会主义公有制的国家中，选择了计划经济体制。

在纯粹的计划经济体制中，生产资料归国家所有。政府在了解全国人民当前和今后、私人消费和公共消费需要的基础上，通过指令性计划安排生产要素在各个行业、各种产品之间的分配，安排消费品在全体居民中的分配。这样，政府的计划部门就集中地解决了经济上的生产什么和生产多少，如何生产以及为谁生产的问题。

事实上，没有一个社会主义国家实行过这种纯粹的计划经济方式。在我国实行的计划体制中，生产资料并不是完全归国家政府所有，许多是归各级地方政府和劳动者集体所有的。国家计划并不规定一切，各级地方政府、企业和劳动者集体有一定的根据市场需要安排生产的余地。特别是消费者有一定的用货币投票的权利，可以在一定程度上根据自己的喜好选择使用手中货币的方式，这种选择会通过市场上消费品供需的矛盾给政府计划部门一些信息。但是从总体上看，决定劳动、资本、土地的配置以及收入分配的主要力量，是国家计划。

计划经济方式有它的优点。对于一些明显地有益于社会公众的事业、工农业基本建设、投资巨大回收期长的项目，通过计划的集中决定方式比诱导从自利出发的分散的个体来决定，效率更高、速度更快。计划方式不用担心由于分散的个体对经济前景乐观或悲观的估计而引起宏观经济波动。计划方式有利于实现比较平均的收入分配。

但是，社会主义国家的实践表明，计划经济方式存在着难以解决的问题，这些问题严重影响了社会经济的发展。

首先，计划经济存在着信息方面的困难。做出一个有效的社会经济计划，必须详尽地了解消费者的需求、各种生产要素的数量、各种生产要素在不同产品生产中的生产率，以及所有这些数据的变化趋势。我们通过后面的学习就会了解，消费者的需求是一组复杂的关系，要素的生产率取决于不同的要素组合，人们的爱好和生产技术的变化更是难以预计。国家计划部门能够得到完全的信息吗？有能力处理这些信息吗？在没有充分信息和无力迅速处理信息的情况下，计划偏离实际、僵化和低效率都是不可避免的。

第二个更本质的困难，来源于人的积极性。在计划体制下，厂长们努力开发新产品、创造新工艺、改进管理、降低成本的动力从哪里来？一名农村公社社员努力劳动所增加的收益，他只能拿到其中的几百分之一，他会持久地付出这种努力吗？计划体制在激励人们持久地努力工作和创新从而保持经济活力的方面，是很不成功的。

最后，问题还来源于政府计划部门自身。怎么能够保证政府决策者的偏好与公众的偏好一致呢？政府决策者的意愿与消费者实际的利益不一致所带来的问题，在实行计划经济体制的国家中屡见不鲜。

计划经济体制实践的结果表明，在当代条件下，占国民产出绝大部分的产品，采用计划经济的方式来生产和分配，不如采用市场经济的方式有效。

市场经济和计划经济是配置资源的不同方式。如果多采用一些市场经济的方式对人们有好处，受到人们的欢迎，以人们的利益为宗旨的国家，为什么不能这样做呢？在邓小平建设有中国特色的社会主义理论指导下，在我国建立社会主义市场经济体制的任务，做出了让市场机制在资源配置中起基础作用的选择。我国经济的快速发展，人们生活的显著改善以及人们焕发出的创造热情，证明了这个选择的正确性。

第二节　需求与供给分析

一、需求理论和影响需求的因素

商品是用来交换的劳动产品，而交换是通过市场进行的。在市场上，每一种商品都有自己的供给一面和需求一面。所谓需求，是指消费者在一定的价格水平上对某种商品的有支付能力的需要。

这个定义说明，需求是以消费者的货币购买力为前提的，没有这个前提，任何需要只能是对某物的占有欲望，而不是需求；另一方面，需求是相对于商品的某一价格水平而言的，特定的价格形成特定的需求。

需求量是指在一定的价格水平下，社会上所有的居民所希望购买的某种商品的总量。

一种产品的需求数量，并不是固定不变的，它要受很多因素的影响。对于不同的产品，其影响因素是不同的，但通常以下几个因素是共同的：

1.产品的价格。一般情况下，价格上涨，消费者的需求量就减少；价格下降，消费者的需求量就增加。例如，棉布提价，化纤布降价后，对棉布的需求量就减少，对化纤布的需求量就增加，使消费者的购买结构发生了变化。

2.其他商品的价格。商品之间的关系可分为互补与替代。互补关系是指两种商品共同满足一种欲望（如录音机与磁带即为互补关系）。互补关系的商品之间价格变动对需求量的影响是：当一种商品的价格上升时，对另一种商品的需求量就减少；反之，当一种商品的价格下降时，对另一种商品的需求量就上升。替代关系是指两种商品可以互相代替来满足同一种欲望，如牛肉和羊肉。替代关系的商品之间价格变动对需求量的影响是：当一种商品的价格上升时，对另一种商品的需求量就增加；反之，当一种商品的价格下降时，对另一种商品的需求量就减少。所以，其他商品的价格是影响产品需求量的另一个重要因素。

3.消费者嗜好的变动。例如，在我国，过去对咖啡的需求量较小，因为中国人习惯于喝茶。但是随着人们嗜好（包括习惯）的变化，人们对某种产品的需求量也会发生变化。

4.消费者的个人收入。一般来说，随着个人收入的增加，对产品的需求量就会增加；反之就会减少。例如，农民对电视机等家用电器的需求量增加很快，因为农民的收入增加了。

5.广告费。一般来说广告费支出得越多，人们对产品的需求量也越大。但当广告费增加到一定数量时，因广告而引起的需求量的增加却变得有限。

6.对价格变化的期望。人们对该产品将来价格的期望如何，也影响对产品的需求量。如果人们对价格看涨，需求量就会增加。如果看跌，需求量就会减小。

除此之外，还有社会人口的数量及其组成、消费者对未来的看法、度假制度、地域等。

二、供给理论和影响供给的因素

供给是处在市场上的商品的另一面。所谓供给，是生产者或销售者在一定价格水平上提供给市场的商品量。作为供给也要具备两个条件：第一，有出售愿望；第二，有供应能力。两者缺一不可。在厂商的供给中既包括了新生产的产品，也包括了过去生产的存货。

影响企业（或行业）供给的因素很多，但主要有以下几点：

1.产品的价格。产品的价格越高，企业的利润就越多，企业为了增加利润，就愿意生产更多的产品。所以，价格上涨，供给量就会增加；价格下降，供给量就会减少。

2.产品的成本。如果产品的价格既定，成本越高，利润就越少，从而企业的供给量就会减少；反之，成本越低，利润就越多，供给量就会增加。企业产品成本的高低，又受企业生产技术水平、原材料价格和工资水平的影响。所以，如果企业的生产技术有了改进，原材料价格下降了或工人工资率下降了，都会导致产品成本的降低，从而扩大企业的供给量。

3.生产者对未来价格的期望。如果生产者对产品未来的价格看涨，厂商就会多生产；反之，就会少生产。

4.其他商品的价格。如果其他商品的价格高，企业会获得更大利润，生产者对当前产品就会少生产。

除此之外，还受厂商所要达到的目的、现有的技术水平以及厂商对未来的预期等因素的影响。

三、均衡价格的决定与变动

均衡是物理学中的名词，是指当一物体同时受方向相反的两个外力的作用，这两种力量恰好相等时，该物体由于受力相等而处于静止的状态，这种状态就是均衡。马歇尔把这一概念引入经济学中，主要指经济中各种对立的、变动着的力量处于一种力量相当、相对静止、不再变动的境界。

这种均衡是和一条弹线所系的一块石子或一个盆中彼此相依的许多小球所保持的机械均衡大体上一致的。均衡一旦形成之后，如果有另外的力量使它离开原来均衡的位置，则会有其他力量使它恢复到均衡。正如同一条线所悬着的一块石子如果离开了它的均衡位置，地心引力将立即有使它恢复均衡位置的趋势一样。

经济学中的均衡又分为局部均衡与一般均衡。局部均衡由假定其他条件不变的情况下分析一种商品或一种生产要素的供给与需求达到均衡时的价格决定。一般均衡由假定在各种商品和生产要素的供给、需求、价格相互影响下分析所有商品和生产要素的供给和需求同时达到均衡时的价格决定。需要说明的是，这里所讲的均衡价格属于局部均衡的分析，且只适用于完全竞争的市场结构。完全竞争的市场结构，是指在一个行业内，企业数目很多，以至于任何一个企业所生产的产品数量在整个市场上所占的份额都是微不足道的，而且它们都生产同质的产品。所以任何一个企业都无力左右市场，操纵市场的价格。此时，市场价格的形成，完全取决于供需双方。如果用图表示，也就是市场需求曲线和市场供给曲线的交点决定该产品的市场价格，在这个交点上，商品的需求价格与供给价格相一致，商品的需求量与供给量也一致，这时的价格就叫均衡价格，这个量就叫均衡量。

四、需求与供给弹性

价格的变动会引起需求量（或供给量）的变动。但是，不同的商品，需求量（或供给量）对价格的反应是不同的。有的商品价格变动幅度大，而需求量（或供给量）变动幅度小；有的商品价格变动幅度小，而需求量（或供给量）的变动幅度大。弹性理论正是要说明价格的变动比率与需求量（或供给量）的变动比率之间的关系。

例如，价格每下降1%，可使需求量增加2%，则弹性系数为2。影响需求量的因素很多，可以有产品价格、居民收入、相关产品的价格，等等。所以，需求弹性可以分为需求的价格弹性、需求的收入弹性、需求的交叉弹性等等。其中主要的是需求的价格弹性，所以，一般说需求弹性就是指需求的价格弹性。

影响商品供给弹性大小的因素，就长期来说比较复杂；就短期来说，主要取决于某商品生产的难易程度。一般来说，劳动密集型产品生产规模变动容易，供给弹性就大；资本密集型产品生产规模变动困难，供给弹性就小。

第三节　企业

企业是一种经济组织，它自主地决策如何取得生产要素（生产所需要的资源，如资本、管理人员和工人），并把它们结合起来生产出产品和劳务，通过供应社会，从而达到自身的目的。

一、经济学中的企业

经济学这样模型化地理解企业：一个一无所有的人，他以市场价格从消费者那里购买所需要的一切要素：雇佣劳动（包括管理人员的劳动）并付给他们工资，从资本拥有者那里租赁厂房和机器设备并付给他们利息，从土地所有者那里租用土地并付给他们租金。这些要素提供服务的时候，就是生产。

从产品出售得到的收入中减去付给要素的报酬，就是利润。这个人的目的，是使利润最大化。这个"人"，或者说是一部知道价格信息、生产技术、会做利润最大化计算的计算机，就是企业。

在许多情况下，如像本书这样想要介绍市场机制的基本原理的时候，这样看待企业大体是可以的。然而现实世界中的企业，作为组织，是由有各自独立利益和目标的群体构成的，企业的组织方式、权利分配方式，与企业表现出来的目标和经营效果有密切的关系。通过企业内部进行的交易，是人们交易的重要方式，是对市场交易方式的替代。企业内部的问题与整个经济系统的资源配置效率有密切的关系。经济学当然不满足于把企业看成无内部结构的一个追求利润最大化的"点"，而要深入地剖析企业，被称为企业理论的微观经济学分支就在做这项工作。

企业理论首先深入地探讨企业的本质，究竟什么是企业？企业与市场的边界在哪里？企业理论研究企业内部信息和组织结构设计，如何激励员工的积极性？如何有效地利用信息？如何通过制度设计防止"偷懒"？

企业理论研究企业的资本结构，股票和债券的比例是如何确定的，它对企业经营者的行为有什么影响。企业理论还研究企业所有权与控制权分离所带来的问题，股东和市场是如何制约经营者的，不同所有者的利益是如何协调的。这些研究大大地扩展了传统微观经济学的视野。

二、现实中的企业组织

企业是把生产要素（例如，劳动力、厂房、机器、原材料）结合起来生产出产品和服务的经济组织。在我国，有大大小小数以千万的各种企业。其中大部分是不断地开张又不断关闭的很小的企业，也有拥有数万甚至数十万员工的稳定的大企业。小企业使大量的人口得以就业，大企业作为国民经济的支柱，高效率地提供了大量的产品。在发达的市场经济国家，企业的组织通常采用三种法律形式：

1. 个人独资企业

个人独资企业是只有一个所有者，他同时是企业的经营者。他对企业的债务负无限责任，独自享有全部经营成果。他想怎么经营就怎么经营，决策简单，又没有与他人分享利益、权利的法律问题，这是这种企业的优点。但他个人无法筹集巨额资金，企业的规模只能比较小。

2. 合伙制企业

合伙制企业有两个或更多的人合伙出资、分享利润、共同管理。与独资企业相比，这种形式便于集资，便于发挥合伙人的才干。但缺点是：决策复杂了，因为合伙人间难免有意见分歧；每个人对企业负有连带的无限责任；企业的稳定性差，一个人要退出，企业就得重组或者关闭。

3. 公司制

公司的多个所有者通过持有股份的方式拥有公司的所有权，通过转让股份转让所有权，根据股份分享企业的盈利和对于企业决策的发言权。这种方式便于筹集大量资金。有限责任公司中每个股东只对公司负限于其股份的有限责任，而不会涉及股份以外的财产。大公司的所有权与经营权分离，便于专业化的管理人员高效地经营企业。企业最终所有人的变更并不影响企业稳定的存在。

我国的国有企业在计划经济体制下实质上只是政府的一个部门，并不是现代市场经济意义上的企业。逐步推行现代企业制度，希望能在公有制为主体的基础上，借鉴国际上通行的现代公司制度，重建能够适应市场体制要求的企业组织。

第二章　企业经营战略管理

一般认为战略管理包括战略分析、战略选择和战略实施三个过程。战略内容研究的是企业的战略选择及其与业绩之间的关系。本章主要介绍企业经营的战略以及战略管理两方面的内容。

第一节　企业经营战略与竞争优势

一、企业经营战略

"战略"一词的希腊语是 strategos，如果从企业未来发展的角度看，战略表现为一种计划；而从企业发展历程的角度看，战略则表现为一种模式。如果从产业层次看，战略表现为一种定位；而从企业层次看，战略则表现为一种观念。此外，战略也表现为企业在竞争中所采用的一种计谋。战略管理则是指对企业战略的管理，是企业在信息和知识经济时代，面对瞬息万变的经营环境，所必须采取的管理手段。

1. 战略适应理论

战略适应是指战略与组织和环境因素之间的相称、一致或匹配，创始人是安德鲁斯（Andrews）。安德鲁斯把战略看作是企业能够做的（组织的优势和劣势）与可做的（环境机会与威胁）之间的匹配，从而建立起了著名的 SWOT 分析框架。该理论的实质是强调资源与战略、战略与环境条件之间的适应，认为价值的创造是内部能力与所追求的战略以及战略与竞争环境之间相适应的产物。因此，战略的选择必须基于仔细地评价可使用的资源和市场的机会与威胁，并使之匹配以达到适应。

2. 产业结构分析理论

产业结构分析理论的最主要代表人物迈克尔·波特（Michael E.Porter）教授在《竞争战略》中提出，现有企业间的竞争程度、潜在入侵者、买方的讨价还价能力、供方的讨价还价能力以及替代品威胁，是决定产业赢利能力的五种竞争作用力，这五种作用力综合起来决定了某产业中的企业获取超出资本成本的平均投资收益率的能力。波特认为，竞争战略的选择由两个中心问题构成：一是由产业长期赢利能力及其影响因素所决定的产业的吸引力；二是决定产业内相对竞争地位的因素。

二、企业竞争优势

竞争优势的概念由英国经济学家张伯伦率先提出，其后由霍弗和申德尔将其引入战略管理领域。霍弗和申德尔认为，竞争优势是"一个组织通过其资源的调配而获得的相对于其竞争对手的独特性市场位势"。哈佛商学院的迈克尔·波特在《竞争战略》一书中对竞争优势给出了以下解释："竞争优势，就其根本而言，源于一个企业所能够为其买主提供的价值，这个价值高于企业为之而付出的成本。相对于对手而言，卓越的价值在于为顾客提供同等的效用，同时保持价格低廉，或者为顾客提供独特的效用而顾客愿意为之付出高昂的价格。"

企业竞争优势具有以下三种基本类型：以占有为基础的竞争优势、以获取为基础的竞争优势及以能力为基础的竞争优势。

1. 以占有为基础的竞争优势

以占有为基础的竞争优势是指企业所拥有的位置和资源能使该企业在与对手的竞争中抢占上风。其包括市场上的强势定位，如微软操作系统在PC业中的霸主地位；独特的资源，如卡特彼勒企业的全球供应和服务支持系统；卓越的经营管理人力和团队，如通用电气企业的杰克·韦尔奇和他培养的管理梯队；卓越的组织文化，如明尼苏达矿业及制造企业鼓励创新的企业文化；被顾客高度认可的品牌和企业声誉，如宝洁企业在个人保健卫生用品方面的知名度和美誉度；等等。

2. 以获取为基础的竞争优势

以获取为基础的竞争优势是指一个企业在优先和优惠条件下与资源要素市场或产品市场的接触和获取，这样使它能够比对手更好地为顾客提供有价值的产品或服务。这种获取取决于企业是否能够有效地借用其他营利或非营利机构的知识、资源、经验、长处、市场覆盖面和任何有关的权利和权威。也就是说，这种竞争优势存在于企业与经营环境中其他有关方面间的关系中，如企业与供应商、合作者、分销商及许可证、配额等的发放机关和新产品的批准、监督机构的关系。

3. 以能力为基础的竞争优势

以能力为基础的竞争优势是指企业具备的知识、技巧和能力使它能够比对手更有效果或更有效率地运行、操作，从而为顾客创造优异的价值，包括很强的研发能力、技术诀窍、对顾客的详尽了解、识别市场计划的本领，以及组织学习与创新的能力等。这种竞争优势与外向型的、以获取为基础的优势不同，它主要处于企业内部。同时，这种竞争优势与取决于企业地位、以资源占有为基础的优势也不同，它主要取决于企业的实际操作能力和制造、营销、服务等能力。

4. 三种竞争优势类型的比较

对于企业来说，在经营实践中要想获得竞争优势，可以努力提高自己的经营运作水平，也可以利用先机打压的方法遏制对手，这样就形成了两种不同的取向法，即主动创造取向法和先机遏制取向法。前者的特点是在所有权、获取权、知识与能力等方面增进自己的实力，以赢得顾客；后者的特点则是努力缩小对手的选择空间，先行采取措施限制、减弱和抵消对手的实力，从而降低对手所能为消费者提供的价值。

第二节　企业战略的概念

1. 企业战略的概念

对于什么是企业战略，人们的理解多种多样，由此形成了学术界的理论丛林。钱德勒（Chandler）认为，"企业战略可以被定义为基本的长期目标，企业通过采取一系列的行动和分配所必需的资源来获得目标的实现"。安德鲁斯认为，"企业战略就是用一系列主要的方针、计划来实现企业的目的，企业现在在做什么业务，想做什么业务；现在是一个什么样的企业，想成为一个什么样的企业"。奎因认为，"企业战略是一种计划，用以整合组织的主要目标、政策和活动次序"。

本书认为，企业战略是企业结合环境的变化和要求，为求得长期生存和不断发展而进行的针对未来一定时期的总体性谋划，它包括确定企业的发展目标以及为实现目标而进行的一系列决策和采取的一系列行动过程。

明茨伯格提出了企业战略的5P模型，它可以帮助我们进一步从实践的角度理解企业战略的内涵。具体而言，企业战略的5P模型包括以下内容：

（1）企业战略是一种计划。企业战略的核心是解决一个企业如何从现在的位置到达将来的位置问题，并提供解决这个问题所要求的方向和途径。

企业往往会用一个成文的战略计划书来表达本企业的战略。

（2）企业战略是一种行为模式。作为一种行为模式，它包括价值选择、承诺等一些与企业文化和企业价值观有密切关系的概念等。

（3）企业战略是一种定位。企业战略的重要内容之一就是确定企业的定位和达到定位所需要的各种有效措施。迈克尔·波特认为，企业可以在广泛和狭窄两个不同的范围内同时或者分别采用两种最佳的定位：差异领先和成本领先。

（4）企业战略是一种对未来的期望。如果说定位是从行业分析的角度为企业自身寻找一个有利位置的话，那么战略作为一种未来的预期或期望，是从企业内部和企业战略管理者的内心出发，为企业确立根本的宗旨。

（5）企业战略是一种计谋。企业战略作为一种计谋，是一种历史悠久和应用广泛的使用方法。强调战略是一种计谋，目的是提醒企业管理者注意战略的针对性、互动性和策略性。

2. 企业战略的构成要素

企业战略主要包括以下构成要素：

（1）经营范围。经营范围是指企业从事生产经营活动的领域。它反映了企业目前与其外部环境相互作用的程度，也可以反映企业计划与外部环境发生作用的要求。一般来说，企业可以根据自己所处的行业、自己的产品和市场来确定自己的经营范围。

当然，企业的经营范围是处在动态的发展变化之中的。

（2）资源配置。资源配置是指企业过去和目前在资源和技能配置上的水平和模式。企业资源是企业实现生产经营活动的支持点，企业只有以其他企业不能模仿的方式取得并运用适当的资源，进而形成自己的特殊技能，才能很好地开展生产经营活动。

（3）竞争优势。竞争优势是企业通过资源配置的模式与经营范围的决策，在市场上所形成的与其竞争对手不同的竞争地位。一般来说，竞争优势可以来自企业在产品和市场上的地位，也可以来自企业对特殊资源的正确运用。应该说，竞争优势是经营范围决策和资源配置的结果，是竞争的结果。

（4）协同作用。协同作用是指企业从资源配置和经营范围的决策中所能寻求到的各种共同努力的效果。在企业的经营运作中，总体资源的收益要大于各部分资源收益的总和。

3. 企业战略的特点

企业战略具有以下特点：

（1）全局性。企业战略是从全局出发。对企业未来一定时期的发展方向和目标的整体规划和设计。

（2）长期性。企业战略是对内部和外部环境各种变化对企业可能产生的影响带有前瞻性的积极反应。

（3）指导性。企业战略是企业的发展蓝图，规定了企业在未来一段时期内的基本发展指标和实现指标的途径。

（4）竞争性。企业战略是在激烈的市场竞争中与对手较量的战略设计。

（5）风险性。企业战略是对未来发展的筹划，具有不确定性，需要管理者有效地规避风险。

第三节　企业战略的特点

1. 企业战略的特点

企业战略有以下八个特点。

（1）全局性。企业经营战略是对企业未来经营方向和目标的纲领性规划和设计，对企业经营管理的所有方面都具有普遍的、全面的和权威的指导意义。

（2）长远性。企业经营战略考虑的是企业未来相当长一段时期内的总体发展问题。因此，它着眼于未来，谋求企业的长远发展，关注的主要是企业的长远利益。其实质是高瞻远瞩，深谋远虑，立足长远，兼顾当前。

（3）指导性。企业经营战略所规定的战略目标、战略重点和战略对策等都属于方向性、原则性的，是企业发展的纲领，对企业具体的经营活动具有权威性的指导作用，指导和激励着企业全体员工为实现战略目标而努力工作。企业经营战略作为企业全体员工为之奋斗的纲领，必须通过展开、分解和落实等过程，才能变成具体的行动计划。

（4）现实性。企业经营战略是建立在现有的主观因素和客观条件基础上的，一切从现有起点出发。

（5）竞争性。企业经营战略是企业为赢得市场竞争胜利目的服务的，具有指导如何在激烈的市场竞争中与竞争对手抗衡，如何迎接来自各方面的冲击、压力、威胁和困难带来的挑战的特性，企业必须使自己的经营战略具有竞争性的特征，才能保证立于不败之地。

（6）风险性。企业经营战略是对未来发展的规划，然而环境总是处于不确定的、变化莫测的趋势中，任何企业战略都伴随有风险。

（7）创新性。企业经营战略的创新性源于企业内外部环境的发展变化，因循守旧的企业战略是无法适应时代发展的。因此，企业要不断地提出具有创新性和前瞻性的新企业战略。

（8）稳定性。企业经营战略一经制订，在较长时期内必须保持相对稳定，以利于企业各级单位部门努力贯彻执行。但由于企业经营实践活动是一个动态过程，指导企业经营实践活动的战略也应该是动态的，以适应外部环境的多变性，所以，企业经营战略的稳定性是相对的稳定性。

2. 战略分析

战略分析的目的是为了明确企业的战略地位，这是战略管理的第一步。前面讲到，战略是应付环境变化进行生存斗争的措施和策略。因此制订战略的第一步就是要理解组织的环境正在发生什么变化；他们对组织的行为有何影响；组织在应付环境变化中的实力和弱点是什么；组织的各有关人员、经理、职工、股东等的愿望是什么以及他们在何种程度上对企业未来发生影响。

以上问题又可大体划分为环境、资源和价值观三类。围绕这三个方面形成一些理论框架，使得可以遵循清晰的思路来把握有关问题。

（1）环境分析。社会化的企业，从社会上获得资源，为社会而生产或提供服务，其生存完全依赖社会是否接受。因此社会的政治、经济、文化以及技术生态等因素无不对企业的生存发展构成巨大影响，这些因素是如此复杂，以至于没有任何办法可以列举全部可能的影响因素并全部把握影响的形式和程度。一个感知、识别关键的环境因素的分析方法是非常必要的。作为环境分析的核心问题，将讨论战略理论家提出结构性竞争环境的研究方法，从而把握影响企业生存发展的竞争力量来源及环境因素发挥作用的方式。这些因素最终归为对企业提供的机会和威胁，而确定关键的机会和威胁是环境分析的任务。

（2）资源分析。企业之所以能在复杂多变的环境下生存和发展，是因为企业自身亦有发展和应变能力，这就是企业拥有的资源。资源包括人力、物力、财力以及企业的历史、经验、形象、声音、社会关系、商标和牌号等抽象资源。很显然，在一个包括数千人的企业中，这些资源的数量也是一个汪洋大海。即使是一个几十人甚至几个人的小企业，其资源种类和数量也可能难以计数。首先，需要理解什么是构成企业能力的关键的资源要素，有时人们自己也不知道为什么在事业上取得成功，一些习以为常的东西可能是企业得以生存的关键的因素。然后，将研究掌握企业资源能力的系统性方法——价值链方法。价值链方法被喻为企业战略能力分析的金钥匙，它对人们理解形成企业竞争优势的资源能力大有帮助。企业资源分析的最终目的是理解企业在市场竞争中的实力和弱点。为此需要一些比较分析方法和企业成长的理论，进而理解企业的性质和特点。

（3）价值观。由于世界的多样化，摆在企业面前的战略必定丰富多彩，任何一个战略一般都有有利的一面，同时也有不利的一面。而不同的个人和不同的群体其目标各异，对战略的看法也必然存在分歧。企业文化作为组织全体共同持有的信仰和价值也必然会对企业战略的形成有重要作用。价值观分析就在于弄清上述文化因素及群体期望等对战略形成的影响以及在战略决策中必须要考虑的社会力量。从而使战略制订基于坚实的文化背景中，使之成为世俗的而非虚幻的、实际的而非空想的决策行为。

环境、资源及价值观的分析提供了组织战略分析的基础。进一步，需要分析确定企业现存战略与战略分析中所得结论的关系，如现存战略与当前环境变化趋势相吻合吗？它能充分利用环境带来的机会，克服环境造成的威胁吗？企业是否发挥了现行资源的优势，避免或逐渐改善了企业存在的弱点？现行战略是否与企业的文化特征、权利结构决定的企业相吻合？等等，从而发现现行战略在解决企业困难、创造最好前景方面存在的差距，进而确定现行战略是否需要调整，还是需要彻底改变。这就是战略分析所要达到的目的。

3. 战略选择

战略选择包括以下三方面的内容。

（1）战略方案的制订。处在特定条件下的企业，有什么战略可供选择采用呢？常常会出现两种不同的情况：一是企业可能面对内外压力，无计可施，听之任之；二是采取一些最为显而易见的战略。这两种情况都要求企业能放开眼界，丰富思路，提出更多的战略方案以供选择。事实上，企业可选的战略是无限多的，需要的是把战略进行科学的分类，发现其内在规律性，从而在战略方案的制订中遵循。为此将要讨论"总体战略"，即揭示产业在竞争中立足可以选择的基础战略；要讨论"发展方法"，即研究企业有何种可能的筹集资金、实现战略目标的方法。这些方法结合起来，就可以形成不同的战略措施，不至于被最为"明显的"战略遮掩住更好的战略。

（2）战略方案的评价。如何判断和评价一个战略的优劣，是理智地选定一个战略的关键。战略评价要回答：战略的合理性如何？战略是否利用了企业面临的机会？是否发挥了企业的优势？是否有力地抵消了恶劣环境因素的威胁和克服（避免）了企业的弱点？这个合理性称为战略的适宜性，即战略是否与产业环境和企业资源能力相适应。然后还要评价战略的可行性。企业战略的目的是为企业盈利，对其他组织战略的目的是在给定预算下最大限度地发挥预算的效力。因此战略如果可行，在财务上必须盈利，资金必须可得。评价的另一项内容是战略的可接受性。这里又牵涉人们的期望和价值观念，即战略是否能为与决策有关的主要成员所接受，是否体现了大多数人的利益等。

（3）战略方案的选择。以上讨论的最终目的还要归结到如何最终选定战略方案上。摆在企业面前的可行方案不止一个，即使是一个方案也需要被"拍板定案"。一个战略的优点和缺点往往不是黑白分明、一清二楚的，优缺点会相伴而生、互相缠绕，巨大的收益伴随着巨大的风险。最后决策的制订是一项十分艰巨的任务。必须指出，战略选择并不像想象的那样是一种纯粹客观的理性行为。实际上它受人们期望和价值观的强烈影响，最后决策的制订往往取决于管理者的判断或者需要通过某种政治程序。

4.战略实施

战略实施是把选定的战略转化为具体行动的过程。战略实施首先要解决战略规划问题，这就是要考察实施一项战略的资源条件：什么是需要承担的关键任务；在经营资源的配置方面需要什么变化；何时进行有关的调配；谁来负责；等等。战略实施还涉及组织结构的调整，这在我国是特别关键的任务，执行起来也最困难。但是对于任何战略的改变，没有相应组织结构的调整是不可能的。

除此以外，新的战略还需要新的管理体系来保证。不同部门的责任是什么？在战略实施过程中用什么信息系统来检测战略的实施情况？应建立何种企业文化？如果战略改变，应该设法使组织的全体员工对他们自己的"组织世界"有新的信念，这一点如何做到？这些都是战略实施中要考虑的问题。

总之，战略管理是企业对其战略制订和实施的管理，同时也可以理解成对企业战略性的管理。它与一般管理的不同之处就是必须从长远角度把握方向，在全局上保证决策的正确。它通过远见、使命、战略和策略等企业行为归拢为一个整体。战略管理与经营管理之间如同动脉血管和毛细血管一样有机连接，直接影响着企业的行为和绩效。因此战略管理起着指导和启动管理的作用，具有很强的实用性。

第四节　企业战略的内容

一、企业战略与人力资源战略的关系

（一）企业战略与人力资源战略的基本关系

1.企业战略决定人力资源战略

早期人力资源战略的模式将企业的长期需求与人力资源相关问题统筹考虑，即认为企业战略和人力资源战略是一种单向的关系（垂直关系），与其他职能部门的战略一样，人力资源战略是建立在企业战略基础上的，并能够反映企业今后的需求。

戴尔（Dell）提出，"组织战略是组织的人力资源战略的主要决定因素"，并列举实证研究支持这一观点。拉贝尔在调查加拿大企业的高层管理层关于人力资源战略的形成过程时发现，组织战略被提及的频率最高，多数被调查者认为组织战略是人力资源战略的决定因素；同时发现，如果组织所追求的战略目标不同，其人力资源战略的形成就会有显著的差异。

舒勒提出，较高层次的组织战略是人力资源战略的决定性因素。不同的组织战略决定了不同的人力资源战略。战略通过对组织结构（职能型或直线型）和工作程序（规模生产或柔性生产）的作用对人力资源战略产生影响。他提出人力资源战略形成的 5P 模式，即理念（philosophy）、政策（policey）、计划（programs）、规则（practices）和过程（processes），认为组织的外部环境和内部环境因素都会决定组织战略需求并改变其形成战略的方式。在对内外部环境因素进行分析的基础上，最高管理层制定全面的组织使命，明确关键性的目标，说明管理方案及程序，以帮助组织实现战略目标。这些目标、方案及政策是人力资源战略的一部分。因此，舒勒的研究强调企业战略与人力资源战略之间存在着紧密联系，后者与前者是一体的。

舒勒认为，在判断 5P 中的所有活动是否具有战略性时，不该看活动是长期的还是短期的，是与高层管理者相关的还是与雇员相关的，而应该看这些活动是否与企业的业务战略系统相联系。战略人力资源应该做到：与组织战略和企业战略需求系统整合；人力资源政策应该在不同的业务领域和不同的管理层次相一致；人力资源规则应该被一线业务经理和雇员当作日常工作的一部分来接受、调整和使用。

总之，在西方学者的研究中，人力资源战略被定位于企业的职能战略层次上，是在企业战略的基础上形成的，通过发挥其对企业战略的支撑作用，来促进企业战略的实现。沃尔里奇基于人力资源必须落实企业战略的考虑指出，企业战略必须与人力资源战略一致，从而使企业更能符合顾客需求与接受挑战，因为企业战略与人力资源战略的合作有三个方面的优点：使企业的执行能力增强；使企业适应变化的能力增强；能产生"战略一致性"。

2. 人力资源战略支撑和影响企业战略的实施

在早期对人力资源战略形成的描述性研究中，戴尔（Dell）的研究结论是：组织战略和人力资源战略相互作用，组织在整合两种战略的过程中，要求从人力资源角度对组织战略的灵活性、可行性及成本进行评估，并要求人力资源系统开发自己的战略，以应对因实施组织战略而面临的人力资源方面的挑战。

伦格尼可·霍尔提出的人力资源战略形成的"相互依赖"模型认为，组织战略与人力资源战略的形成具有双向的作用。他的研究证实了人力资源战略不仅仅受组织战略的影响，同时也受组织是否对未来的挑战和困难做好准备的影响。当然，这些影响并非单向的，人力资源对全面的企业战略的形成和执行有着独特的贡献。伦格尼可·霍尔提出，人力资源战略的产生是为了适应组织的成长期望和组织对期望的准备，如果组织有较高的期望但人力资源战略还不成熟，组织会采取以下行动：（1）对人力资源投资以提高执行能力。（2）根据所缺乏的准备条件调整组织目标。（3）利用现在的人力资源配置优势改变战略目标。在这三种情况下，人力资源战略和组织战略相互提供信息并相互影响。

人力资源战略不仅影响着企业战略的实施与调整，也支撑着企业战略的实施与调整。也就是说，只有充分发挥人力资源战略对企业战略的支撑作用，才能保证企业战略的实现。不仅如此，人力资源战略的制定、实施及调整，还可以促进企业战略的升级和转换。

密歇根大学全球人力资源能力调查与研究的结果显示，高绩效企业最明显的特征是，人力资源战略和企业战略紧密有效地结合在一起，财务表现至少10%归结于人力资源的竞争和实施。人力资源对企业战略的整体影响力高达43%，几乎是其他因素中影响力最大者的两倍。

综上所述，企业战略和人力资源战略的关系密不可分，企业战略决定人力资源战略，人力资源战略支撑和影响企业战略的实施。同时，还应该看到，人力资源战略与企业战略的关系是一种动态适应和调整的关系，这种调整是在两者的相互作用与影响下不间断地持续进行的。也正是这种动态中的适应—调整—再适应—再调整，保证了企业战略和人力资源战略的生命力。

（二）企业战略与人力资源战略关系的实践形式

如前所述，企业战略与人力资源战略是相互影响、互为依存的关系。但在企业的实际运作中，人力资源战略和企业战略之间存在着四种不同形式的关系。

1.行政关系

人力资源部门与企业战略管理的全过程相分离，仅仅从事与企业的核心业务无甚联系的日常性行政管理工作，并且人力资源部门不参与企业战略的形成及实施，这样也使得企业战略难以有效地实施。

2.单向关系

企业战略制定后再通知人力资源部门，人力资源部门的职能就是根据企业战略制订和实施人力资源战略方案。它虽然承认人力资源部门在战略执行过程中的重要作用，但人力资源职能被排除在战略形成过程之外，这也导致企业战略往往不能成功实施。

3.双向关系

在战略形成过程中，人力资源部门的职能体现在三个按时间先后发生的步骤之中：人力资源部门被告知可能的企业战略选择；对配合企业战略的人力资源要求进行分析，并将结果报高层管理团队；形成企业战略决策后，高层管理团队再将企业战略传达给人力资源部门，由人力资源部门设计执行企业战略的有关制度和方案。这样往往能较好地保证企业战略的形成及成功实施。

4.一体化关系

人力资源的职能直接融入战略管理的全过程中，没有时间的先后顺序。二者始终处于一种动态的、全方位的、持续的联系状态。表现特征就是人力资源的高层管理者成为高层管理团队的重要成员，参加企业所有重要的经营决策及战略的制定和实施，其结果是能够保证企业战略所需要的人力资源的储备及投入，进而成功实现企业战略。

二、企业竞争优势与人力资源战略

（一）人力资源战略管理提升竞争优势的模型

目前，国内外的人力资源研究表明，一个组织的人力资源战略与管理实践过程可以对竞争优势产生强烈的影响。人力资源战略与管理已经成为企业提高其竞争能力，创造其核心竞争能力的重要因素之一。劳伦斯·克雷曼（Lawrence S.Kleiman）在《人力资源管理》（1999）一书中，提出了人力资源管理实践提升企业竞争优势的理论模型。本书认为，企业竞争优势的分析应当从人力资源战略开始，在某种人力资源战略指导下进行一系列的人力资源实践。

劳伦斯·克雷曼认为，一系列的人力资源管理实践能直接或间接地提升企业的竞争优势。直接地提升企业竞争优势是指贯彻某种人力资源管理实践的方法本身能够对竞争优势产生直接的影响；间接地提升企业竞争优势是指某种人力资源管理能够通过导致某些结果去影响竞争优势，或通过这些结果转而创造另一些结果去影响竞争优势。

1. 直接提升竞争优势

企业通过人力资源战略提升竞争优势的形式很多。如在企业的经营运作中，可以通过有效的人力资源管理实践实现成本领先。与人力资源管理有关的成本支出在招聘、甄选、培训、薪酬等环节中较多，构成了企业花费的主要部分。这些成本支出在与服务有关的行业中特别高，大约占70%的比例。在不同的竞争者之间，这些与人力资源管理有关的成本有很大的差别，善于控制成本的企业就能比对手获得竞争的优势。

值得注意的是，人力资源管理实践的科学性将直接影响竞争优势的产生。例如，一个企业经常采取在职员工介绍的方式招聘新员工，节约了大量的招聘成本，但由于介绍进来的员工缺乏足够的专业技能和熟练程度，培训工作又没有及时跟上，导致劳动生产率下降，这样就有可能降低企业的竞争优势。

总之，通过人力资源管理实践直接建立竞争优势的操作，要非常注重对人力资源实践活动诸多环节的分析，不仅要在理论上符合要求，还要在人力资源环境、社会环境、求职心态等方面探究其可行性，充分分析人力资源因素成本，才能有效地将人力资源实践转化为竞争优势。

2. 间接提升竞争优势

人力资源战略间接提升企业竞争优势体现在：人力资源战略指导人力资源实践，人力资源实践导致出现以员工为中心的结果，以员工为中心的结果又引发了以组织为中心的结果，以组织为中心的结果即提升了企业的竞争优势。

（1）人力资源管理实践导致出现以员工为中心的结果。

以员工为中心的结果主要指人力资源管理实践能够导致企业员工的能力、动机和工作态度发生积极的改变。

（2）以员工为中心的结果引发以组织为中心的结果。

人力资源管理达到某些以员工为中心的结果后，以员工为中心的结果就会导致某些以组织为中心的结果，从而产生竞争优势。以组织为中心的结果包括产出、员工留用、遵守法律、企业声望和形象等方面。以员工为中心的组织可以通过以下方式实现以组织为中心的结果：

其一，有能力胜任工作，并且具有较好工作满意度和积极性的员工往往也具有较高的生产率，从而能够提高组织的产出。

其二，员工的工作满意度、组织承诺度的提高能够有效地降低员工的离职倾向，从而提高组织的员工保留率。

其三，员工的组织行为能够有效地提高团队的凝聚力，从而提高组织的生产率，并能够减少员工的离职数量。

其四，员工的工作满意度和组织承诺度往往是建立在公平、公正的人力资源管理实践基础之上的，而公平公正的人力资源管理制度能够降低企业遭受就业法律诉讼的可能，并能够提高企业的形象。

（3）以组织为中心的结果提升了企业的竞争优势。

以组织为中心的结果最终能够形成企业的竞争优势，具体表现在以下方面：

其一，在人员数量不变的情况下，组织产出的增加能够有效降低企业产品的单位成本，从而增强企业的成本优势。

其二，员工保留能力的提高，能够降低由于人员流失所增加的替代原来员工的人工成本和组织成本，从而增强企业的竞争优势。并且员工保留能力的提高，能够形成一支高度稳定的员工队伍，从而有利于提高顾客的保持率，为企业带来财务价值的增加。

其三，遵守就业法律能够减少企业的法律诉讼，节约企业成本。

其四，企业形象的提高和公平的人力资源管理者能够帮助企业提高产品的差异化程度，从而增强企业的竞争优势。

总之，通过以上各层次作用的传导，以人力资源战略为指导的各项人力资源实践活动实现了对企业竞争优势的有效影响和作用，从而推动了企业的发展。

（二）人力资源与建立企业的持续竞争优势

1.企业持续竞争优势的特征

巴尼提出，如果"一个企业实施某种价值创造战略，而市场上其他企业或即将进入的企业无法同时做到，并且也无法同时复制"时，这个企业就具备了持续竞争优势。企业持续竞争优势主要建立在具有异质性和不完全流动性的资源上，这种资源包括物质资源优势

（如新机器设备、特殊的区位优势等）、人力资源优势（如经理人员、人际关系等）和组织资源优势（如组织协调系统、信息系统等）。作为企业的持续竞争优势必须具备四个方面的特征：价值性、稀缺性、难以模仿性及不可替代性。

2. 人力资源对建立企业持续竞争优势的作用

赖特通过证明人力资源符合上述四个特征，从而推导出人力资源对建立企业持续竞争优势的作用。

（1）人力资源的价值性。人力资源的价值性表现在高素质人员队伍往往是企业利润的直接来源。正因为人力资源的价值性，所以市场中对人才的竞争从来没有停止过。施密特·亨特和佩尔曼曾指出，企业如果既有需要不同技能的各种岗位的员工，又拥有与岗位技能要求相适应的员工，那么就能在竞争市场中表现出较高的绩效水平。

（2）人力资源的稀缺性。企业人力资源的稀缺性主要表现在知识型员工超出市场平均水平的智力与能力。这里的知识型员工包括企业家、高级经理人员、高级工程技术人员及一般高技能操作人员。由于知识型员工形成的周期长，企业很难通过短期的培训或购买获得，因此哪个企业拥有他们，就意味着拥有竞争对手短期内无法比拟的竞争优势。因此，企业可以通过精心策划的招聘、培训、激励、薪酬设计等人力资源手段，吸引、留住这些人才，以建立持续的竞争优势。

（3）人力资源的难以模仿性。人力资源的难以模仿性主要是由人力资源形成路径的依赖性造成的。人力资源管理中某些具体做法的操作工具或技巧可以通过学习来模仿，但人力资源管理中最核心的价值观却因为其形成的特殊历史条件、社会发展阶段、企业文化等，很难被模仿。

（4）人力资源的不可替代性。物质资源可能会由于技术进步等原因表现出一定的生命发展周期，从而很容易被新产品替代。而人力资源由于劳动者与劳动力的不可分性，并且只有当人力资源与物质资本相结合时才能形成生产力，因而很难被替代。

总之，企业要取得持久的竞争优势，必须重视人力资源的获取及管理。一个具有卓越的人力资源战略管理实践的企业，将会通过人力资源这一宝贵的企业资源，为企业创造价值并带来持续的竞争力。

（三）人力资源配置计划的程序

1. 确认所需人数。企业进行人力资源配置计划需要先从人力资源的现状分析和人力资源需求预测中了解企业具体的人员分布和需求情况。更进一步，为了使人力资源配置计划工作做得更好和更完善，企业内各个部门还需要提交各岗位的具体需求统计表，明确各个岗位需求的人数、专业和技能等级等要求。

2. 公布岗位信息。企业在确定岗位对人员的需求后，需要将这些需求信息向企业内部员工公布，吸引企业内部员工前来应聘。

3. 员工申请。对短缺岗位有兴趣的员工可以提出申请，填写岗位调动申请表，在表格中员工需要填写现在的职位、工作经历、专业、技能等级、调动岗位的原因和员工职业生涯的目标等信息。

4.进行配置。企业根据员工的调动申请、员工的职业生涯目标和岗位需求对人力资源进行平衡配置。

5.制订配置计划。企业根据时间的长短制订人力资源长期配置计划、中期配置计划和短期配置计划，并根据人力资源发展计划制订人力资源优化目标。

6.修订配置计划。在人力资源配置计划实施中如果出现问题，企业需要进行实时、动态的修订。

（四）人力资源配置计划制订的原则

1.因岗设人原则

出于保持企业组织结构稳定的考虑，企业在制订人力资源配置计划时应坚持因岗设人的原则。因岗设人是要根据岗位的需求来进行人员的安置，也就是说，每个人所具有的能级水平与所处的层次和岗位的能级要求相对应。企业不同的岗位有层次和种类之分，它们对从事本工作的员工有着确定的要求，每个人也都具有不同的水平和能力，在纵向上处于不同的能级位置，合理的配置可以使人力资源的整体功能强化，使人的能力符合岗位要求。企业需要根据不同的岗位，做到合理的分工与协作，每位员工要有岗位，有职有业，能独立地完成工作程序和技术内容，又可以与其他岗位相互配合与相互协调。

2.人尽其才原则

人的能力的发展是不平衡的，每个人都有自己的长处和短处，其个性也是多样化的，都有自己的专业特长和工作爱好，而且每个人总体的能级水平也不同。所以，企业在进行人力资源配置计划时，要坚持人尽其才原则，在对员工进行工作配置时应该注意用人所长，同时应照顾个人兴趣，避免员工长时间不能施展才能，影响其工作积极性，导致员工工作效率下降，甚至产生离职的想法。

3.动态调节原则

在竞争激烈的行业，岗位和岗位要求是在不断变化的，人的素质也是在不断变化的，人与岗位的适应也需要一个实践与磨合的过程，所以能级不对应、用非所长等情形是时常发生的，能级对应、人尽其才只有在不断调整的动态过程中才能实现。动态调节原则就是指当人员或岗位要求发生变化的时候，要适时地对人员配备进行调整，以保证始终使合适的人工作在合适的岗位上。在人力资源配置计划中为实现人力资源队伍的整体优化，不断改善员工的结构和素质，实行动态调节原则是必需的。动态调节包括人才的内部流动，它在促进企业发展的同时，也会给企业的稳定性带来一定影响，所以企业在企业人员内部流动时需注意保持整体的稳定和平衡。同一部门的员工要保持整体水平和风格的延续性，并注意不同类型的员工的相互匹配。

三、企业战略制定

（一）人力资源部门的角色转变和要求

1. 角色转变的背景

（1）多变的环境迫切要求企业战略与人力资源战略的互动与调整

全球经济一体化趋势、信息技术的飞速发展及其广泛应用、国内外市场竞争的日益加剧等，使得企业面临的生存与发展环境呈现出多变性和复杂性。企业要获得可持续发展，必须使企业战略与外部环境保持一种高度的适应和动态的调整。人力资源作为企业最核心、最宝贵的资源，其功能的显现和地位的提升使得人力资源部门成为企业战略决策中具有决定意义的部门。要保证企业的战略决策与调整及时有效，人力资源部门和管理者具有不可替代的作用。

（2）企业经营管理对人力资源部门职能要求的提升

企业的经营管理说到底是资源的争夺、重新配置和合理利用。当今时代，在企业的众多资源中，"人"作为一种最具价值的资源，其重要性越来越引起企业的重视，任何企业的发展都离不开优秀的人力资源和人力资源的有效配置。因此，如何更快、更有效地为企业寻找人才、留住人才、开发人才，为企业保持强劲的生命力和竞争力提供有力的人力资源支持，成为人力资源部门所面临的重要课题。

在这种背景下，企业人力资源部门必须对企业存在的问题、发展方向、面临的挑战和机遇有深刻的了解和认识，必须及时地为企业各相关业务职能部门提供有效的人力资源协助。

一个企业的人力资源战略作为企业总体发展战略的重要组成部分，对总体战略的实施起着巨大的支持和推动作用。因此，企业的人力资源部门要具备制订企业人力资源战略的能力。企业人力资源战略的制订，必须以企业总体的发展战略为指导，以远景规划目标为方向。

（3）实践要求人力资源部门更多地参与到企业战略与管理运作的过程中

在大部分企业中，人力资源经理往往将自己大部分的精力放在行政事务上，在人力资源的战略与规划、人力资源的开发与管理咨询等方面投入的时间很少，这与人力资源管理发展趋势的要求有很大的差距。

如今企业经营运作的发展实践，要求人力资源部门要尽早改变只是被动地执行命令的状况，而是要在企业的发展战略与经营管理运作中积极地提出建设性的意见，在企业经营目标的背景下思考和研究问题，充分了解企业的经营状况以及影响企业业绩的原因，在公司的高层会议上，能从人力资源的角度提出提高公司业绩的建议，使企业人力资源工作成为公司战略目标实现的主要力量。

2. 成为企业战略合作伙伴的要求

人力资源部门要成为企业的战略合作伙伴，需要实现以下三个方面的转变。

（1）主动性

与以往被动的执行命令不同，作为战略合作伙伴的人力资源部门更多的是在当企业发生变化时，敏锐地察觉到这些变化对人力资源管理产生的影响，主动地制定相关政策和制度以支撑和影响企业的发展。

（2）战略性

人力资源部门要关注企业人力资源实践与战略目标的有机结合，根据战略目标对员工进行全方位的开发与管理。

（3）前瞻性

人力资源部门要用前瞻的、长期的、全局的视角来思考问题，根据环境的变化和企业的发展趋势，确定目前和未来人力资源工作的方向和重点。

人力资源部门为了实现以上转变，就需要了解企业的经营目标，多方位地了解企业职能、产品、生产、销售、企业使命、价值观、企业文化等各个运作环节的内容和变化，并围绕企业目标实现来设计对员工的基本技能和知识、态度的要求，深入企业的各个环节来调动和开发人的潜能。

（二）人力资源管理者的角色转变和要求

1. 人力资源管理者的四个角色

人力资源管理者要想真正成为企业的战略合作伙伴，必须胜任以下四种角色：

（1）公司整体战略的制订者

人力资源管理者要为战略制订和执行中所有有关人力资本的问题提供解决方案，通过人力资源的有效管理，帮助公司持续获得竞争优势。

（2）行政管理专家

人力资源管理者要不断开发设计高效率的人力资源操作系统，并将其优化为人力资源的服务过程。如提供更加有效的招聘选拔工具、配合企业战略设计培训和发展系统、建立新的绩效考核评价体系等。

（3）员工激励者

人力资源管理者要充分地了解员工的各种需求，不断提高员工对企业的忠诚度，激发员工的潜能，在战略实践的过程中将员工的个人职业发展和企业的成长与发展结合起来。

（4）变革推动者

人力资源管理者要在不断变化的企业经营环境中预测问题、诊断问题、分析问题、解决问题。企业发展战略的变化必然会对人力资源的管理提出新的要求，人力资源管理者不仅需要对新的问题提出新的解决方法，同时还要最大限度地确保员工在变革过程中对企业战略变化的认同和对企业的忠诚，提高员工的满意度。

总之，人力资源管理者作为企业各部门的战略合作伙伴，就是要参与到各项业务的发展中去，通过人力资源战略与规划的制定和实施，推动变革、引导学习、塑造企业文化，促进企业的持续发展。

2. 人力资源管理者成为战略合作伙伴的要求

人力资源管理者要成为企业的战略合作伙伴，需要开展以下方面的工作：

（1）提高能力

员工、团队和企业的能力与企业的绩效紧密相关，人力资源经理应从持续提高个人和企业的能力入手，积极推动企业发展战略的实施。对于员工个人，可以通过培训、辅导等方式，培养学习型员工；对于团队，可以通过组织沟通、知识分享，来创建协作型团队；对于企业，可通过制度创新、知识管理来创建学习型企业。

（2）提供机会

个人或集体能力的发挥，还有赖于是否有合适的机会。人力资源经理的一个重要职责就是提供机会。例如，通过技能培训、在岗实践、职位晋升或轮换、充分授权等，给予员工充分展示的机会，来提高员工绩效和企业绩效。

（3）设计激励

组织或员工能力的发挥和绩效的实现，与是否受到激励以及激励的强度密切相关。企业中常见的激励手段包括绩效管理体系、薪酬福利体系和员工职业生涯规划等。

（4）创造环境

良好的环境会直接促进企业发展战略的实现，人力资源经理的职责之一即为员工创造优越的工作环境。可以通过倡导领导艺术与团队合作来建立融洽的上下级关系及同事关系；通过企业文化建设来增强凝聚力和向心力；尊重个人，以人为本；逐步改善办公条件等。

（5）流程优化

环境的变化、市场的竞争，要求人力资源经理时刻关注企业流程的优化，提高运营效率。通过组织扁平化、充分授权、系统化、网络化等方式，使企业更加面向市场，关注客户，更有信心迎接挑战。

（6）推动变革

变革是一个永恒的主题，认识、推动、引导变革也是人力资源经理永恒的使命。人力资源经理应充分认识到变革的需求、环境，来推动员工的行为和思想，并创造出新的技术、新的产品和新的企业。

第五节　现代企业战略的分类

一、战略分类

1. 基于战略层次的划分

（1）企业战略。企业战略是企业的战略总纲，是涉及企业全局发展的、整体性的、长期的战略规划，是企业最高管理层指导和控制企业一切行为的最高行动纲领，对企业的长期发展将产生深远的影响。企业战略根据企业的经营理念、战略目标等，选择企业可以竞争的领域，合理配置企业资源，使各项经营业务相互支持、相互协调。

（2）竞争战略。竞争战略也称经营单位战略，它着眼于企业整体中的有关事业部或子企业，影响着某一类具体的产品和市场，是局部性的战略决策；战略的参与者主要是具体的事业部或子企业的决策层。战略的重点是要改进一个战略经营单位在它所从事的行业或某一特定市场中所提供的产品和服务的竞争地位，以利于企业整体目标的实现。

（3）职能战略。职能战略是为了贯彻、实施和支持总体战略与竞争战略，而在企业特定的职能管理领域制定的战略。职能战略一般可分为生产战略、研发战略、人力资源战略、营销战略及财务战略等。与企业总体战略相比，职能战略用于确定和协调企业短期的经营活动，期限比较短，一般在一年左右；职能战略是为负责完成年度目标的管理人员提供具体指导的，所以它较总体战略更为具体；职能战略是由职能部门的管理人员在总部的授权下制定出来的。人力资源是企业的第一资源。作为一种职能战略，与其他职能战略相比，人力资源战略与企业总体战略的互动性更强。在企业发展的过程中，尤其是在特殊时期，人力资源战略往往被提升到更为重要的战略地位，甚至成为企业战略的核心。

2. 基于企业整体方向的划分

根据企业的整体发展方向，企业战略可以划分为增长型战略、稳定型战略、紧缩型战略和混合型战略。

增长型战略是指企业扩大原有的经营领域的规模，或开拓新的经营领域的战略。

实现扩张的途径有内外两种：内部途径包括引入新产品、开辟新渠道、增加市场相对份额等；外部途径有收购其他企业、与他人合作、创办合资企业等。

稳定型战略是指企业遵循与过去相同的战略目标，保持一贯的成长速度，同时不改变基本的产品或经营范围。它是对产品、市场等采取以守为攻，以安全经营为宗旨，不冒较大风险的一种战略。

收缩型战略是指在企业内外部环境发生重大变化时，企业的经营受到巨大的挑战，企业为了在未来有更大的发展，实行有计划的收缩和撤退的战略。

混合型战略是增长型战略、稳定型战略、紧缩型战略的组合。事实上，许多有一定规模的企业实行的并不只是一种战略，从长期来看是多种战略的组合。一般大型企业多采用混合型战略。

3.基于成长机会和制约条件的划分

根据成长机会和制约条件，企业战略可划分为进攻型战略和防御型战略。

进攻型战略是指利用企业的有利条件寻求企业成长机会的主动出击战略。进攻型战略力图从领先者那里获得市场份额，它通常发生在领先者所在的市场领域。竞争优势是通过采用成功的战略性行动来获得旨在产生成本优势的行动、产生差异化优势的行动或者产生资源能力优势的行动。

防御型战略是指针对企业发展的威胁，强化自身薄弱环节的对策性战略。防御型战略的目的是降低被进攻的风险，减弱任何已有的竞争性行动所产生的影响，影响挑战者，从而使它们的行动瞄准其他竞争对手。这种战略有助于加强企业的竞争地位，捍卫企业最有价值的资源和能力，维护企业已有的竞争优势。

4.基于战略态势的划分

根据战略态势，企业战略可以划分为防御者战略、探索者战略、分析者战略三种。防御者战略寻求向整体市场中的一个狭窄的细分市场稳定地提供一组有限的产品。经过长期的努力，防御者能够开拓和保持小范围的细分市场，使竞争者难以渗透。探索者战略追求创新，其目的在于发现和发掘新产品和新的市场机会。该战略能否成功实施取决于开发和俯瞰大范围环境条件、变化趋势的能力和实践能力，灵活性对于探索者战略的成功来说是非常关键的。分析者战略靠模仿生存，它们复制探索者的成功思想。分析者必须具有快速响应那些领先一步的竞争者的能力。与此同时，还要保持其稳定产品和细分市场的经营效率。

二、发展型战略

发展型战略是一种使企业在现有的战略基础水平上向更高一级的目标发展的战略。该战略以发展为导向，引导企业不断地开发新的产品，开拓新的市场，采用新的生产方式和管理方式，以便扩大企业的产销规模，提高企业的竞争地位，增强企业的竞争实力。正确地运用发展型战略能够使一个企业由小到大、由弱到强，获得不断的成长和发展。一般地说，发展型战略有下面几种基本类型。

（一）企业产品—市场战略

企业产品—市场战略是最基本的发展战略，其他发展战略都是在此基础上演变发展而形成的。这一战略可以用九种方式来表达。

1.市场渗透战略

市场渗透战略是由企业现有产品和现行市场组合而产生的战略。企业战略研究人员应该系统地考虑市场、产品及营销组合的策略以促进市场渗透。在市场方面应如何扩大现有产品的销售量呢？一个企业要增加其产品的销售量取决于两个因素，即销售量 = 产品使用人的数量 × 每个使用人的使用频率。

根据这个等式，企业采取下述措施来扩大销售量。（1）扩大产品使用人的数量。如转变非使用人，努力发掘潜在的顾客，把竞争者的顾客吸引过来，使之购买企业的产品等。（2）扩大产品使用人的使用频率。如增加使用次数、增加使用量、增加产品的新用途等。（3）改进产品特性，使其能吸引新用户和增加原有用户的使用量。常用的方法有：提高产品质量，增加产品的特点，改进产品的式样和包装等。此外，在销售价格、销售渠道、促销手段上也应改进，以扩大现有产品的销售量。

2. 市场发展战略

市场发展战略是由现有产品和相关市场组合中产生的战略。它是发展现有产品的新顾客层或新的地域市场从而扩大产品销售量的战略。其主要方法有市场开发、在市场中寻找新的潜在市场和增加新的销售渠道。

3. 产品发展战略

产品发展战略是由企业原有市场和其他企业已经开发的而本企业正准备投入生产的新产品组合而产生的战略，即企业在现有市场上投放新产品或利用新技术增加产品的种类，以扩大其市场占有率和增加其销售额的企业发展战略。从某种意义上来说，这一战略是企业发展战略的核心，因为对企业是可以努力做到的可控制因素。例如，青岛海尔集团原有的产品是冰箱，原有的市场是冰箱市场，后来它开发了洗衣机、空调、电视机等原属其他企业已经生产的产品，并都取得了成功，就是这一战略的成功实例。

4. 产品革新战略

这是一种企业在原有目标市场上推出新一代产品的战略。这种战略比传统的产品发展战略向前迈进了一步。虽然企业的重点仍是原有的目标市场，但通过新技术的运用，企业的产品性能有了显著提高，原来的产品或许会再生产几年，但企业已运用最新技术生产了新一代产品。

5. 产品发明战略

这种战略要求企业发明别的企业从未生产过的新产品，并进入别的企业已经开发成熟的市场，因而它具有创新开拓精神。这种战略体现了创新开拓型战略高风险高收益的特征。当企业向一个其他企业已经形成的市场推出自己的第一代新产品时，企业的风险来自两个方面：一是新产品不一定正好适合该市场顾客的需要；二是企业对新市场缺乏第一手资料和实践经验。当企业从事这种风险投资时，它就在运用全方位创新战略上跨出了成功的第一步。

6. 市场转移战略

这种战略是指企业将现有产品投入别的企业尚未进入的刚刚开始形成的处女市场，这种战略尤其适用于第三世界国家。这一战略同样适用于区域市场的转移。比如，将产品（如家电、化妆品等）从大城市转移到中小城市，再由中小城市转移到乡镇、农村和山区等。

7. 市场创造战略

这种战略是指企业在新兴市场上投放别的企业已经在成熟的市场上经营的产品。企业虽然要生产新产品，但因为这种产品别的企业已经生产，所以企业也就不必再从头开始进行新的技术开发，它可以直接通过购买许可证，与别的企业联营或通过兼并的办法获得生产该产品的权利。例如，中国轿车工业的发展战略就是典型的一例。

8. 全方位创新战略

这种战略是市场创造战略和产品发明战略的组合，当市场变化非常快时，企业只有运用这一战略才能立于不败之地，这种战略是企业向一个新兴市场推出别的企业从未生产过的全新产品。

9. 多元化经营战略

多元化经营战略是企业产品—市场战略中最复杂、最难掌握、误区最多、最容易失误，但一旦成功收效也最大的一种战略。所谓"成也多元化，败也多元化"这句话，就深刻地揭示了它是一把"双刃剑"。

（二）企业一体化战略

"一体化"是指：将独立的若干部分加在一起或者结合在一起成为一个整体。一体化往往是企业在实行密集型发展战略的基础上产生的，这是因为企业实行了密集型发展战略，市场占有率越来越大，企业实力有所增强。这时企业就需要考虑如何扩展、向何方发展的问题，于是一体化战略便应运而生。

一体化战略的基本形式有三种：纵向一体化战略、横向一体化战略和混合一体化战略。

1. 纵向一体化战略

纵向一体化战略又叫垂直一体化战略，是将生产与原材料供应，或者生产与产品销售连接在一起的战略形式。依据其方向划分，纵向一体化可分为后向一体化和前向一体化两种；依据其程度划分，纵向一体化又可分为全面一体化和部分一体化。纵向一体化的战略目标是：巩固企业的市场地位，提高企业竞争优势，增强企业实力。

2. 横向一体化战略

横向一体化战略是指企业通过购买与自己有竞争关系的企业或者与之联合及兼并来扩大营业，获得更大利润的发展战略。该种战略的目标是扩大本企业的实力范围，提高其竞争能力。

横向一体化战略一般是企业在竞争比较激烈的情况下进行的一种战略选择。这种选择既可能发生在产业成熟化的过程中，成为增加竞争实力的重要手段，也可能发生在产业成熟之后，成为避免过度竞争和提高效率的手段。

3. 混合一体化战略

混合一体化战略就是上述两种一体化战略同时加以运用的一体化战略。这种战略主要适用于一些特大型企业，只是它在造就大企业方面虽有明显作用，但实施起来难度较大，风险较大，所以必须更加谨慎。

三、企业集团化战略

1. 企业集团的含义

企业集团是以资本联合为特征、产权主体多元化的复杂经济联合组织。它的本质属性应该是：两个或两个以上的法人企业的联合组织。

在我国的现实经济生活中，行政性公司、托拉斯式的紧密联合体、联合企业、松散的企业群体等都曾被称为"企业集团"。不仅如此，有的还把企业集团与集团公司混为一谈，把企业集团当作法人，要求企业集团像法人一样去登记。因此，要搞清企业集团的概念，就必须先明确它与其他企业联合组织的区别。

2. 企业集团的特征

企业集团具有如下特征：一是层次性。企业集团具有两种连接纽带：其一为股份化的资本连接；其二为具有长期优惠性的合同协议连接。以此为依据，企业集团可以划分为四个层次：核心层、控股层、持股层和固定协作层。前三个层次建立在股份制基础上，是集团的正式成员。第四个层次建立在具有法律效力的合同或协议书上，但通常不作为集团的正式成员，只是集团的影响范围。二是非法人性。企业集团由四个层次，即是母公司、子公司、关联公司和其他合同协议连接的企业组成。从法律上看，母公司、子公司、相关联公司都是独立的企业法人，而集团总体则是一种建立在持股控股基础上的法人合伙。它既不是统一纳税、统负盈亏的经济实体，也不具备总体法人地位。三是建立在企业法人股份制基础上的相互持股与干部互派。

四、稳定型战略

稳定型战略是指限于经营和内部条件，企业在战略期所期望达到的经营状况基本保持在战略起点的范围和水平上的战略。所谓战略起点，是指导企业制订新战略时关键战略变量的现实状况，其中最主要的是企业当时所遵循的经营方向及其正在从事经营的产品和所面对的市场领域。企业在其经营领域内所达到的产销规模和市场地位。所谓经营状况基本保持在战略起点的范围和水平上，是指企业在战略期基本维持原有经营领域或略有调整，保持现有的市场地位和水平，或仅有少量的增减变化。

稳定型战略其特点：满足于过去的经济效益水平，决定继续追求与过去相同或相似的经济效益目标；继续用基本相同的产品或劳务为原有的顾客服务；为争取保持现有的市场占有率和产销规模或者略有增长，稳定和巩固企业现存的竞争地位；在战略期内，每年所期望取得的成就按大体相同的比率增长。

由此可见，稳定型战略基本上依据前期战略，坚持前期战略对产品和市场领域的选择，以前期战略所达到的目标作为本期希望达到的目标。因此，采用稳定型战略的前提是企业的前期战略必须是成功的战略。这样企业只要继续实施这种战略，就能避开威胁，利用机会，使企业获得稳步的发展。

采用稳定型战略的企业，由于其所面临的外部环境和企业资源条件以及竞争地位的不同，在战略目标、战略重点、战略对策等方面也存在不同的选择，从而使稳定型战略有不同种类。大概可以划分为以下几种：无增长战略、微增长战略、阻击式防御战略和反应式防御战略。

五、紧缩型战略

紧缩型战略是指企业从目前的战略经营领域和基础水平收缩和撤退，且偏离战略起点较大的一种经营战略。与稳定型战略和发展型战略相比，紧缩型战略是一种消极的发展战略。一般来说，企业实行紧缩型战略只是短期性的，其根本目的是使企业挨过风暴后转向其他的战略选择。有时，只有采取收缩和撤退的措施，才能抵御对手的进攻，避开环境的威胁和迅速地实行自身资源的最优配置。可以说，紧缩型战略是一种以退为进的战略。

紧缩型战略与发展型和稳定型战略不同，其基本特点有：对企业现有的产品或市场领域实行收缩、调整和撤退的措施，削减某些产品的市场面，放弃某些产品的系列，甚至完全退出目前的经营领域；逐步缩小企业的产销规模，降低市场占有率，同时相应地降低某些经济效益指标水平；紧缩型战略的目标重点是改善企业的现金流量，争取较大收益和资金价值。为此，在资源的运用上，采取严格控制和尽量削减各项费用支出，只投入最低限度的经营资源的方针和措施；紧缩型战略具有过渡的性质，一般来说，企业只在短期内奉行这一战略，其基本目的是使自己摆脱困境，渡过危机，保存实力，或者消除经营赘瘤，集中资源，转而采取其他战略。

紧缩型战略可以分为：适应性紧缩战略、失败性紧缩战略、调整性紧缩战略、选择性紧缩战略、转向战略、放弃战略和清算战略。

六、复合型战略

所谓复合型战略就是上述三种战略的战略组合。前述大多数战略都既可以单独使用，也可以组合起来使用。事实上，大多数大型企业并不只实行一种战略。战略组合，不管是同时性的还是顺序性的都是一种正常形态。

第三章　国民收入决定论

国民收入决定论是宏观经济学的核心理论。宏观经济学以整个国民经济的运行为考察对象，研究经济中有关总量的决定及其变化。本章主要内容包括国民收入核算和简单的宏观经济模型、经济增长和经济发展理论、价格总水平和就业与失业、国际贸易理论与政策等。

第一节　国民收入核算和简单的宏观经济模型

国民收入是宏观经济分析中最为重要的总量指标。狭义的国民收入是指一定时期内各种生产要素的收入之和。广义的国民收入包括如下指标：国内生产总值（GDP）、国民生产净值（NNP）、国民收入（NI）、个人收入（PI）和个人可支配收入（DPI）。

一、国民收入核算

1. 国内生产总值及相关概念

国内生产总值（GDP）是国民经济核算的核心指标，也是衡量一个国家或地区总体经济状况的重要指标。

（1）国内生产总值的含义及形态。在西方经济学中，国内生产总值（GDP）是指经济社会（一国或一地区）在一定时期内运用生产要素所生产的全部最终产品（物品或劳务）的市场价值。这一定义含义如下：

1）国内生产总值是用最终产品和服务来计量的，即最终产品和服务在该时期的最终出售价值。

2）国内生产总值是一个市场价值的概念。各种最终产品的市场价值是在市场上达成交换的价值，是用货币来加以衡量的，通过市场交换体现出来。

3）国内生产总值一般仅指市场活动导致的价值。地下交易、黑市交易、家务劳动、自给自足性生产等都不属于国内生产总值的计算范围。

4）国内生产总值是计算期内生产的最终产品的价值，因而是流量而不是存量。国内生产总值有三种形态，即价值形态、收入形态和产品形态。

A. 价值形态。国内生产总值是所有常住单位在一定时期内生产的全部货物和服务价值超过同期投入的全部非固定资产货物和服务价值的差额，即所有常住单位的增加值之和。

B. 收入形态。国内生产总值是所有常住单位在一定时期内创造并分配给常住单位和非常住单位的初次收入之和。

C. 产品形态。国内生产总值是所有常住单位在一定时期内最终使用的货物和服务价值减去货物和服务的进口价值。

（2）国民生产总值（GNP）。国民生产总值是指某国国民所拥有的全部生产要素在一定时期内所生产的最终产品的市场价值。GDP是一个地域概念，而GNP是一个国民概念。

国民生产总值（GNP）＝国内生产总值（GDP）＋来自国外的净要素收入。其中来自国外的净要素收入是我国企业在国外的要素收入与外国企业在我国的要素收入之差。

2. 国内生产总值的核算方法

国内生产总值的核算方法包括生产法、支出法和收入法。其中生产法是从生产的角度，通过核算各个产业在一定时期生产的最终产品的市场价值来核算国内生产总值。这种方法难度较大，因此，下面仅对支出法和收入法进行介绍。

（1）支出法。支出法就是通过核算在一定时期内整个社会购买最终产品的总支出即最终产品的总卖价来计量GDP。谁是最终产品的购买者，只要看谁是产品和服务的最后使用者。在现实生活中，产品和服务的最后使用，除了居民消费，还有企业投资、政府购买及出口。因此，用支出法核算GDP，就是核算经济社会（指一个国家或一个地区）在一定时期内消费、投资、政府购买以及净出口这几方面支出的总和。

1）消费。消费是指居民个人消费支出（用C表示），包括购买耐用消费品（如小汽车、电视机、洗衣机等）、非耐用消费品（如食物、衣服等）和劳务（如医疗、旅游、理发等）的支出，建造住宅的支出则不包括在内。

2）投资。投资是指增加或更换资本资产（包括厂房、住宅、机械设备及存货）的支出（用I表示）。资本资产由于损耗造成的价值减少称为折旧。折旧不仅包括生产中资本资产的物质磨损，还包括资本老化带来的精神磨损。例如，一台设备使用年限虽然未到，但过时了，其价值要贬损。投资包括固定资产投资和存货投资两大类。固定资产投资是指新厂房、新设备、新商业用房以及新住宅的增加；存货投资是指企业掌握的存货价值的增加（或减少）。投资是一定时期内增加到资本存量中的资本流量，而资本存量则是经济社会在某一时点上的资本总量。假定某国家在2021年投资是900亿美元，该国2021年年末资本存量可能是5000亿美元。由于机器、厂房等会不断磨损，假定每年要消耗即折旧400亿美元，则上述900亿美元投资中就有400亿美元要用来补偿旧资本消耗，这400亿美元因是用于重置资本设备的，故称重置投资，净增加的投资只有500亿美元。用支出法计算GDP时的投资，指的是总投资，即重置投资与净增加投资之和。

3）政府购买。政府对物品和劳务的购买是指各级政府购买物品和劳务的支出（用G表示），如政府花钱设立法院、提供国防、建筑道路、开办学校等方面的支出。政府购买只是政府支出的一部分，政府支出的另一部分如转移支付、公债利息等都不计入GDP。理由是政府购买时通过雇请公务人员、教师，建立公共设施，建造舰队等为社会提供了服务，而转移支付只是简单地把收入从一些人或一些组织转移到另一些人或另一些组织，没有相应的物品或劳务的交换发生。如政府给残疾人发放救济金，不是因为这些人提供了服务，创造了价值，而是因为他们丧失了劳动能力，要靠救济生活。

4）净出口。净出口是指进出口的差额。用 X 表示出口，用 M 表示进口，则（X–M）就是净出口。进口应从本国总购买中减去，因为进口表示收入流到国外，不是用于购买本国产品的支出；出口则应加进本国总购买量之中，因为出口表示收入从外国流入，是用于购买本国产品的支出。因此，只有净出口才应计入总支出，它可能是正值，也可能是负值。把上述四个项目加总，用支出法计算 GDP 的公式为：

GDP=C+I+G+（X–M）

（2）收入法。收入法就是用要素收入即企业生产成本核算国内生产总值。严格来说，最终产品市场价值除了生产要素收入构成的成本外，还有间接税、折旧、企业未分配利润等内容，因此用收入法核算的国内生产总值应包括以下项目：

1）工资、利息和租金等这些生产要素的报酬。工资包括所有对工作的酬金、津贴和福利费，也包括工资收入者必须缴纳的所得税及社会保险费。利息在这里是指人们给企业提供的货币资金所得的利息收入，如银行存款利息、企业债券利息等，但政府公债利息及消费信贷利息不包括在内。租金包括出租土地、房屋等租赁收入及专利、版权等收入。

2）非公司企业主收入，如医生、律师、农民和小店铺主的收入。他们使用自己的资金，自我雇用，其工资、利息、利润、租金常混在一起作为非公司企业主收入。

3）公司税前利润，包括公司所得税、社会保险费、股东红利及公司未分配利润等。

4）企业转移支付及企业间接税。这些虽然不是生产要素创造的收入，但要通过产品价格转嫁给购买者，因此也应视为成本。企业转移支付包括对非营利组织的社会慈善捐款和消费者呆账，企业间接税包括货物税或销售税、周转税。

5）资本折旧。它虽不是要素收入，但包括在应回收的投资成本中，故也应计入GDP。这样，按收入法计得的国民总收入可表示为：

国民总收入 = 工资 + 利息 + 利润 + 租金 + 间接税和企业转移支付 + 折旧

它和支出法计得的国内生产总值从理论上说是相等的。但实际核算中常有误差，因而还要加上一个统计误差。

3. 国民收入核算中的其他总量关系

（1）国内生产净值（NDP）和国民生产净值（NNP）。最终产品价值并未扣去资本设备消耗的价值，如把消耗的资本设备价值扣除了，就得到净增价值。即从 GDP、GNP 中扣除资本折旧，就可以分别得到 NDP 和 NNP。用公式可表示为：

NDP=GDP– 折旧，NNP=GNP– 折旧

（2）国民收入（NI）。这里的国民收入是指按生产要素报酬计算的国民收入。从国内生产净值中扣除间接税和企业转移支付加政府补助金，就得到一个国家或地区生产要素在一定时期内提供生产性服务所得报酬，即工资、利息、租金和利润的总和意义上的国民

收入。间接税和企业转移支付虽构成产品价格，但不成为要素收入；相反，政府给企业的补助金虽不列入产品价格，但成为要素收入。故前者应扣除，后者应加入。国民收入（NI）可表示为：

NI=NDP− 间接税 − 企业转移支付 + 政府补助金 = 工资 + 利息 + 租金 + 正常利润

（3）个人收入（PI）。生产要素报酬意义上的国民收入并不会全部成为个人的收入。例如，利润收入中要给政府缴纳企业所得税，企业还要留下一部分利润不分配给个人，只有一部分利润才会以红利和股息的形式分给个人。职工收入中也有一部分要以社会保险费的形式上缴有关机构。另外，人们也会以各种形式从政府那里得到转移支付，如工人失业救济金、职工养老金、职工困难补助等。因此，从国民收入中减去企业未分配利润、企业所得税及社会保险费，加上政府给个人的转移支付，大体上就得到个人收入。即：

PI= 国民收入 − 企业未分配的利润 − 社会保险费 − 企业所得税 + 政府转移支付

（4）个人可支配的收入（DPI）。个人收入不能全归个人支配，因为要缴纳个人所得税，税后的个人收入才是个人可支配收入，即 DPI=PI− 个人所得税。这部分收入人们可用来消费或储蓄。

二、宏观经济均衡的基本模型

1. 两部门经济的储蓄投资恒等式

这里所说的两部门是指一个假设的经济社会，其中只有消费者（客户）和企业（厂商），因而就不存在企业间接税。为使分析简化，再先撇开折旧，这样，国内生产总值等于国内生产净值和国民收入，都用 Y 表示。在两部门经济中，没有税收、政府支出及进出口贸易，国民收入的构成情况如下：

从支出角度看，由于把企业库存的变动作为存货投资，因此国内生产总值等于消费加投资，即 Y=C+I。

从收入角度看，由于把利润看作最终产品卖价超过工资、利息和租金后的余额，因此国内生产总值就等于总收入。总收入一部分用作消费，其余部分则当作储蓄。于是，从供给方面看的国民收入构成为：国民收入 = 工资 + 利息 + 租金 + 利润 = 消费 + 储蓄，即 Y=C+S。由于 C+I=Y=C+S，就得到 I=S，这就是两部门经济的储蓄投资恒等式。

然而，这一恒等式绝不意味着人们意愿的或者说事前计划的储蓄总会等于企业想要有的或者说事前计划的投资。在现实经济生活中，储蓄主要由居民户进行，投资主要由企业进行，个人储蓄动机和企业投资动机也不相同。这就会形成计划储蓄和计划投资的不一致，形成总需求和总供给的不均衡，引起经济的收缩和扩张。我们分析宏观经济均衡时所讲的投资要等于储蓄，是指只有计划投资等于计划储蓄，或者说事前投资等于事前储蓄时，才能形成经济的均衡状态。储蓄和投资恒等，是从国民收入会计角度看，事后的储蓄和投资总是相等的。还要说明，这里所讲的储蓄等于投资，是指整个经济而言的，至于某个人、某个企业或某个部门，则完全可以通过借款或贷款，使投资大于或小于储蓄。

2. 三部门经济的储蓄 – 投资恒等式

在三部门经济中，把政府部门引了进来。政府的经济活动表现在：一方面有政府收入（主要是向企业和居民征税），另一方面有政府支出（包括政府对物品和劳务的购买，以及政府给居民的转移支付）。把政府经济活动考虑进去，国民收入的构成情况如下：

从支出角度来看，国内生产总值等于消费、投资和政府购买（G）的总和，可用公式表示为：$Y=C+I+G$。按理说，政府给居民的转移支付同样要形成对产品的需求，从而应列入公式，但这一需求已包括在消费和投资中，因为居民得到了转移支付收入，无非是仍用于消费和投资（主要是消费，因为转移支付是政府给居民的救济性收入及津贴）。因此，公式中政府支出仅指政府购买。

从收入角度来看，国内生产总值仍旧是所有生产要素获得的收入总和，即工资、利息、租金和利润的总和。总收入除了用于消费和储蓄，还要先纳税。然而，居民一方面要纳税，另一方面又得到政府的转移支付收入。税金扣除了转移支付才是政府的净收入，也就是国民收入中归于政府的部分。假定用 TO 表示全部税金收入，TR 表示政府转移支付，T 表示政府净收入，则 $T=TO-TR$ 由此，国民收入的构成可表示为：$Y=C+S+T$。

由此可得：$I=S+（T-G）$，在这里，（T–G）可看作政府储蓄，因为 T 是政府净收入，G 是政府购买支出。二者的差额即政府储蓄，它可以是正值，也可以是负值。

$I=S+（T-G）$就表示三部门经济的储蓄（私人储蓄和政府储蓄的总和）和投资的恒等式。

3. 四部门经济的储蓄投资恒等式

在三部门经济中加入国外部门的活动，就构成了四部门经济。国外部门的经济活动包括对外贸易和资本流动，这里只考虑对外贸易。

从支出角度来看，国民收入的构成等于消费、投资、政府购买和净出口的总和，用公式可表示为：$Y=C+I+G+（X-M）$。

从收入角度来看，国民收入的构成用公式可表示为：$Y=C+S+T+Kr$. 式中 Kr 代表本国居民对外国人的转移支付。例如，对外国遭受灾害时的救济性捐款，这种转移支付也来自生产要素的收入。由此可得：

$C+I+G+（X-M）=Y=C+S+T+Kr$

上式可转化为：$I=S+（T-G）+（M-X+Kr）$，此式即为四部门经济中总储蓄（私人、政府和国外）和投资的恒等式。这里，S 代表居民私人储蓄，（T–G）代表政府储蓄，（M–X+Kr）则可代表外国对本国的储蓄，因为从本国的立场看，M（进口）代表其他国家出口的商品，从而是这些国家获得的收入，X（出口）代表其他国家从本国购买的商品和劳务，从而是这些国家需要的支出，Kr 也代表其他国家从本国得到的收入。可见，当（M+Kr）>X 时，外国对本国的收入大于支出，于是就有了储蓄；反之，则有了负储蓄。

三、消费、储蓄和投资

1. 消费理论与相关函数

目前，世界上有许多著名的消费理论，下面将主要介绍凯恩斯、莫迪利安尼、弗里德曼这三大经济学家建立的消费理论及其相关的消费函数。

（1）凯恩斯消费理论与消费函数。凯恩斯消费理论建立在三个假设的基础上：

1）收入是决定消费的最重要的因素。此假设认为其他因素都可看作在短期内变化不大或影响轻微。因此，在假定其他因素不变的条件下，消费是随着收入的变动而相应变动的，即消费是收入的函数。

2）边际消费倾向递减规律。边际消费倾向（MPC）是指消费的增量 OC 和收入的增量 AY 的比率，即增加每单位收入中用于增加消费的部分的比率。此假设指出，随着人们收入的增长，人们的消费也随之增长，但消费支出在收入中所占比重却不断减少。

对一般正常的理性人来说，收入增加，消费不大可能下降或不变，所以边际消费倾向大于 0；增加的消费一般也只是增加的收入的一部分，不会是全部收入，所以边际消费倾向小于 1。因此，边际消费倾向的取值范围是 0<MPC<1。

3）平均消费倾向随着收入的增加而减少。平均消费倾向（APC）是指消费总量 C 在收入总量 Y 中所占的比例。

（2）莫迪利安尼消费理论与消费函数。美国经济学家莫迪利安尼提出了生命周期消费理论，他认为理性的消费者总是希望自己的一生能够比较安定地生活，使一生的收入与消费尽可能相等。

莫迪利安尼消费理论强调了消费与个人生命周期阶段之间的关系，将人的一生分为三个阶段，即青年时期、中年时期和老年时期。各时期的消费和收入特点分别如下：

1）青年时期：家庭收入偏低，消费会超过收入，如购买房屋、汽车等耐用品。这一时期的储蓄很小甚至是零储蓄和负储蓄。

2）中年时期：收入会日益增加，这时收入大于消费，因为一方面要偿还青年时期的负债，另一方面还要把一部分收入储蓄起来用于防老。

3）老年时期：基本没有劳动收入，收入下降，消费又会超过收入，此时的消费主要是过去积累的财产，而不是收入。

这一消费理论认为，各个家庭的消费取决于他们在整个生命周期内所获得的收入与财产，也就是说消费取决于家庭所处的生命周期阶段，最终目标是实现一生消费效用的最大化。

莫迪利安尼的生命周期消费理论认为，在人口构成没有发生重大变化的情况下，从长期来看边际消费倾向是稳定的，消费支出与可支配收入和实际国民生产总值之间存在一种稳定的关系。一旦人口构成比例发生变化，则边际消费倾向也会变化，具体的变化趋势为：

社会上年轻人和老年人比例增大，消费倾向会提高；中年人口的比例增大，消费倾向会降低。

（3）弗里德曼消费理论与消费函数。美国经济学家弗里德曼提出了持久收入理论，他认为消费者的消费支出不是根据他的当前收入决定的，而是根据他的持久收入决定的。持久收入是指预期在较长时期内可以维持的稳定的收入流量。这一理论将人们的收入分为暂时性收入和持久性收入。

2. 储蓄理论与相关函数

储蓄（S）是收入减去消费的余额。由于 Y=C+S，因此储蓄的计算公式为 S=Y–C。

（1）储蓄与收入的关系。凯恩斯认为，随着收入的不断增加，消费增加会越来越少，而储蓄增加则会越来越多。因此，储蓄与收入之间的依存关系就是储蓄函数。

（2）边际储蓄倾向与平均储蓄倾向。边际储蓄倾向是指增加的储蓄额在增加的收入额中所占的比例；或者说，每增加 1 单位收入中，用于储蓄的比例，用 MPS 表示；把储蓄 S 占可支配收入 Y 的比例称为平均储蓄倾向，用 APS 表示。

3. 投资理论与相关函数

投资是购置物质资本的活动，即形成固定资产的活动投资。其中，物质资本包括厂房、设备和存货，以及住房建筑物等，但一般不包括金融投资在内。从个人角度看，人们用收入购买各种有价证券、房产、设备、土地等可以看作投资；但从全社会角度看却不是投资，因为它仅仅是财产所有权的转移，而全社会的资本并没有增加。

决定投资的因素。决定投资的因素有很多，其中，主要因素有实际利率、预期收益率和投资风险等。预期的通货膨胀率和折旧等也在一定程度上影响投资。

凯恩斯认为，实际利率越低、投资量越大。企业贷款进行投资，则投资的成本就是利息；企业用自有资本投资，应获得的利息成为投资的机会成本，因此，仍可以认为这种投资方式的成本也是利息。而决定利息的直接因素即为实际利率。因此，投资的成本取决于实际利率。

如果投资的预期收益率既定，则实际利率越高，利息越多，投资成本越高，投资就会减少。反之，实际利率越低，利息越少，投资成本越低，投资就会增加。因此，投资是利率的减函数。

四、总需求和总供给

1. 总需求分析

总需求是指在其他条件不变的情况下，在某一给定的价格水平上，一个国家或地区各种经济主体愿意购买的产品总量。

（1）影响总需求的因素。影响总需求的因素主要有利率、货币供给量、政府购买量、税收、预期、价格总水平等。

1）利率。利率上升，消费者购买数量减少，总需求减少；利率下降，消费者购买数量上升，总需求增加。利率与总需求反向变动。

2）货币供给量。货币供给量增加，总需求增加；货币供给量减少，总需求减少。货币供给量与总需求同向变动。

3）政府购买量。政府购买量增加，总需求增加；政府购买量减少，总需求减少。政府购买量与总需求同向变动。

4）税收。税收减少，消费者收入增加，总需求增加；税收增加，消费者收入减少，总需求减少。税收与总需求反向变动。

5）预期。企业对利润的预期增长，就会扩大投资，总需求增加；反之，总需求减少。居民对收入的预期增长，就会增加消费，总需求增加；反之，总需求减少。可见，预期与总需求同向变动。

6）价格总水平。价格总水平下降，总需求上升；价格总水平上升，总需求下降。价格总水平与总需求反向变动。

（2）总需求曲线分析。总需求曲线反映的是在其他因素不变的情况下，价格总水平与总需求之间的关系。

对于总需求曲线具有向右下方倾斜的特征，可分别从财富效应、利率效应和出口效应进行分析。

1）财富效应。财富效应是指由价格总水平的变动引起居民收入及财富的实际购买力的反向变动，从而导致总需求反向变动的现象。从价格总水平与消费的关系来看：价格总水平下降，就会使居民持有的货币的实际购买力提高，居民的消费需求就会增加；价格总水平上升，就会使居民持有的货币的实际购买力降低，居民的消费需求就会减少。

2）利率效应。利率效应是指由价格总水平变动引起利率变化并进而与投资、消费及总需求呈反方向变化的现象。价格总水平上升，会使人们的货币交易需求增加，进而导致利率上升。利率上升后会增加企业投资的成本，并增加居民用于住宅和耐用消费品的借款成本，从而使企业会减少投资，居民会减少对耐用消费品的需求。相反，价格总水平下降，会使利率下降。利率下降后就会增加企业的投资需求和居民对耐用消费品的需求。

3）出口效应。出口效应是指由价格总水平通过汇率变动影响出口需求的变化并与总需求呈反方向变化的现象。在固定汇率制度下，价格总水平上升使国内产品与进口产品的比价发生变化，国内产品价格升高，进口产品相应变得便宜，消费者和企业就会增加对进口产品的购买而减少对国内产品的购买，导致进口增加、出口下降；反之，价格总水平下降则会刺激出口，抑制进口。在浮动汇率制度下，价格总水平上升，会使利率上升，从而吸引国外资本流入，给本国货币带来升值压力，从而使得进口产品价格相对便宜，出口需求相应下降；反之，价格总水平下降，会促使出口增加。

2. 总供给分析

总供给是指在其他条件不变的情况下，一定时期内，在一定价格水平上，一个国家或地区的生产者愿意向市场提供的产品总量。

（1）影响总供给的因素。总供给的变动主要取决于企业的利润水平，而利润水平又决定于市场价格与生产成本，因此，决定总供给的基本因素就是价格与成本。其他如技术进步、工资水平变动、能源及原材料价格变动等"外部冲击"因素都是通过成本的影响而影响企业的利润水平，从而影响总供给的。

除价格和成本外，企业的预期也是影响总供给的一个重要因素。如果企业对未来利润的预期是下降的，企业就会减少生产，从而使总供给减少。

（2）总供给曲线。总供给曲线反映的是在其他因素不变的条件下，总供给与价格总水平变动的关系。需要注意的是，由于决定供给的价格和成本中的工资在长期中具有灵活性，在短期内缺乏弹性，因此，总供给曲线分为长期总供给曲线与短期总供给曲线。

从长期来看，总供给变动与价格总水平无关。因此，长期总供给只取决于劳动、资本与技术，以及经济体制等其他因素。

第二节　经济增长和经济发展理论

经济增长和经济发展理论包括经济增长理论、经济周期与经济波动、经济发展理论三个方面的内容。

一、经济增长理论

1.经济增长与经济发展

经济增长与经济发展既有区别又有联系，下面分别介绍这两个概念及内容：

（1）经济增长的含义与衡量。经济增长是指一个国家或地区在一定时期内的总产出与前期相比所实现的增长。通常用国内生产总值（GDP）或人均国内生产总值（人均GDP）来衡量。

对于经济增长的速度而言，可以使用经济增长率（G）进行度量。

经济增长率并不能全面反映一个国家或地区经济发展的实际状况，它只是体现了一个国家或地区在一定时期内经济总量的增长速度，是一个国家或地区总体经济实力增长速度的标志，并不能体现伴随经济增长带来的生态与环境变化的影响，但生态、环境等因素与经济发展关系密切。

（2）经济发展。经济发展比经济增长的含义更广，也就是说，经济发展既包括经济增长，也包括伴随经济增长过程而出现的技术进步、结构优化、制度变迁、福利改善以及人与自然之间关系的进一步和谐等诸多方面的内容。

就经济发展与经济增长的联系而言，主要体现在以下两个方面：一方面，经济增长是经济发展的基础，没有一定的经济增长，就不会有经济发展；另一方面，经济增长不能简单地等同于经济发展，如果不重视质量和效益，不重视经济、政治和文化的协调发展，不重视人与自然的和谐，就会出现增长失调，从而最终制约经济发展。

2. 经济增长的决定因素

决定经济增长的因素有很多，其中，决定经济增长的基本因素主要包括劳动的投入数量、资本的投入数量、劳动生产率以及资本的效率。

（1）劳动的投入数量。一个国家或地区劳动投入的数量多少取决于人口规模和人口结构，以及劳动者投入的劳动时间的多少。

就劳动的投入数量和经济增长速度的关系而言，假设在其他因素既定的条件下，一个社会投入生产的劳动数量越多，生产的产品就可能越多，经济增长速度就越快。

（2）资本的投入数量。资本的投入数量受多种因素制约，其中，资本的利用率或生产能力利用率是制约资本投入数量最重要的因素。所谓资本的利用率或生产能力利用率，是指机器、设备、厂房等固定资产的利用率。在生产能力一定时，生产能力利用率越高，资本的投入量就越多。

就资本的投入数量和经济增长速度的关系而言，在其他因素不变的条件下，资本的投入数量越多，经济增长速度就越快。

（3）劳动生产率。劳动生产率即劳动的生产效率，劳动生产率的提高，表明劳动者在单位时间内的效率得到提高。在同样的劳动投入下，劳动生产率高自然可以使经济得以增长。

（4）资本的效率。资本的效率即投资效益，是指单位资本投入数量所能产生的国内生产总值，可用国内生产总值与资本总额的比率表示，或用生产单位国内生产总值需要投入的资本数量表示。在其他因素不变的条件下，资本的效率提高就会带来经济增长。

3. 经济增长的因素分解

通过生产函数建立的经济增长分解公式，可以了解劳动、资本的投入以及要素的生产效率在经济增长中所发挥的作用。

（1）两因素分解法。两因素分解法即假定其他因素不变，把经济增长看作某一项生产要素，认为经济增长是劳动或资本与其生产率作用的结果，即把经济增长率按劳动和劳动生产率两项因素进行分解。若经济增长率用 GQ 表示、工作小时数的增加率用 GH 表示、每小时产出的增加率用 GP 表示，则两因素分解法的计算公式为：

$$GQ=GH+GP$$

（2）二因素分解法。三因素分解法是运用生产函数，把经济增长按照劳动投入、资本投入和全要素生产率三个因素进行分解，并计算这三个因素对经济增长贡献份额的方法。若 t 时期的总产出（CDP）用 Yt 表示，t 时期的技术进步程度用 At 表示，t 时期的劳动投入量用 Lt 表示，t 时期的资本投入量用 Kt 表示，则生产函数的计算公式为：

$$Yt=AtF（LtKt）$$

即：

对经济增长率＝技术进步率＋（劳动份额 × 劳动增加率）＋（资本份额 × 资本增长率）

全要素生产率（TFP）是指技术进步对经济增长的贡献率，或技术进步程度在经济增长率中所占的份额或比重。

二、经济周期与经济波动

1.经济周期与经济波动的含义和类型

从动态来看，一个国家或地区的经济活动总是处于波动之中的，这一现象就会涉及经济周期和经济波动相关的知识。

（1）经济周期与经济波动的含义。经济周期与经济波动相似但不同，存在经济周期就肯定存在经济波动，但存在经济波动却不一定存在经济周期。

经济周期又称商业循环，是指总体经济活动沿着经济增长的总体趋势而出现的有规律的扩张和紧缩。经济周期是指总体经济活动，而不是个别部门或个别的经济总量指标。即使最重要的经济总量指标GDP的单独波动也不能反映经济周期。一般认为，经济周期需要通过一组经济总量指标，包括GDP、就业和金融市场等指标，才能够说明经济周期。

在一个较长的历史时期内，如5年或10年内，一个国家或地区的经济活动很难一直保持同样的经济增长速度。即使在一个较短的时期内，经济活动也可能存在变化，这就是经济波动。如果经济波动存在一定的规律性，就说明经济波动存在一定的周期性，此时经济波动就是经济周期。

（2）经济周期的类型。根据不同的划分标准，可以将经济周期划分为不同的类型。按周期波动的时间长短，经济周期可以分为长周期、中周期和短周期。长周期也被称为长波循环或康德拉耶夫周期，周期长度平均为50~60年；中周期也被称为大循环或朱格拉周期，周期长度平均为8年左右；短周期也被称为小循环或基钦周期，平均为3~5年。现实生活中，对经济运行影响较大且较为明显的是中周期，国内外经济文献中提到的经济周期或商业循环大都是指中周期。

按经济总量绝对下降或相对下降的不同情况，经济周期可以分为古典型周期和增长型周期。古典型周期的特征表现：处在低谷时的经济增长率为负值，即经济总量GDP绝对减少。增长型周期特征的表现为：处在低谷时的经济增长率为正值，即经济总量GDP只是相对减少而非绝对减少。

2.经济周期各阶段的划分和特征

（1）扩张阶段。扩张阶段包括复苏阶段和繁荣阶段，复苏是扩张阶段的初期，繁荣是扩张阶段的后期。扩张阶段的最高点叫作峰顶（也叫转折点或拐点）。在经济周期中的复苏阶段和繁荣阶段，可能出现的一般特征是：伴随着经济增长速度的持续提高，投资持续增长，产量不断扩大，市场需求旺盛，就业机会增多，企业利润、居民收入和消费水平都有不同程度的提高，但同时也常常伴随着通货膨胀。

（2）紧缩阶段。紧缩阶段又叫收缩阶段或衰退阶段，衰退如果特别严重，则可称为萧条。紧缩阶段的最低点叫作谷底（也叫转折点或拐点）。紧缩阶段的特征是：在经济的衰退或萧条时期，伴随着经济增长速度的持续下滑，投资活动萎缩，生产发展缓慢，甚至出现停滞或下降，产品滞销，就业机会减少，失业率提高，企业利润水平下降，亏损、破产企业数量增多，居民收入和消费水平呈不同程度的下降趋势。不同国家或地区的经济周期表现各有不同。

3. 经济波动的原因

经济运行出现周期性波动的原因很多，主要包括以下六个方面：

（1）投资率变动。一般情况下，投资增长较快，会导致国民经济的较快增长；投资增长缓慢，会带来经济增长的下降。投资与经济增长的关系还要取决于投资的效率。

（2）消费需求波动。消费需求不足，会导致总需求小于总供给，进而导致产出下降、失业增加，使经济增长率下降。

（3）技术进步状况。当技术进步较快时，经济增长的速度较快；当技术进步缓慢时，经济增长就比较缓慢。

（4）预期变化。当人们对今后经济增长的预期比较乐观时，就愿意增加消费或投资，从而推动经济增长；当人们的预期不好时，就会减少投资或消费，总需求的增长逐渐下降，从而限制经济的增长。

（5）经济体制变动。以我国为例，在过去的计划经济体制下，由于地方政府，特别是国有企业存在的"预算软约束"，投资需求增长过快成为一个经常的现象，从而使经济总是处于过热状态。当政府对这种过热的状态进行调整时，又会带来经济增长速度的下降。

（6）国际经济因素冲击。一个或少数几个国家经济出现衰退，很可能会影响到相关国家，从而导致这些国家的经济波动。

改革开放以来，我国经济运行呈现出了持续、高速增长的总趋势。但与此同时，我国的经济也存在明显的周期波动的特征，即有的年份经济增长速度很高，有的年份经济增长速度较低。总体而言，我国的经济周期属于增长型周期波动，波动幅度不大。这说明我国政府对经济的调控能力在不断增强，同时也显示出了市场机制配置资源的优越性。

4. 经济波动的指标体系

经济波动并不是在某一个月突然发生的，而是通过许多经济变量在不同的经济过程中不断演化而逐渐展开的。由于这个原因，实际工作中就可以建立一些经济指标来检测、分析和预测经济周期的各个阶段，为宏观经济调控提供一定的科学依据。在实际经济分析工作中，可以把这些经济指标分为一致指标、先行指标和滞后指标。

（1）一致指标。一致指标又称同步指标，指标的峰顶与谷底出现的时间与总体经济运行的峰谷出现的时间一致，可以综合描述总体经济所处的状态。主要指标包括工业总产值、固定资产投资额、社会消费品零售总额等。

（2）先行指标。先行指标又称领先指标，通过这些指标可以预测总体经济运行的轨迹。主要指标包括制造业订单、股票价格指数、广义的货币 M2 等。

（3）滞后指标。滞后指标是对总体经济运行中已经出现的峰顶与谷底的确认。主要指标包括库存、居民消费价格指数等。

三、经济发展理论

经济发展主要是指发展中国家或地区人民生活水平的持续提高。

1. 经济发展的变化

经济发展不仅包括经济增长，还包括经济结构和社会结构的变化，具体体现在以下四个方面：

（1）产业结构不断优化。在国民经济中，第一产业的劳动力和产值比重趋于下降，第二产业比重趋于上升并逐步稳定，第三产业比重逐渐提高。就我国而言，第三产业结构正在稳步提升，但同发达国家相比，我国的第三产业比重依然偏低，第二产业比重明显偏高，这反映出我国正处于工业化的中期阶段。

（2）城市化进程逐步推进。大量的农村人口向城市转移，逐步实现城市化。越来越多的人口居住在城市，农村人口逐渐减少。但我国城镇的人口占总人口的比重和发达国家相比也还有较大差距。

（3）广大居民生活水平持续提高。居民的营养状况、居住条件、医疗卫生条件、接受教育程度明显改善，人均预期寿命延长，婴儿死亡率下降，贫困人口趋于减少。

（4）国民收入分配状况逐步改善。居民之间收入和财产分配的不平等程度趋于下降，绝对贫困现象基本消除。

2. 经济发展的核心与主要内容

经济发展的核心是人民生活水平的持续提高，以人为本是经济发展的基本内核。所谓"以人为本"，主要包括以下两个方面：一是发展的目标是为了广大人民群众，而不是为了经济总量的增长，也不是为了少数人口的利益；二是促进人的全面发展，即人的潜能的全面发挥，人的需要的全面满足。

可持续发展是经济发展的重要内容，其核心思想是指既要使当代人的各种需要得到充分满足，个人得到充分发展，又要保护资源和生态环境，不对后代人的生存和发展构成威胁。换言之，可持续发展的思想就是要正确处理经济增长和资源、环境、生态保护之间的关系，使它们之间保持协调和谐的关系。

3. 经济发展的方式

经济发展的方式是实现经济发展的方法、手段和模式。其中，不仅包含经济增长的方式，还包括结构、运行质量、经济效益、收入分配、环境保护、城市化程度、工业化水平以及现代化进程等各个方面的内容。

（1）转变经济发展方式的含义。转变经济发展方式是指按着科学发展观的要求，调整经济发展各因素的配置方式和利用方法，把经济发展方式转变到科学发展的轨道上。加快转变经济发展方式，就是要使经济发展更多依靠内需特别是消费需求拉动，更多依靠现代服务业和战略性新兴产业带动，更多依靠科技进步、劳动者素质提高、管理创新驱动，更多依靠节约资源和循环经济推动，更多依靠城乡区域发展协调互动，不断增强长期发展后劲。

（2）转变经济发展方式的内容。转变经济发展方式的具体内容主要是要促进"三个转变"。

1）促进经济增长由主要依靠投资、出口拉动向依靠消费、投资、出口协调拉动转变。国内消费需求增长缓慢，居民消费率持续下降，导致生产增长快、消费增长慢，生产与消费增长很不平衡。因此，应更加重视消费对经济增长的拉动作用，实现消费、投资、出口协调拉动经济增长。

2）促进经济增长由主要依靠第二产业带动向依靠第一、第二、第三产业协同带动转变。三个产业之间具有客观的必然联系，始终具有三者是否协调发展的问题。要重视和巩固农业在国民经济中的基础地位，加快发展第三产业。

3）促进经济增长由主要依靠增加物质资源消耗和能源消耗向主要依靠科技进步、劳动者素质提高、管理创新转变。

第三节　价格总水平和就业与失业

价格总水平和就业与失业包括价格总水平及其变动、就业与失业、失业与经济增长及价格总水平的相互关系三个方面的内容。

一、价格总水平及其变动

1.价格总水平的含义和度量方法

（1）价格总水平的含义。价格总水平不是指一个或几个消费者或企业体现出的价格，而是整个市场的价格汇总体现的水平，它是非常重要的经济指标，对宏观经济调控有很好的支持作用。

价格总水平又称一般价格水平，是指一个国家或地区在一定时期（如月、季、年）内全社会各类商品和服务价格变动状态的平均或综合。国家可以利用经济、法律和行政手段，对价格总水平的变动进行干预和约束，以保证价格总水平调控目标的实现。

（2）价格总水平的度量——价格指数。在发达的国家或地区，度量价格总水平的方法普遍有两种：一种是通过编制各种价格指数，如消费者价格指数、批发价格指数等进行度量；另一种是通过计算国内生产总值缩减指数进行度量。总体来说，价格总水平一般都是用价格指数来进行度量的。

价格指数是一种用来反映报告期与基期相比商品价格水平的变化趋势和变化程度的相对数。其中，反映价格总水平变动的叫作价格总指数，也可以称为价格指数。

价格指数有许多种类，常见的是消费者价格指数（CPI），它是度量价格总水平的主要指标。目前，我国采用的是居民消费价格指数，将其作为衡量价格总水平变动的基本指标。

2. 价格总水平变动的决定因素

决定价格总水平变动的因素主要有两大类：一类是货币供给量、货币流通速度和总产出；另一类是总需求和总供给。

（1）货币供给量、货币流通速度和总产出。美国经济学家费雪创立了费雪方程式，利用它可以推导出货币供给量、货币流通速度和总产出对价格总水平变动的影响。

根据价格总水平的决定方程，可以得出结论：价格总水平的变动与货币供给量、货币流通速度的变化呈正方向变动，与总产出的变化呈反方向变动。

（2）总需求和总供给。价格总水平决定于总需求和总供给的比例关系，它是由总需求和总供给共同决定的。具体来说，如果总需求增长快于总供给的增长，价格总水平就有可能上升；反之，如果总需求增长慢于总供给的增长，价格总水平就有可能下降。反过来看，价格总水平也会影响总需求和总供给。

3. 价格总水平变动的经济效应

价格总水平变动的经济效应，主要是指它与工资、利率、汇率等货币形式的经济变量之间互相作用的关系。

（1）价格总水平变动对工资的影响。在价格总水平变动的情况下，工资可分为名义工资和实际工资。名义工资是指以当时的货币形式表现的工资；实际工资是指扣除了价格变动影响因素的工资。

价格总水平与工资的变动关系为：实际工资的变动与名义工资的变动呈正方向，与价格总水平变动呈反方向。

既然工资会变动，那么在价格总水平变动时，就可以利用它们的关系求得实际工资的变动率，也能印证价格总水平变动和工资的关系。

另外，需注意的是，由于价格总水平变动会导致劳动者实际工资与居民实际收入水平发生变动，从而影响企业与劳动者、居民与政府之间的收入再分配。一般来讲，一定程度的通货膨胀会有利于企业和政府，而一定程度的通货紧缩则有利于劳动者和居民。

（2）价格总水平变动对利率的影响。在价格总水平变动的情况下，利率可分为名义利率和实际利率。名义利率也叫市场利率，是指银行当时规定和发布的利率。实际利率是指扣除了价格总水平变动影响因素的利率，即在货币购买力不变时的利率。

若 r 为名义利率，i 为实际利率，π 为价格总水平变动率，则计算公式为：

$i=r-\pi$

上式表明，实际利率取决于名义利率与价格总水平变动率之差。在名义利率不变时，实际利率与价格总水平变化呈反方向变动，即价格总水平上升，实际利率就趋于下降，或价格总水平下降，则实际利率趋于上升。在价格总水平不变时，名义利率与实际利率相等。当名义利率低于价格总水平上涨率时，实际利率为负；当名义利率高于价格总水平上涨率时，或当名义利率不变而价格总水平下降时，实际利率为正。

（3）价格总水平变动对汇率的影响。价格总水平的变动会在一定条件下影响汇率的变动，从而影响一个国家的进出口产品价格发生相应变化，最终影响到净出口和总供求关系，具体变动情况如下：

1）如果本国价格总水平上涨率高于外国的价格总水平上涨率，本币就会贬值，以本币表示的汇率就一定会上升。

2）如果本国的价格总水平上涨率低于外国的价格总水平上涨率，本币就会升值，以本币表示的汇率就会下降。

3）当外国价格总水平稳定或上升，而本国价格总水平下降时，本币也会升值，以本币表示的汇率就会下降。

（4）价格总水平变动的间接效应。价格总水平变动具有的间接效应主要包括：对企业生产经营决策的影响、对收入分配结构的影响和对经济增长的影响。

一般来说，剧烈的、大幅度的价格总水平变动不利于经济增长。只有在短期内，价格变动没有被市场主体预期到的情况下，才可能对经济增长产生作用，但这种作用也只是暂时的。通货膨胀在一定程度上可能有利于促进经济增长；通货紧缩在一定程度上可能不利于经济增长。

二、就业与失业

1. 就业与失业的含义

就业与失业对整个国家或地区的价格总水平有着非常重要的影响，是政府在宏观经济控制上必须关注和解决的问题。

（1）就业的含义。就业是指一定年龄段内的人们所从事的为获取报酬或经营收入所进行的活动。其界定方法如下：

1）就业者条件：一定的年龄。

2）收入条件：获得一定的劳动报酬或经营收入。

3）时间条件：每周工作时间的长度。

（2）失业的含义。一个人愿意并有能力为获取报酬而工作，但尚未找到工作的情况，即是失业。按照国际劳工组织的统计标准，凡是在规定年龄内在一定期间内（如一周或一天）属于下列情况的均属于失业人口。

1）没有工作，即在调查期间没有从事有报酬的劳动或自我雇佣。

2）当前可以工作，即当前如果有就业机会，就可以工作。

3）正在寻找工作，即在最近的期间采取了具体的寻找工作的步骤，如刊登求职广告、到服务机构登记等。

2. 我国就业与失业人口的统计

按照现有的国情和市场体制，我国就业与失业人口的统计方法与一些国外的统计方法有所不同。

（1）我国就业人口的统计。就业人口是指在 16 周岁以上，从事一定社会劳动并取得劳动报酬或经营收入的人员。而城镇就业人口则是指在城镇地区从事非农业活动的就业人口。

（2）我国失业人口的统计。我国失业人口的统计主要针对城镇登记失业人员，即有非农业户口，在一定的劳动年龄内（16 岁至退休年龄），有劳动能力，无业而要求就业，且在当地公共就业服务机构进行失业登记的人员。

3. 就业与失业水平的统计

就业与失业水平统计，主要会涉及失业率和就业率等问题，通过这些数据可以更加直观地反映一个国家或地区的就业形势和经济状态。

（1）发达国家的就业率与失业率。发达国家的就业率和失业率是反映一个国家或地区劳动力资源利用状况最重要的指标。

（2）我国就业与失业水平的统计。我国计算和公布就业与失业水平的指标主要是城镇登记失业率。其计算公式为：

城镇登记失业率 = 城镇登记失业人数 /（城镇单位就业人员 + 城镇单位中的不在岗职工 + 城镇私营业主 + 个体户主 + 城镇私营企业和个体就业人员 + 城镇登记失业人员）

其中，城镇单位就业人员应扣除使用的农村劳动力、聘用的离退休人员、我国港澳台地区人员及外方人员。

我国目前统计的失业率之所以与西方发达国家统计的失业率有差别，主要是因为我国只计算城镇地区的失业率，没有计算覆盖全国城镇和农村地区的统一的失业率。同时，在计算城镇失业率时，主要是以是否具有城镇户口为标准，因此，还并不能准确反映城镇地区的实际失业状况。

（3）自然失业率。从一个较长期的变动趋势来看，在某一个国家或地区总存在一个正常的失业率，即自然失业率。它是指劳动力市场供求处于均衡状态，价格总水平处于稳定状态时的失业率。具体有以下几种定义：经济学家弗里德曼把它定义为经济处于充分就业状态时的失业率；斯蒂格里茨把它定义为通货膨胀率为零时的失业率。现在一般称为非加速通货膨胀失业率，这是由于自然失业率与是否存在通货膨胀有密切关系。

4. 失业的类型

失业可以分为自愿失业和非自愿失业，其中非自愿失业又叫需求不足型失业。

（1）自愿失业。西方古典经济学认为，工资在完全竞争市场条件下可以自由波动，劳动力资源可以全部用于生产，这样就没有失业，如果有失业，就只能是"自愿失业"，即劳动者不愿意接受当前的工资水平而不愿意工作的现象。它又包括摩擦性失业和结构性失业。

1）摩擦性失业。无论是新进入劳动市场的劳动者还是已进入劳动市场的劳动者，寻找工作或转换工作都需要花费一定的时间。摩擦性失业正是劳动者为找到自己希望的工作，而需要一定时间寻找所引起的失业。

2）结构性失业。结构性失业是由于产业结构调整所造成的失业，如产业的兴起与衰落，都会导致一部分原有的劳动者不具备产业调整要求的新技能而失业。一般来说，新兴产业的迅猛发展会导致劳动者供给短缺，主要产业衰落会导致劳动者失去工作。

（2）非自愿失业。非自愿失业即需求不足型失业，是指劳动者在现行工资水平下找不到工作的状况或总需求相对不足而减少劳动力派生需求所导致的失业。

由于这种失业是与经济周期相联系的，即经济运行处于繁荣期与高涨期，总需求上升，劳动力派生需求量上升，失业率较低；经济运行处于衰退期或萧条期，总需求萎缩，劳动力派生需求量下降，失业率较高。因为这种特征，非自愿失业也叫周期性失业，是宏观经济调控中需要关注的重点。

5. 我国的就业与失业问题

由于我国的二元结构和经济体制转轨，增加就业和减少失业是目前和今后一定时期内宏观经济调控的重要任务之一。

（1）二元结构。二元结构是指发展中国家经济体系中采用现代技术的现代部门和采用传统技术的传统部门并存的经济结构。二元结构将一个国家或地区的经济简单地分为两个部门，即现代城市工业部门和传统农村农业部门。其特征分别如下：

1）现代城市工业部门。现代工业和市场经济比较发达，技术水平、劳动生产率和收入较高。

2）传统农村农业部门。它以传统农业和手工业为主，以简单工具和手工劳动为基础，处于自给半自给经济状态，劳动生产率和收入较低。

（2）二元结构的失业现象。二元结构的失业现象非常明显，其形成的关键在于农村劳动力。农村劳动力选择进城，则会造成城市失业人口出现过多；农村劳动力选择留守，则会导致农村存在大量隐性失业或就业不足现象。

（3）我国就业与失业问题的发展方向。我国就业与失业问题的发展方向比较明朗，那就是扩大就业，减少失业，使劳动力资源得到充分利用，这也是提高人民生活水平的重要途径。要实现这一目标，关键就是要保持经济长期稳定增长，从而能够加快体制改革和结构调整，加快发展教育，积极推进新型城镇化以及实施新的就业模式和提倡新的就业观念。

三、失业与经济增长及价格总水平的相互关系

1. 奥肯定律分析

奥肯定律也称奥肯法则，由美国经济学家阿瑟·奥肯提出。该定律揭示的是相对于一个经济体在充分就业状态下所能实现的 GDP（潜在 GDP）而言，实际 GDP 每下降 2 个百分点，则失业率会上升 1 个百分点；或失业率每提高 1 个百分点，实际 GDP 会下降 2 个百分点。

奥肯定律会因不同国家或地区，而出现不同情况的经济增长和失业间的数量关系。另外，由于该定律揭示了经济增长和就业之间存在一定的正相关关系，因此它具有重要的政策含义，即政府应当把促进经济增长作为增加就业或降低失业的主要途径。

2. 就业弹性系数分析

就业弹性系数是指一个国家或地区一定时期内的劳动就业增长率与经济增长率的比值。

就我国而言，计算就业弹性系数时涉及的就业人口一般是指城镇就业人员，有时也可以是城乡就业总人员。

需要特别注意的是，就业弹性的变化受产业结构等因素的影响，如果第三产业或服务业在国民经济中所占比例较大，就业弹性就高。

3. 菲利普斯曲线分析

菲利普斯曲线是以英国经济学家菲利普斯的名字命名的一条描述通货膨胀与失业或经济增长之间相互关系的曲线。简单的菲利普斯曲线表明，通货膨胀率和失业率二者存在负相关关系。即失业率降低时，通货膨胀率会趋于上升；失业率上升时，通货膨胀率会趋于下降。就政府在宏观经济决策时而言，通货膨胀率和失业率之间是一种替代关系，也就是说，政府可以用高通货膨胀率换取低失业率，或用高失业率换取低通货膨胀率。

美国经济学家弗里德曼认为，工人和企业感兴趣的是实际工资而不是名义工资，因此，工人会把对通货膨胀预期考虑到前期工资谈判中。因此，他认为简单的菲利普斯曲线不能充分反映通货膨胀率和失业率。也就是说，弗里德曼认为通货膨胀率和失业率之间的替代关系只在短期内才有可能出现，对于长期而言，二者是不存在替代关系的。

第四节　国际贸易理论与政策

一、国际贸易理论

1. 国际贸易理论的发展演变

国际贸易理论随着国际贸易的诞生就开始出现了，到目前为止存在许多国际贸易理论，这里主要介绍四种最常见的。

（1）绝对优势理论。绝对优势理论由英国经济学家亚当·斯密提出。亚当·斯密认为：各国在生产技术上的绝对差异导致劳动生产率和生产成本的绝对差异。因此各国应集中生产并出口具有绝对优势的产品，而进口其不具有绝对优势的产品，以节约社会资源，提高产出水平。

（2）比较优势理论。比较优势理论由英国经济学家大卫·李嘉图提出。大卫·李嘉图认为：决定国际贸易的因素是两个国家产品的相对生产成本，而不是绝对生产成本。因此，只要两国之间存在生产成本上的差异，即使其中一方处于完全劣势，国际贸易仍会发生，而且贸易仍会使双方受益。

（3）要素禀赋理论。要素禀赋理论由瑞典经济学家赫克歇尔和俄林提出，又称赫克歇尔—俄林理论。其内容为：各国资源条件不同，导致生产要素的供给情况不同，因此各国应该集中生产并出口能够充分利用本国充裕要素的产品，进口需要密集使用本国稀缺要素的产品。国际贸易的基础是生产资源配置或要素储备比例上的差别。

（4）规模经济贸易理论。规模经济贸易理论由美国经济学家克鲁格曼提出，该理论可以解释相似资源储备国家之间和同类工业品之间的双向贸易现象（这一现象用赫克歇尔—俄林理论无法解释）。克鲁格曼认为：现代社会化大生产中，许多产品的生产都有规模报酬递增的特点，即生产规模越大，单位成本就越低。如果每个国家只生产几类产品，那么每种产品的生产规模就会比生产所有产品时的规模更大，才能实现国际分工的规模效益，这是现代国际贸易的基础。

另外，克鲁格曼还认为，工业产品是类似的，不是同质的，大多数工业产品的市场是不完全竞争的。

2. 国际贸易的影响因素

国际贸易的影响因素分为影响出口贸易的因素和影响进口贸易的因素。

（1）影响出口贸易的因素

1）自然资源的丰裕程度。一国拥有的资源在国际上的丰裕程度相对较高，就可以利用这种资源的绝对优势和相对优势，通过增加出口来获得外汇收入。

2）生产能力和技术水平。生产能力和技术水平越高，其加工制成品在国际市场上的竞争力就越强，且出口产品的附加值也就越高。

3）汇率水平。如果一国货币汇率下跌，对外贬值，意味着外币购买力的提高和本国商品、劳务价格的相对低廉，那就可以降低出口商品的价格，增加出口。这也有利于本国旅游收入及其他劳务收入的增加。反之，货币汇率上升，则会导致相反的结果。

4）国际市场需求水平和需求结构。在世界经济出现不景气的情况下，各国的进出口贸易都可能因此而减少。

（2）影响进口贸易的因素

1）一国的经济总量或总产出水平。一般情况下，一国的经济总产出水平越高，经济总量（如 GDP 规模）越大，其进出口贸易额就越大。

2）汇率水平。一国货币汇率上升，即货币升值，以本币标示的进口商品的价格就会下跌，本国需求就会增加，最终导致进口贸易扩大。

3）国际市场商品的供给情况和价格水平。在国际市场上，如果商品供给短缺，会导致价格上升，就会使一国的进口贸易受到影响；反之亦然。

二、国际贸易政策

1. 政府对国际贸易的干预

为保证国际贸易的公平和对本国国际贸易有利，政府一般都会对国际贸易进行干预。政府对进出口贸易进行干预或限制的目的是保护国内产业免受国外竞争者的损害，以及维持本国的经济增长和国际收支平衡。

政府对国际贸易的干预包括对进口贸易的干预和对出口贸易的干预两个方面。

（1）进口贸易的干预措施。政府干预进口贸易的措施主要有关税限制和非关税限制两种方式。

1）关税限制又称关税壁垒，是指国家通过征收高额进口关税限制外国商品进口。

2）非关税限制又称非关税壁垒，是指采用关税以外的手段对外国商品进口设置障碍。非关税限制的手段包括进口配额、自愿出口、歧视性公共采购、技术标准、卫生检疫标准等。

（2）出口贸易的干预措施。政府干预出口贸易的措施主要是出口补贴，又分为直接补贴和间接补贴两种。

1）直接补贴是指政府直接以现金形式弥补出口企业国际市场价格与本国国内市场价格的差价。

2）间接补贴是指对出口企业在出口商品时给予财政上的优惠待遇，如出口退税、出口信贷等。

2. 倾销的界定和反倾销措施分析

倾销是指出口商以低于正常价值的价格向进口国销售产品，并因此给进口国产业造成损害的行为。

（1）倾销的界定。如何确定某行为是否属于倾销行为，关键是对产品正常价值的认定。其标准如下：

1）原产国标准。按相同或类似产品在出口国国内销售的可比价格确定。

2）第三国标准。按相同或类似产品在出口国向第三国出口的最高可比价格确定。

3）按同类产品在原产国的生产成本，加上销售费、管理费等合理费用和利润确定。

（2）倾销的类型。国际贸易中的倾销通常存在四种类型，即掠夺性倾销、持续性倾销、隐蔽性倾销和偶然性倾销。

1）掠夺性倾销：出口企业为在短期内以不合理的低价向进口国市场销售产品，排除进口国竞争对手后，再重新提高产品的销售价格。

2）持续性倾销：出口企业为长期占领市场，实现利润最大化目标而无限期地持续以低价向进口国市场出口产品。

3）隐蔽性倾销：出口企业按正常价格出售产品给进口商，进口商以倾销性低价在进口国市场上抛售，其亏损部分由出口企业予以补偿。

4）偶然性倾销：出口国国内存在大量剩余产品，为处理这些产品而以倾销方式向国外市场抛售。

（3）倾销的不利影响。倾销行为会对进口国、出口国和第三国都产生不利的影响。

1）进口国。倾销会挤占进口国市场，阻碍进口国产业发展，扰乱进口国市场秩序。发达国家向发展中国家倾销新兴产业产品会抑制发展中国家新兴产业的建立和发展。

2）出口国。倾销容易引起出口国相似厂商过度价格竞争，倾销企业为弥补损失，会在本国维持较高垄断价格，损害本国消费者的利益。

3）第三国。倾销会导致进口国对第三国产品的需求下降，从而降低第三国在进口国的市场占有率。

（4）反倾销措施。反倾销措施属于贸易救济措施，是指针对倾销行为征收反倾销税等措施，目的在于保护国内产业不受损害。其中，反倾销税是在正常海关税费之外，进口国主管部门对确认的倾销产品征收的一种附加税。

世界贸易组织规定，对出口国某一产品征收反倾销税必须符合以下要求：

1）该产品存在以低于正常价值水平进入另一国市场的事实。

2）倾销对某一成员国的相关产业造成重大损失。

3）损害与倾销之间存在因果关系。

第四章 管理理论

管理是人类各种活动中最重要的活动之一。自从人们开始形成群体去实现个人无法达到的目标以来，管理工作就成为协调个人努力必不可少的因素了。本章主要对管理以及管理者进行深入的研究探讨。

第一节 管理的概念及性质

一、管理的含义和重要性

组成群体无非是为了集结个人的力量，以发挥集体的更大作用。这种群体实际上就是人类社会普遍存在的"组织"现象。

所谓组织，是由两个或两个以上的个人为了实现共同的目标组合而成的有机整体。组织是一群人的集合，组织的成员必须按照一定的方式相互合作，共同努力去实现既定的组织目标。这样，组织才能形成整体力量，以完成单独个人力量的简单总和所不能完成的各项活动，实现不同于个人目标的组织总体目标。组织存在于日常生活和工作的各个方面。企业是一种组织，医院、学校和其他单位等也是组织的具体表现形式。任何一个组织，都有其基本的使命和目标。例如：医院的使命和目标是治病救人；学校的使命和目标是培育人才；企业的使命和目标是满足用户的需要；等等。组织的使命和目标说明了组织存在的理由。

为了完成组织的使命和目标，组织需要开展业务活动（通称作业工作），如医院中的诊治、学校中的教学、工业企业中的生产等。组织是直接通过作业活动来达成组织目标的，而作业活动的开展自然离不开人力资源（人员）、物力资源（原材料、机器设备）和财力资源（资金）等的运用，否则作业活动就只能成为"无米之炊"。既然一个组织需要各种资源去完成作业活动，这些资源是否能够良好地协调和配合，直接影响了组织的作业活动能否有效而顺利地进行。对组织而言，这就需要开展另一项活动——管理。管理是伴随着组织的出现而产生的，是保证作业活动实现组织目标的手段，是协作劳动的必然产物。当需要通过集体努力去实现个人无法达到的目标，管理就成为必要。因此，小至企业，大至国家，任何组织都需要管理，它是协调个人努力必不可少的因素。正如马克思指出的那样：

一切规模较大的直接社会劳动或共同劳动，都或多或少地需要指挥，以协调个人的活动，并执行生产总体的活动所产生的各种一般职能。一个单独的小提琴手是自己指挥自己，一个乐队就需要一个指挥。指挥之于乐队，就像经理人员之于企业，他们的存在是确保组织各项活动实现预定目标的条件。管理的重要性伴随着组织规模的扩大和作业活动的复杂化而日益明显。

如果说简单的组织只需要简单的管理，因而管理的重要性还不十分突出，那么时至今日，科学技术和经济已获得高度发展，组织的规模越来越大，组织面临的环境越来越复杂，作业活动越来越现代化，在这样的时代中，管理就越来越成为影响组织生死存亡和社会经济发展的关键因素。国际上有许多著名的管理学家和经济学家都非常强调管理的重要性，如有人把管理看作工业化的催化剂和经济发展的原动力，同土地、劳动和资本并列成为社会的"四种经济资源"，或者同人力、物力、财力和信息一起构成组织的"五大生产要素"；还有的人则把管理、技术和人才的关系比喻为"两个轮子一个轴"。

如同没有先进的科学技术，作业活动乃至管理活动无法有效地开展一样，没有高水平的管理相配合，任何先进的科学技术都难以充分发挥作用，而且，科学技术越先进，对管理的要求也越高。由此可见管理活动对现代组织的重要性。组织中的活动包括作业活动和管理活动两大部分。组织是直接通过作业活动来达到组织目标的，但组织为了确保这一基本过程（对企业来说，该基本过程表现为生产过程）顺利而有效地进行，还需要开展管理活动，管理是促成作业活动顺利实现组织目标的手段和保证。

什么是管理？管理的定义，在中外许多管理学著作中均有描述。由于这些学者是从不同角度和侧面对管理加以解释的，所以这些定义会有一些不同。综合这些定义，能够较为全面概括管理这一概念的内涵和外延的定义可以是：管理，就是在特定的环境下，对组织所拥有的资源进行有效的计划、组织、领导和控制，以便达到既定的组织目标的过程。这个定义包含以下四层含义：

1. 管理活动是在特定的组织内外部环境的约束下进行的。任何组织存在于一定的内外部环境之中，并受环境的约束。企业的生存离不开外部的原材料供应和顾客的需求，其生产经营活动要受国家政策、法律等多种因素的影响。管理理论的学习和管理实践活动必须注重组织的内外部环境，适应环境，利用内外部环境的各种有利因素，并根据内外部环境的变化而不断创新。

2. 管理是为实现组织目标服务的。管理活动具有目的性，其目的是实现组织的目标。一个组织要实现的目标即使在同一时期也往往是多种多样的。企业的目标包括：提高组织资源的利用效率和利用效果，主动承担社会责任以便获得更好的发展空间、不断开拓市场，最大限度地获取经济利益，创造条件促进职工发展，等等。

3. 管理工作要通过有效利用组织的各种资源来实现组织目标。资源是一个组织运行的基础，也是开展管理工作的前提。传统意义上的资源主要是指人、财、物，强调的是内部的、有形的资源。现代意义上的资源远不止这些，组织管理成效的好坏、有效性如何，集中体现在它是否使组织花最少的资源投入，取得最大的、合乎需要的成果产出。产出一定、投入最少，或者投入不变、产出最多，甚至是投入最少、产出最多，这些都意味着组织具有较为合理的投入产出比，有比较高的效率。然而，仅仅关心效率是不够的，管理者还必须使组织的活动实现正确的目标，这就是追求活动的效果（效能）。效率和效果是两个不同的概念。效率涉及的只是活动的方式，它是与资源利用相关的，只有高低之分而无好坏之别。效果涉及活动的目标和结果，不仅有高低之分，而且可以在好坏两个方面表现出明显的差别。高效率只是正确地做事，好效果则是做正确的事。效率和效果又是相互联系的。例如，如果某个人不顾效率，他很容易达到有效果。

很多企业的产品如果不考虑人力和材料等投入成本的话，能被生产或制造得更精确、更吸引人。因此，管理不仅关系到使活动达到目标，而且要做得尽可能有效率。只有"正确的人做正确的事"，组织才具有最大的有效性，把"效率"和"效果"结合起来。在一个组织中，管理工作不仅仅要追求效率，更重要的是从整个组织的角度来考虑组织的整体效果以及对社会的贡献。因此，要把效率和效果有机地结合起来，把管理的目的体现在效率和效果之中，即通常所说的绩效。

4. 管理最终要落实到计划、组织、领导和控制等一系列管理职能上。管理职能是管理者开展管理工作的手段和方法，也是管理工作区别于一般作业活动的重要标志。这些管理职能是每个管理者都必须做的事情，是管理理论研究和管理实践的重点，不受社会制度、组织规模和管理者的喜好所左右。

从上面对管理的分析不难看出，管理普遍适用于任何类型的组织。因为任何组织都有特定的组织目标，都有其特定的资源调配和利用问题，因此，也就有管理问题。

营利性组织需要管理，这类组织十分重视投入与产出的比较，十分强调对资源的利用效果。但是，人们往往认为只有大企业才需要管理，因为大企业拥有更多的资源，职工人数更多，更需要有周密的计划和高效率的沟通与协调。事实上，小企业同样需要管理。每年都有大量的小企业破产倒闭，其原因并不仅仅是小企业拥有的资源少，更重要的原因是管理方面的问题。

从非营利性组织来看，不仅政府等组织需要管理，学校需要管理，医院需要管理，研究所、报社、博物馆及大众性广播机构、邮电和交通服务单位需要管理，而且各种基金会、联合会、俱乐部以及学术团体和宗教组织等也都需要管理。管理活动遍布人类社会的方方面面，无时无处不在。

当然，不同类型的组织，由于其作业活动的目标和内容存在一些差异，因而管理的具体内容和方法也不尽相同。但从基本管理职能、管理原理和方法来看，各种不同类型的组织具有相似性和共通性。

二、管理的本质及性质

（一）管理的本质

学习和运用管理，首先要准确地把握管理工作的本质及特性。管理工作不同于生产、科研、教学、治疗等具体的作业活动，它具有一定的特殊性。要把握管理的本质和特性，可以从分析管理工作和作业工作的关系入手。

首先，管理工作是独立进行、有别于作业工作又为作业工作提供服务的活动。

其次，管理不是独立存在的，管理活动和作业活动并存于一个组织之中才能保证组织目标的圆满实现。

最后，从事管理工作的人并不是绝对不可以做一些作业工作。对管理工作与作业工作的概念区分，并不意味着这两类活动一定要由截然不同的两批人去做。事实上，组织中有不少被列为"管理人员"的人有些时候也从事作业工作。医院院长可能有时也做些手术，学校校长可能有时也搞教学工作，企业销售经理也可能参与业务谈判和签订销售合同，等等。在某些时候，管理者参与做些作业工作并非坏事，这样往往有利于促进领导者与下属人员之间的沟通和理解。但是，如果一位管理者把他的绝大部分时间和精力都用于从事作业工作而不是管理工作（新从基层提拔上来的管理者易出现这种情况），那么他就忘记了自己的管理者身份，还不了解管理工作与作业工作的区别，就不可能成为一个称职的管理者。

管理工作的本质，就是从事管理工作的人通过他人并使他人同自己一起实现组织的目标。在通常情况下，管理人员并不亲自从事具体工作，而是委托他人去干，自己花大量时间和精力进行计划安排、组织领导和检查控制其他人的工作。管理人员之所以在身份和地位上不同于其他人，就是因为其"分内"工作性质与这些人的作业工作有着迥然的差异，而且，管理人员还要对这些人的工作好坏负最终责任。正是在促成他人努力工作并对他人工作负责这一点上，管理人员与作业人员有所区别，他们构成了组织中相对独立的两大部分。

（二）管理的科学性与艺术性

关于管理的性质，许多管理学者从多方面进行过分析、总结，强调管理工作具有科学性和艺术性的双重特征，它们最能刻画出管理工作的本质特性。对管理科学性的了解可从以下两个方面来看。

首先，管理是一门科学，是指它以反映客观规律的管理理论和方法为指导，有一套分析问题、解决问题的科学的方法论。管理学发展到今天，已经形成了比较系统的理论体系，揭示了一系列具有普遍应用价值的管理规律，总结出许多管理原则。这些规律和原则是由大量的学者和实业家在长期总结管理工作的客观规律的基础上形成的，是理论与实践高度凝结的产物，不会因为地域、文化乃至社会制度的差异而不同，也不以人们的主观意志为转移。

其次，管理是一门不精确的科学，指导管理的科学比较粗糙，不够精确。这一方面因为管理是一门正在发展的科学，与数学、物理学等自然科学相比，管理科学的发展历史相对较短，还需要一个逐步走向完善的过程。另一方面，管理工作所处的环境和要处理的许多事务常常是复杂多变的，管理科学并不能为管理者提供一切问题的标准答案，仅凭书本上的管理理论和公式进行管理活动是不能成功的。主管人员必须在管理实践中发挥积极性、主动性和创造性，因地制宜地将管理知识与具体的管理活动相结合，才能进行有效的管理。

这一点决定了管理的艺术性。管理的艺术性，就是强调管理活动除了要掌握一定的理论和方法外，还要有灵活运用这些知识和技能的技巧和诀窍。管理的艺术性强调了其实践性，没有实践则无所谓艺术。无视实践经验的积累，无视对理论知识灵活运用能力的培养，管理工作注定要失败。基于对管理艺术性的认识，权变管理理论在管理学界产生了极大的影响。对权变管理思想进行系统论述的是美国管理学家弗雷德·卢桑斯。他在《权变管理理论：走出丛林之路》和《管理导论：一种权变学说》等论文和著作中，把权变管理思想归纳为管理理论方法和环境之间的函数关系，即管理理论方法 =f（环境）。其中环境是自变量，管理理论方法是因变量。

这种函数理论关系可进一步解释为"如果—就要"模式，即如果某种环境存在或发生，就要采用某种相应的管理思想、管理方法和技术，以便更好地达到组织目标。权变理论没有一成不变的、普遍适用的、最好的管理理论和方法，一切应取决于当时的既定情况。这种强调应变性、灵活性的管理思想充分体现了管理工作的艺术性特点。

管理的科学性与艺术性并不互相排斥而是互相补充的。不注重管理的科学性只强调管理工作的艺术性，这种艺术性将会表现为随意性；不注重管理工作的艺术性，管理科学将会是僵硬的教条。管理的科学性来自管理实践，管理的艺术性要结合具体情况并在管理实践中体现出来，二者是统一的。

第二节　管理的职能和类型

一、管理的基本职能

关于管理的基本职能，在管理的定义中已经阐明，是计划、组织、领导和控制，也就是说管理是由这样一系列相互关联、连续进行的活动构成的，或者说管理作为一个过程，管理者在其中要发挥这样的作用。在管理学的发展史上，一些学者对管理的基本职能做出了不同的描述。

法国管理学家亨利·法约尔提出，所有的管理者都履行计划、组织、指挥、协调和控制五种管理职能；另一个比较有影响和代表性的是美国管理学家孔茨提出的管理包括计划、组织、人员配备、指导和领导、控制五项职能。除此以外，还有七项职能等观点，如美国的古利克提出管理职能包括计划、组织、指挥、控制、协调、人事、沟通等等。关于管理职能比较流行的观点是将其简化为计划、组织、领导和控制四个基本职能。

（一）计划

如果你在旅行时没有任何特定的目的地，那么任何路线你都可以选择。由于组织的存在是为了实现某些目的，因此就需要有人来规定组织要实现的目的和实现目的的方案，这就是管理计划职能应做的工作。计划是管理的首要职能，管理活动从计划工作开始。具体来说，计划工作的程序和内容如下：

1.在研究活动条件的基础上，确定组织在未来某个时期内的活动方向和目标。组织的业务活动是利用一定条件在一定环境中进行的。活动条件研究包括内部能力研究和外部环境研究。内部能力研究主要是分析组织内部在客观上对各种资源的拥有状况和主观上对这些资源的利用能力；外部环境研究是要分析组织活动的环境特征及其变化趋势，了解环境是如何从昨天演变到今天的，找出环境的变化规律，并据以预测环境在明天可能呈现的状态。

2.制定业务决策。活动条件研究为业务决策提供了依据。所谓业务决策，是在活动条件研究的基础上，根据这种研究揭示环境变化中可能提供的机会或造成的威胁以及组织在资源拥有和利用上的优势和劣势。

3.编制行动计划。在确定了未来的活动方向和目标以后，还要详细分析为了实现这个目标，需要采取哪些具体的行动，这些行动对组织的各个部门和环节在未来各个时期的工作提出了哪些具体的要求。因此，编制行动计划的工作，实质上是将决策目标在时间上和空间上分解到组织的各个部门和环节，对每个单位、每个成员的工作提出具体要求。

（二）组织

再好的计划方案也只有落实到行动中才有意义。要把计划落实到行动中，就必须有组织工作。组织工作决定组织要完成的任务是什么，谁去完成这些任务，这些任务怎么分类组合，谁向谁报告，各种决策应在哪一级上制定，等等。组织工作的具体程序和内容如下：

1.设计组织，包括设计组织的机构和结构。机构设计是在分解目标活动的基础上，分析为了实现组织目标需要设置哪些岗位和职务，然后根据一定的标准将这些岗位和职务加以组合，形成不同的部门；结构设计是根据组织业务活动及其环境的特点，规定不同部门在活动过程中的相互关系。

2.人员配备。根据各岗位所从事的活动要求以及组织员工的素质和技能特征，将适当的人员安置在组织机构的适当岗位上，使适当的工作由适当的人承担。

3.组织变革。根据业务活动及其环境特点的变化，实施组织结构的调整与变革。

（三）领导

每一个组织都是由人力资源和其他资源有机结合而成的，人是组织活动中唯一具有能动性的因素。管理的领导职能是指导和协调组织中的成员，包括：管理者激励下属、指导他们的活动、选择有效的沟通渠道、解决组织成员之间的冲突等等，从而使组织中的全体成员以高昂的士气、饱满的热情投身组织活动中。

（四）控制

为了保证组织目标的实现和既定计划的顺利执行，管理必须监控组织的绩效，必须将实际的表现与预先设定的目标进行比较。如果出现了任何显著的偏差，管理的任务就是使组织回到正确的轨道上来。内容包括行动偏离目标和标准时，对组织活动的纠正以及对目标和标准的修改和重新制定。后者是指当组织内外环境发生变化时，原来制定的目标和标准已不再适用。

控制工作过程包括衡量组织成员的工作绩效、发现偏差、采取矫正措施三个步骤。控制不仅是对以前组织活动情况的检查和总结，而且可能要求某时点以后对组织业务活动进行局部甚至全局的调整。因此，控制在整个管理活动中起着承上启下的连接作用。

计划、组织、领导和控制是最基本的管理职能，它们分别重点回答了一个组织要做什么、怎么做、靠什么做、如何做得更好以及做得怎么样等基本问题。管理各项职能不是截然分开的独立活动，它们相互渗透并融为一体。从管理职能在时间上的关系来看，它们通常按照一定的先后顺序发生，即先计划，继而组织，然后领导，最后控制。

对于一个新创建的企业往往更是如此。然而，这种前后工作逻辑在实践中并不是绝对的，没有哪个管理者是周一制订计划，周二开展组织工作，周三实施领导工作，周四采取控制活动。这些管理职能往往相互融合、同时进行。没有计划便无法控制，没有控制也就无法积累制订计划的经验。人们往往在进行控制工作的同时，又需要编制新的计划或对原计划进行修改。同样没有组织架构，便无法实施领导，而在实施领导的过程中，又可能反过来对组织进行调整。管理过程是一个各职能活动周而复始的循环过程，而且在大循环中套着中循环。

二、管理职能的发展

如前所述，对计划、组织、领导和控制这四个基本职能的认识也未发生根本性的变化，只是随着管理理论研究的深化和客观环境对管理工作要求的变化，人们对管理职能有了进一步的认识。这表现在：一方面，人们对上述各项基本职能所涵盖的内容和使用的方法已经加深了理解，并在这四个职能的实施中有了更多的新方法，如计划工作中的网络计划技术、滚动计划等，组织工作中组织结构有了许多较新形式——事业部制组织结构和矩阵制组织结构等等；另一方面，人们又在此基础上提出了一些新的管理职能，或者更准确地说，是对原有四个职能的某些方面进行强调，从中分离出新的职能，其中比较引人注目并得到一致认可的是决策和创新这两个职能。

决策和创新职能受到了管理界的普遍重视。管理者从某种意义上可以被看作决策者，从另一种意义上也可以被看作创新者，或者是具有企业家精神的管理者。

决策职能受到了人们的重视。管理就是决策，决策贯穿于管理过程的始终。因为无论计划、组织、领导还是控制，其工作过程说到底都是由决策的制定和决策的执行两大部分活动所组成的。决策渗透到管理的所有职能中，所以管理者在某种程度上也被称作决策者。

所谓创新，顾名思义，就是使组织的作业工作和管理工作不断有所革新、有所变化。当前的市场正面临着急剧的变化，竞争日益激烈。许多企业感到不创新就难以生存下去，所以有不少管理学者主张将创新看成管理的一项新职能。创新是组织活力之源泉，创新关系到组织的兴衰成败。

美国有位著名的管理学家说过："如果管理人员只限于继续做那些过去已经做过的事情，那么，即使外部条件和各种资源都得到充分利用，它的组织充其量也不过是一个墨守成规的组织。这样下去，很有可能衰退，而不仅是停滞不前，在竞争情况下尤其是这样。"在传统管理中，组织环境变化比较缓慢，问题多是重复的，创新并不显得十分突出。现代管理面临的是动荡的环境和崭新的问题，创新是保持组织立于不败之地的法宝。

除了决策和创新之外，现代管理对协调职能也十分看中。实际上，法约尔早已将协调列为管理的五大职能之一，今天更多人认为把协调看作管理的核心似乎更为确切。因为所谓协调，就是指组织的一切要素、工作或活动都要和谐地配合，以便于组织的整体目标得到顺利实现。协调是管理活动所力图要实现的根本要旨。管理者的任务，归根结底就是协调组织的各个部分以及组织与环境的关系，以便更好地实现组织的目标。协调包括组织内部各个方面的协调、组织与外部环境的协调以及组织的现实需要与未来需要之间的协调。因此可以说，每一项管理职能的开展，都是为了更好地促进协调。有了协调，组织可以收到个人单独活动所不能收到的良好的效果，这就是通常所说的"1+1>2"的协同效应。

第三节　管理者及其应具备的技能

一、管理者和管理者的类型

管理活动通常是通过人来进行的，人是进行管理活动的主体，因此把执行管理任务的人统称为"管理人员""管理者"。管理的任务当然也就是管理人员的任务。管理者是组织最重要的资源，其工作绩效的好坏直接关系着组织的成败兴衰。所以，美国管理学家德鲁克曾这样说："如果一个企业运转不动了，我们当然是去找一个新的总经理，而不是另雇一批工人。"那么，管理者在组织中具体扮演什么角色呢？

（一）管理者的角色

加拿大管理学家亨利·明茨伯格对五位总经理的工作进行了一项仔细的研究，在此研究及大量观察的基础上，明茨伯格提出了一个管理者究竟在做什么的分类纲要。明茨伯格的结论是，管理者扮演十种不同、却高度相关的角色。这十种角色可以进一步组合成三个方面：人际关系、信息传递和决策制定。

在人际关系方面，经理人员首先要扮演好挂名领导的角色。承担这种角色，经理要在所有的礼仪事务方面代表其组织。此外，经理还要扮演联络者和领导者的角色。作为联络者，经理要同组织以外的其他经理和其他人相互交往，维护自行发展起来的外部接触和联系网络。作为领导者，经理要处理好同下属的关系，对组织成员做好激励和调配工作。

在信息联系方面，经理人员主要扮演信息监听者、传播者和发言人的角色。作为监听经理要注意接收和收集信息，以便对组织和环境有彻底的了解，进而成为组织内外部信息的神经中枢。作为传播者，经理要把外部信息传播给他的组织，并把内部信息从一位下属传播给另一位下属。作为发言人，经理要把组织的有关信息传递给组织以外的人，既包括董事会和更上一层次的管理当局，也包括供应商、同级别的人、政府机构、顾客、新闻媒体以及竞争对手。

在决策方面，经理人员又要扮演企业家、故障处理者、资源分配者和谈判者的角色，并相应执行四个方面的任务：一是寻求机会，制定方案，从事变革，并对某些方案的设计进行监督；二是在组织面临重大的、出乎预料的故障时，采取补救措施；三是负责对组织的所有资源进行分配，事实上就是做出或批准所有重大的组织决定；四是代表组织参加与外界的重要谈判。

这些角色是一个相互联系的整体，虽然各种类型的管理者由于行业、层次和职能的不同，担任每一角色的分量也不完全相同，但总体来说，都或多或少地担任着这些角色。

因为了解和确定管理者在组织中的角色十分重要，所以，明茨伯格提出的关于管理者角色这一研究成果受到了管理学界的较大关注。当然，管理学这一学科还处于发展之中，今后对管理者工作的理解还会不断地深入和扩充。

（二）管理者的类型

一个组织中从事管理工作的人可能有很多，可以从不同角度对管理者的类型进行划分。虽然前面提到组织中所有的管理者扮演的角色大体上差不多，但不同位置上的管理者工作的侧重点或者说扮演每一角色的分量会有很大的不同。因此，通过对管理者类型的划分，使不同层次、领域的管理者进一步明确自己所扮演角色的工作细节，对组织管理工作的完善十分重要。

1.管理者的层次分类。组织的管理人员可以按其所处的管理层次区分为高层管理者、中层管理者和基层管理者。同时，整个组织层次还包括一层作业人员。

高层管理者是指对整个组织的管理负有全面责任的人，他们的主要职责是，制定组织的总目标、总战略，掌握组织的大政方针并评价整个组织的绩效。他们在与外界交往中，往往代表组织以"官方"的身份出现。这些高层管理者的头衔有公司董事会主席、首席执行官、总裁或总经理及其他高级资深经理人员以及高校的校长、副校长和其他处于或接近组织最高层位置的管理人员。

中层管理者通常是指处于高层管理者与基层管理者之间的一个或若干个中间层次的管理人员，他们的主要职责是贯彻执行高层管理者所制定的重大决策，监督和协调基层管理者的工作。中层管理者通常享有部门或办学处主管、科室主管、地区经理、产品事业部经理或分公司经理等头衔。与高层管理者相比，中层管理者更注意日常的管理事务，在组织中起承上启下的作用。

基层管理者亦称一线管理人员，也就是组织中处于最低层次的管理者，他们所管辖的仅仅是作业人员而不涉及其他管理者。他们的主要职责是给下属作业人员分派具体工作，保证各项任务的有效完成。在制造业，基层管理者可能被标为领班、工长或工段长；而在学校中则由教研室主任来担任。

作为管理者，不论他在组织中的哪一层次上承担管理职责，其工作的性质和内容应该说基本上是一样的，都包括计划、组织、领导和控制几个方面。不同层次管理者工作上的差别，不是职能本身不同，而是各项管理职能履行的程度和重点不同。

高层管理者花在计划、组织和控制职能上的时间要比基层管理者多，而基层管理者花在领导职能上的时间要比高层管理者多。即便是就同一管理职能来说，不同层次管理者所从事的具体管理工作的内涵也并不完全相同。例如，就计划工作而言，高层管理者关心的是组织整体的长期战略规划，中层管理者偏重的是中期、内部的管理性计划，基层管理者则更侧重于短期的业务和作业计划。

作业人员与管理者，即使是基层管理者也有本质区别。这种区别就在于管理者要促成他人努力工作并对他人工作的结果负责。当然，如前面所述，管理人员有时也可能参与作业工作。另外，在鼓励民主管理或参与管理的组织中，作业者也可能参与对自己工作或他人工作的管理。

2.管理人员的领域分类。管理人员还可以按其所从事管理工作的领域宽度及专业性质的不同，划分为综合管理人员与专业管理人员两大类。

综合管理人员是指负责管理整个组织中某个事业部全部活动的管理者。对于小型组织（如一个小厂）来说，可能只有一个综合管理者，那就是总经理，他要统管该组织包括生产、营销、人事、财务等在内的全部活动。而对于大型组织（如跨国公司）来说，可能会按产品类别设立几个产品分部，或按地区设立若干地区分部，此时，该公司的综合管理人员就包括总经理和每个产品或地区分部的经理，每个分部经理都要统管该分部包括生产、营销、人事、财务等在内的全部活动。

除了综合管理人员外，组织中还可能存在专业管理人员，即仅仅负责管理组织中某一类活动（或职能）的管理者。根据这些管理者管理专业领域性质的不同，可以具体划分为生产部门管理者、营销部门管理者、人事部门管理者、财务部门管理者以及研究开发部门管理者等。对于这些部门的管理者，可以泛称为生产经理、营销经理、人事经理、财务经理和研究开发经理等。对于现代组织来说，随着其规模的不断扩大和环境的日益复杂多变，将需要越来越多的专业管理人员，专业管理人员的地位也将变得越来越重要。

二、管理者应具备的技能

管理人员的分类虽然很多，他们的工作重点各有区别，通常他们所能发挥作用的大小，及他们能否开展行之有效的管理工作，在很大程度上取决于他们是否真正具备了管理所需的相应管理技能。由于管理工作的复杂性，要把承担管理工作的全部技能都列出来是不大可能的。

管理者应具备的技能和前面讲过的管理者的角色相关。通常而言，一名管理人员应该具备的管理技能包括技术技能、人际技能和概念技能三大方面。

（一）技术技能

技术技能是指使用某一专业领域内有关的工作程序、技术和知识完成组织任务的能力。例如，工程师、会计师、广告设计师、推销员等，都掌握有相应领域的技术技能，所以被称作专业技术人员。对于管理者来说，虽然没有必要使自己成为精通某一领域技能的专家（因为它可以依靠有关专业技术人员来解决专门的技术问题），但要掌握一定的技术技能，否则就很难与他所主管的组织内的专业技术人员进行有效的沟通，从而也就无法对他所管辖的业务范围内的各项管理工作进行具体的指导。医院院长不应该是对医疗过程一窍不通的人；学校校长也不应该是对教学工作一无所知的人；工厂生产经理更不应该是对生产工艺毫无了解的人。而如果是生产车间主任，就更需要熟悉各种机械的性能、使用方法、操作程序、各种材料的用途、加工工序、各种成品或半成品的指标要求等。

（二）人际技能

人际技能是指与处理人事关系有关的技能或者说是与组织内外的人打交道的能力。对一个组织而言，比如一个企业，对于不同层次和领域，管理者可能分别需要处理与上层管理者、同级管理者以及下属的人际关系，要学会说服上级领导，学会同其他部门的同事紧密合作；同时掌握激励和诱导下属的积极性和创造性的能力，以及正确指导和指挥组织成员开展工作的能力。

人际技能要求管理者了解别人的信念、思考方式、感情、个性以及个人对自己、对工作、对集体的态度，个人的需要和动机，还要掌握评价和激励员工的一些技术和方法，最大限度地调动员工的积极性和创造性。

（三）概念技能

概念技能是能够洞察企业与环境相互影响的复杂性，并在此基础上加以分析、判断、抽象、概括并迅速做出正确决断的能力。任何管理都会面临一些混乱而复杂的环境，管理者应能看到组织的全貌和整体，并认清各种因素之间的相互联系，如组织与外部环境是怎样互动的，组织内部各部分是怎样相互作用的等等，并经过分析、判断、抽象、概括，抓住问题的实质，并做出正确的决策。这就是管理者应具备的概念职能。

概念技能包含一系列的能力：能够把一个组织看成一个整体的能力，能够识别某一领域的决策会对其他领域产生何种影响的能力，能够提出新想法和新思想的能力，以及能够进行抽象思维的能力。

上述三种技能是各个层次管理者都需要具备的，只是不同层次的管理者对这三项技能的要求程度会有区别。一般来说，越是处于高层的管理人员，越需要制定全局性的决策，而且所做的决策影响范围更广、影响期限更长。因此，他们需要更多地掌握概念技能，进而把全局意识、系统思想和创新精神渗透到决策过程中。由于他们并不经常性地从事具体的作业活动，所以并不需要全面掌握完成各种作业活动必须具备的技术技能。但是，他们也需要对技术技能有基本的了解，否则就无法与他们所主管的专业技术人员进行有效的沟通，从而也就无法对他所管辖的业务范围内的各项管理工作进行具体的指导。

在现实生活中，对技术技能一窍不通的人不能成为高层管理者，但那些在某一专业领域是专家而对其他相关领域专业技术知识无所知的人，也绝对不会成为一名称职的高级管理人员。例如，医院的院长不应该对医疗过程一窍不通，但如果他仅仅精于外科手术而不具有基本的财务管理知识，他就不应该当院长，而应该在医生的职位上寻求发展。

作为基层管理人员，他们每天大量的工作是与从事具体作业活动的工作人员打交道。他们有责任检查工作人员的工作，及时解答并同工作人员一起解决实际工作中出现的各种具体问题。因此，他们必须全面而系统地掌握与本单位工作内容相关的各种技术技能。当然，基层管理人员也可能面临一些例外的、复杂的问题，也要协调好所管辖工作人员的工作，制订本部门的整体计划。为了做好这些工作，他们也需要掌握一定的概念技能。人际技能是组织各层管理者都应具备的技能，因为不管是哪一层次的管理者，都必须在与上下左右进行有效沟通的基础上，相互合作共同完成组织目标。因此，人际技能对高层、中层和基层管理者是同等重要的。

第四节　管理环境

任何组织都不是独立存在、完全封闭的。组织存在于由外部各种因素构成的环境中，在与环境中其他组织之间的相互作用过程中谋求其自身目标的实现。要进行组织的管理，就必须了解和把握环境对组织的影响、环境要素的种类特点等，就需要对组织的环境进行研究。

一、环境对组织的影响

环境是组织生存的土壤，它既为组织活动提供条件，同时也必然对组织的活动起制约作用。以大量存在的从事经济活动的企业组织为例，企业经营所需的各种资源需要从属于外部环境的原料市场、能源市场、资金市场、劳动力市场中获取。离开外部的这些市场，企业经营便会成为无源之水、无本之木。与此同时，企业出售用上述各种资源生产出来的产品或劳务也要在外部环境中实现。没有外部市场，企业就无法销售产品得到销售收入，生产过程中的各种消耗就不能得到补偿，经营活动就无法继续。

外部环境为企业生存提供了条件，必然也会限制企业的生存。企业只能根据外部环境能够提供的资源种类、数量和质量来决定生产经营活动的具体内容和方向。既然企业的产品要通过环境中的市场才能实现，那么，在生产之前和生产过程中就必须考虑到这些产品能否被用户所接受，是否受市场欢迎。因此，外部环境在提供了经营条件的同时，也限制了企业的经营。

对组织活动有着如此重要作用的环境是在不断变化的。如果环境是静态的，那它的影响再大，对其研究也无须反复强调、高度重视。因为在这种情况下，环境研究可以是一劳永逸的。对一成不变的外部环境进行一次深入的分析，便可把握它的特点，制定相应对策。然而，实际情况却并非如此，外部存在的一切都在不断变化，比如技术在发展，消费者收入在提高，教育在不断普及，等等。

环境的种种变化，可能会给组织带来两种不同程度的影响：一是为组织的生存和发展提供新的机会，比如新资源的利用可以帮助企业开发新的产品，生态环境的变化可能导致环保政策的修订；另一种是环境在变化过程中对组织的生存造成某种不利的威胁，比如技术条件或消费者偏好的变化可能会使企业产品不再受欢迎。组织要继续生存，要在生存的基础上不断发展，就必须及时地采取措施，积极地利用外部环境在变化中提供的有利机会，同时也要采取对策、努力避开这种变化可能带来的威胁。

要利用机会、避开威胁，就必须认识外部环境；要认识环境，就必须研究外部环境、分析外部环境。这种研究不仅可以帮助我们了解外部环境今天的特点，而且可以使我们认识外部环境是如何从昨天演变到今天的，从而揭示外部环境变化的一般规律，并据此预测它在未来的发展和变化趋势。

组织面对的环境非常复杂而且难以理解和预测，因此，如果能把环境区分成不同的部分，将十分有利于组织识别和预测环境的影响。环境是由众多因素交错而成的整体，难以准确而清楚地区分，所以，管理学界有许多环境分类结果。这里采用较常见的一种分类，即把环境分成一般环境或宏观环境、具体环境或微观环境和组织内部环境三大类。

二、组织的一般环境

极端地说，外部世界存在的一切均会或多或少地对组织活动产生一定影响，因而都在"外部环境研究"的对象范围内。但是，这个广义环境中存在的所有因素对组织活动的影响有直接或间接的区别，程度有深浅之分。因此，对组织活动影响程度很低的因素似乎没有必要紧密跟踪、详细研究，同时，人力和经费的限制也决定了不能将外部环境的研究对象确定得过于宽泛，只能将这种研究集中于那些对组织活动影响程度较高、方式较为直接的因素。就不同组织而言，环境中对其直接发生重要影响的因素是不同的，但一般来说，大致可归纳为政治、社会、经济、技术、自然等五个方面。

（一）政治环境

政治环境包括一个国家的社会制度，国家的性质，政府的方针、政策、法令等。不同的国家有着不同的社会制度，不同的社会制度对组织活动有着不同的限制和要求，即使社会制度不变的同一个国家，在不同时期，由于国家的不同，其政府的方针特点、政策倾向、对组织活动的态度和影响也是不断变化的。对于这些变化，组织可能无法预测，但一旦变化产生后，它们对组织活动的影响，组织是可以分析的。组织必须通过政治环境研究，了解国家和政府目前禁止组织干什么、允许组织干什么、鼓励组织干什么，从而使组织活动符合社会利益，受到政府的保护和支持。

（二）社会文化环境

社会文化环境包括一个国家或地区的居民教育程度、文化水平、宗教信仰、风俗习惯、审美观念、价值观念等。文化水平会影响居民的需求层次；宗教信仰和风俗习惯会禁止或抵制某些活动的进行；价值观念会影响居民对组织目标、组织活动以及组织存在的态度；审美观念则会影响人们对组织活动内容、活动方式以及活动成果的态度。

（三）经济环境

经济环境是影响组织、特别是作为经济组织的企业活动的重要环境因素，主要包括宏观和微观两个方面的内容。

1.宏观经济环境，主要指一个国家的人口数量及其增长趋势、国民收入、国民生产总值及其变化情况以及通过这些指标能够反映的国民经济发展水平和发展速度。如人口众多既为企业经营提供了丰富的劳动力资源，决定了总的市场规模庞大，又可能因其基本生活需求难以充分满足，从而成为经济发展的障碍。经济的繁荣显然能为企业的发展提供机会，而宏观经济的衰退则可能给所有经济组织带来生存的困难。

2.微观经济环境，主要指企业所在地区或所需服务地区消费者的收入水平、消费嗜好、储蓄情况、就业程度等因素。这些因素直接决定着企业目前及未来的市场大小。假定其他条件不变，一个地区的就业越充分，收入水平越高，那么该地区的购买力就越强，对某种活动及其产品的需求就越大。一个地区的经济收入水平对其他非经济组织的活动也有重要影响。比如，在温饱没有解决之前的居民很难自觉主动地去关心环保问题，支持环保组织的活动。

（四）技术环境

任何组织的活动都需要利用一定的物质条件，这些物质条件反映着一定技术水平下社会的技术进步，从而影响利用这些条件的组织的活动效率。

技术环境对企业的影响就更为明显了。企业生产经营过程是一定的劳动者借助一定的劳动条件生产和销售一定产品的过程。不同的产品代表着不同的技术水平，对劳动者和劳动条件有着不同的技术要求。技术进步了，可能使企业产品被那些反映新技术的竞争产品取代，可能使旧的生产设施和工艺方法显得落后，使生产作业人员的操作技能和知识结构不再符合要求。因此，企业必须关注技术环境的变化，及时采取应对措施。

研究技术环境，除了要关注与所处领域直接相关的技术手段的发展变化外，还应及时了解国家对科技开发的投资和支持重点、该领域技术发展动态和研究开发费用总额、技术转移和技术商品化速度、专利及其保护情况等等。

（五）自然环境

中国人做事，向来重视天时、地利、人和。如果说"天时"主要与国家政策相关的话，那么，"地利"则主要取决于地理位置、气候条件、资源状况等自然因素。

地理位置是制约组织活动、特别是企业经营的一个重要因素，当国家在经济发展的某个时期对某些地区采取倾斜政策时尤其如此。比如，我国沿海地区由于实行了更加灵活的开放政策吸引了大批外资，促进了投资环境的改善，给这些地区的各类组织提供了充分的发展机会。

此外，企业是否临近原料产地或产品销售市场，也会影响到资源获取的难易和交通运输成本等。

气候条件及其变化亦然。气候趋暖或者趋寒会影响空调生产厂家的生产或者服装行业的销售，而四季如春、气候温和则会鼓励人们远足郊外，从而为与旅行或旅游有关的产品制造业提供机会。

资源状况与地理位置有着密切的关系。资源特别是稀缺资源的蕴藏不仅是国家或地区发展的基础，而且为所在地区经济组织的发展提供了机会。没有地下蕴藏的石油，许多中东国家就难以在沙漠中建造绿洲。我国许多农村地区乡镇企业的发展，在初期也是靠优越的地理位置、靠资源开采而逐渐积累资金的。资源的分布通常影响着工业的布局，从而可能决定了不同地区不同产业企业的命运。

三、具体组织的特殊环境

组织不仅在一般环境中生存，而且在特殊领域内活动。一般环境对不同类型的组织均产生某种程度的影响，而与具体领域有关的特殊环境则直接、具体地影响着组织的活动。

下面以企业为例来讨论具体组织的特殊环境。

企业是在一定行业中从事经营活动的。行业环境的特点直接影响着企业的竞争能力。美国学者波特认为，影响行业内竞争结构及其强度的主要有现有企业、潜在的竞争者、替代品制造商、原材料供应者以及产品用户等五种环境因素。

（一）现有竞争对手研究

企业面对的市场通常是一个竞争市场。从事同种产品制造和销售的通常不止一家企业。多家企业生产相同的产品，必然会采取各种措施争夺用户，从而形成市场竞争。对现有竞争对手的研究主要包括以下内容：

1.基本情况的研究。它包括竞争对手的数量有多少？分布在什么地方？它们在哪些市场上活动？各自的规模、资金、技术力量如何？其中哪些对自己的威胁特别大？基本情况研究的目的是要找到主要竞争对手。为了在众多的同种产品生产厂家中找出主要竞争对手，必须对它的竞争实力及其变化情况进行分析和判断。反映企业竞争实力的指标主要有三类：

（1）销售增长率，是指企业当年销售额与上年相比的增长幅度。销售增长率为正且数值高，说明企业的用户在增加，反映了相关企业的竞争能力在提高；反之则表明企业竞争能力的衰退。这个指标往往在与行业发展速度和国民经济发展速度进行对比分析时才有意义。如果企业当年销售额比上年有所增加，但增加的幅度小于行业或国民经济的发展速度，则表明经济背景是有利的，市场总容量在不断扩大，但企业占领市场的能力相对地下降了。

（2）市场占有率，是指市场总容量中企业所占的份额，或指在已被满足的市场需求中有多大比例是由本企业占领的。市场占有率的高低可以反映不同企业竞争能力的强弱。这是一个横向比较的指标。某企业占有的市场份额大，说明购买该企业产品的消费者多；消费者购买该企业而非其他企业的产品，说明该企业产品在价格、质量、售后服务等各方面的综合竞争能力比较强。同样，市场占有率的变化可以反映企业竞争能力的变动。如果一家企业的市场占有率本身虽然不高，但与上年相比有了进步，则表明该企业的竞争实力有所增加。

（3）产品的获利能力。这是反映企业竞争能力能否持续的指标，可用销售利润率表示。市场占有率只反映了企业目前与竞争对手相比的竞争实力，并未告诉我们这种实力能否维持下去；只表明企业在市场上销售产品的数量相对较多还是相对较少，并未反映销售这些数量的产品是否给企业带来了足够的利润。如果市场占有率高，销售利润率也高，则表明销售大量产品可给企业带来高额利润，从而可以使企业有足够的财力去维持和改善生产条件，因此较高的竞争能力是有条件持续下去的。相反，如果市场占有率很高，而销售利润率很低，那么则表明，企业卖出去的产品数量虽然很多，得到的收入却很少，在补偿了生产消耗后很少有（甚至没有）剩余，较高的市场占有率是以较少的利润为代价换取的。长此以往，企业的市场竞争能力是无法维持的。

2. 主要竞争对手的研究。比较不同企业竞争实力，找出主要竞争对手后，还要研究其对本企业构成威胁的主要原因，是技术力量雄厚、资金多、规模大，还是其他原因。研究主要竞争对手的目的是找出主要对手的竞争实力的决定因素，帮助企业制定相应的竞争策略。

3. 竞争对手的发展方向。它包括：市场发展或转移动向与产品发展动向。要收集有关资料，密切注视竞争对手的发展方向，分析竞争对手可能开发哪些新产品、新市场，从而帮助本企业先走一步。争取时间优势，争取在竞争中的主动地位。

根据波特的观点，在判断竞争对手的发展动向时，要分析退出某一产品生产的难易程度。下列因素可能妨碍企业退出某种产品的生产：

（1）资产的专用性。如果厂房、机器设备等资产具有较强的专用性，则其清算价值很低，企业既难用现有资产转向其他产品生产，也难以通过资产转让收回投资。

（2）退出成本的高低。某种产品禁止出产，意味着原来生产线工人的重新安置。这种重新安置需要付出一定的费用（比如新技能的培训）。此外，企业即使停止了某种产品的生产，但对在此之前已经销售的产品在相当长的时间内仍有负责维修的义务。职工安置、售后维修服务的维持等费用如果较高，也会影响企业的产品转移决策。

（3）心理因素。特定产品可能是由企业某位现任领导人组织开发成功的，曾在历史上对该领导人的升迁产生过重要影响，因此，该领导人可能对其有深厚的感情，即使已无市场前景，可能也难以割舍。考虑到这种因素，具体部门在决策时也可能顾虑重重。那些曾经作为企业成功标志的产品生产的中止，对全体员工可能带来很大的心理影响，因此，人们在决定让其"退役"时必然会犹豫不决。

（4）政府和社会的限制。某种产品的生产中止，某种经营业务的不再进行，不仅对企业有直接影响，可能还会引起失业，影响所在地区的社会安定和经济发展，因而可能遭到来自社区政府或群众团体的反对或限制。

（二）潜在竞争对手研究

一种产品的开发成功，会引来许多企业的加入。这些新进入者既可能给行业注入新的活力，促进市场竞争，也会给原有厂家造成压力，威胁它们的市场地位。新厂家进入行业的可能性大小，既取决于由行业特点决定的进入难易程度，又取决于现有企业可能做出的反应。原有企业可能采取的反击措施，迫使那些对某种产品生产跃跃欲试的企业不得不认真思考、慎重决策。进入某个行业的难易程度通常受下列因素的影响：

1. 规模经济

这个概念实际上描述了两个相互联系的经济现象。

第一，它表明企业经营只有达到一定规模，才能收回经营过程中的各种耗费。小于此规模，企业经营不仅不能盈利，反而会出现亏损。与之相应的经营规模称"保本产量"或"盈亏平衡产量"。这是由企业在生产经营中必须投入较高的固定费用所决定的。比如，在特定时期，不论某种产品的生产数量多少，这种产品的生产都要占用一定的生产设施和厂房。实际上，不仅产品的生产，而且物资的采购、资金的筹措、产品的销售、营销渠道的利用等均存在这样的最小规模。产品的性质不同、技术的先进程度不同，生产和经营的最小规模也会不一样。

第二，这个概念还表明，企业生产和经营在达到盈亏平衡点以后，在未超过某个上限之前（在产量的增加尚未引起生产设施的调整，从而追加投资之前），单位产品的生产成本随产量的增加而下降。在这种情况下，生产规模越大，企业就越具有成本优势。显然，达到这个上限以后扩大产量都对企业进入该行业后的投资量提出了较高的要求，并非所有希望进入的企业都能满足这种资本要求。

2. 产品差别

不同企业提供的产品并不是完全均质的，必然存在着某种程度的差异。这种差异是客观存在的，既可能是由产品的材料性质、功能特点或外观形状决定的，也可能是由主观因素形成的。比如，由于广告宣传等因素使得某种产品对消费者具有一种特殊的魅力。如果原生产这种产品的厂家，其市场地位已确定、其品牌已经获得了用户的广泛认同，甚至产生了一定感情，那么新进入者要想把用户吸引过去，就需付出很大的代价。

3. 在位优势

在位优势是指老厂家相对于新进入者而言所具有的综合优势。这种优势表现在多个方面。比如：原有企业已经拥有某种专利，从而可以限制他人生产相关产品；原有企业已经拥有一批熟练的工人和管理人员，从而具有劳动成本优势；原有企业已经建立了自己的进货渠道，从而不仅可以保证自己扩大生产的需要，甚至可以控制整个行业的原材料供应，限制新厂家的进入；原有企业已经建立的分销网络对新竞争者进入销售渠道也可能形成某种障碍。

（三）替代品生产厂家分析

企业生产的产品，从表面上看是具有一定外观形状的物质品，但抽象地分析，它们是能够满足某种需要的使用价值或功能。企业向市场提供的不是一种具体的物质品，而是一种抽象的使用价值或功能。不同的产品，其外观形状、物理特性可能不同，但完全可能具备相同的功能。比如，自行车、轻骑、汽车、轮船、火车、飞机，它们是一些外观形状、内部结构以及物理性能等都有很大差异的产品，但它们都具有能够帮助人们在地球上两点之间移动的功能。产品的使用价值或功能相同，能够满足的消费者需要相同，在使用过程中就可以相互替代，生产这些产品的企业之间就可能形成竞争。因此，行业环境分析还应包括对生产替代品企业的分析。

波特认为，"替代产品通过规定某个行业内企业可能获利的最高限价来限制该行业的潜在受益"。也就是说，由于替代品的存在，即使行业内只存在少数生产企业，几乎垄断行业市场，也不能随心所欲地制定价格，侵害消费者的利益。

替代品生产厂家的分析主要包括两方面内容：第一，确定哪些产品可以替代本企业提供的产品。这实际上是确认具有同类功能产品的过程。相对而言，这项工作是易于进行的。第二，判断哪些类型的替代品可能对本企业（行业）经营造成威胁。这项工作较为复杂。为此，需要比较这些产品的功能实现能够给使用者带来的满足程度与获取这种满足所需付出的费用。如果两种相互可以替代的产品，其功能实现可以带来大致相当的满足程度，但价格却相差悬殊，则低价产品可能对高价产品的生产和销售造成很大威胁。相反，如果这两类产品的功能价格比大致相当，则相互间不会造成实际的威胁。

（四）用户研究

用户在两个方面影响着行业内企业的经营：其一，用户对产品的总需求决定着行业的市场潜力，从而影响行业内所有企业的发展边界；其二，不同用户的讨价还价能力会诱发企业之间的价格竞争，从而影响企业的获利能力。用户研究也因此而包括两个方面的内容：用户的需求（潜力）研究以及用户的讨价还价能力研究。

1. 需求研究

（1）总需求研究。总需求研究包括以下分析内容：市场容量有多大？总需求中有支付能力的需求有多大？暂时没有支付能力的潜在需求有多少？

（2）需求结构研究。需求结构研究需要回答的问题是：需求的类别和构成情况如何？用户属于何种类型，是机关团体还是个人？主要分布在哪些地区？各地区比重如何？

（3）用户购买力研究。用户购买力研究需要分析以下问题：用户的购买力水平如何？购买力是怎样变化的？有哪些因素影响购买力的变化？这些因素本身是如何变化的？通过分析影响因素的变化，可以预测购买力的变化，从而预测市场需求的变化。

2. 用户的价格谈判能力研究

用户的价格谈判能力是众多因素综合作用的结果。这些因素主要有：

（1）购买量的大小。如果用户的购买量与企业销售量比较相对较大，是企业的主要顾客，他们则会意识到其购买对企业销售的重要性，因而拥有较强的价格谈判能力。同时，如果用户对这种产品的购买量在自己的总采购量中占较大比重，从而在总采购成本中占有较大比重，必然会积极利用这种谈判能力，努力以较优惠的价格采购货物。

（2）企业产品的性质。如果企业提供的是一种无差异产品或标准产品，则用户坚信可以很方便地找到其他供货渠道，因此，也会在购买中要求尽可能优惠的价格。

（3）用户向一体化的可能性。向一体化是指企业将其经营范围扩展到原材料、半成品或零部件的生产。如果用户是生产性企业，购买企业产品的目的在于再加工或与其他零部件组合，又具备自制的能力，则会经常以此为手段迫使供应者压价。

（4）企业产品在用户产品形成中的重要性。如果企业产品是用户自己加工制造产品的主要构成部分，或对用户产品的质量或功能形成有重大影响，则用户可能对价格不敏感，这时他关注的首先是企业产品质量及可靠性。相反，如果企业产品在用户产品形成中没有重要影响，用户在采购时则会努力寻求价格优惠。

（五）供应商研究

企业生产所需的许多生产要素是从外部获取的。提供这些生产要素的经济组织，类似于用户的作用，也在两个方面制约着企业的经营：其一，这些经济组织能否根据企业的要求按时、按量、按质地提供所需生产要素，影响着企业生产规模的维持和扩大；其二，这些组织提供货物时所要求的价格决定着企业的生产成本，影响着企业的利润水平。所以，供应商的研究也包括两个方面的内容：供应商的供货能力或企业寻找其他供货渠道的可能性，以及供应商的价格谈判能力。这两个方面是相互联系的。综合起来看，需要分析以下因素：

1.是否存在其他货源。企业如果长期仅从单一渠道进货，则其生产和发展必然在很大程度上受制于后者。因此，应分析与其他供应商建立关系的可能性，以分散进货，或在必要时启用后备进货渠道，这样便可在一定程度上遏制供应商提高价格的倾向。

2.供应商所处行业的集中程度。如果该行业集中度较高，由一家或少数几家集中控制，而与此对应，购买此种货物的客户数量众多、力量分散，则该行业供应商将拥有较强的价格谈判（甚至是决定）能力。

3.寻找替代品的可能性。如果行业集中程度较高，分散进货的可能性也较小，则应寻找替代品。如果替代品不易找到，那么供应商的价格谈判能力将是很强的。

4.企业后向一体化的可能性。如果供应商垄断控制了供货渠道，替代品又不存在，而企业对这种货物的需求量又很大，则应考虑自己掌握或自己加工制作的可能性。这种可能性如果不存在，或者企业对这种货物的需求量不大，那么，这时企业只能对价格谈判能力较强的供应商俯首称臣。

除了波特提出的五项具体环境要素之外，管理学界还有人提出其他要素，如管制机构、战略同盟伙伴等。管制机构与宏观环境中的政治环境不同，它主要指能够直接影响或控制企业行为的机构，如行业协会、工商行政部门、消费者协会、新闻机构等等；企业之间存在竞争，也存在合作，企业与企业之间可以结成战略联盟，企业与科研机构、政府部门也可以在某一共同利益的联系下结成战略联盟。

四、两种环境分析方法介绍

（一）识别环境不确定程度的方法

对环境进行管理的核心是环境中蕴含的不确定性。分析环境首先要识别环境的不确定性程度。美国学者邓肯提出从两个不同的环境层面来确定组织所面临的不确定性程度：一是环境变化的程度：静态（稳定）—动态（不稳定）层面；二是环境复杂性程度：简单—

复杂层面，进而得出一个评估环境不确定性程度的模型。

如果组织面对常规的需求环境，如为相同或极其相似的顾客生产同一种产品或提供相同的服务，则组织面对的是一个稳定的环境，例如公用事业行业。反之，如果企业面对变化极其快速的环境，而且不同的环境要素都在发生变化，则组织面对的是动态的、不稳定的环境，如计算机行业。

如果一个组织只与很少的外界部门相关，其面临的环境居于简单类型；如果组织必须面对许多外界部门，其面临的环境属于复杂环境。一般而言，组织规模越大，面临的环境越复杂。

（二）内外部环境综合分析

管理要通过组织内部的各种资源和条件来实现，因此，组织在分析外部环境的同时，必须分析其内部环境，即分析组织自身的能力和限制，找出组织的优势和存在的劣势。

任何组织的经营过程，实际上是不断在其内部环境、外部环境及其经营目标三者之间寻求动态平衡的过程。组织的内、外部环境绝对不能割裂开来。如果一个企业能力很强、竞争优势十分明显，那么外部环境中的不确定性对该企业便不会构成太大的威胁。相反，不具任何经营特色的企业，外部环境再有利，也不会有快速发展。因此，应对比分析外部环境中存在的机会和威胁与组织内部的优势和劣势，以便充分发挥组织的优势，把握住外部的机会，避开内部的劣势和外部的威胁。

SWOT分析是最常用的内外部环境综合分析技术。SWOT分析是优势（Strength）、劣势（Weakness）、机会（Opportunity）和威胁（Threat）分析法英文首字母的缩写。

用SWOT分析模型进行管理环境分析，可以做到以下几个方面：

1.它把内、外部环境有机地结合起来，进而帮助人们认识和把握内、外部环境之间的动态关系，及时地调整组织的经营策略，谋求更好的发展机会。

2.它把错综复杂的内、外部环境关系用一个二维平面矩阵反映出来，直观而且简单。

3.它促使人们辩证地思考问题。优势、劣势、机会和威胁都是相对的，只有在对比分析中才能识别。例如，一般意义上讲，耐磨程度是衡量鞋的质量的重要指标，所以制鞋商会因自己生产的鞋经久耐用而骄傲，并将其看成自身的优势。然而，随着收入水平的提高，顾客已不关心鞋的耐用性，而是更关心款式。在这样的环境下，这家制鞋商原有的优势便不再是优势。目前，许多企业的管理人员都陷入"高质量的产品"没有人买的困境中，他们所谓的"高质量"大多是企业自我的感觉和判断。

4.SWOT分析可以组成多种行动方案供人们选择。由于这些方案是在认真对比分析的基础上产生的，因此可以提高决策的质量。SWOT分析被广泛地应用于各行各业的管理实践中，成为最常用的管理工具之一。

第五节　管理主要思想及其演变

管理活动源远流长，自古即有，早期的一些著名的管理实践和管理思想大都散见于埃及、中国、意大利等国的史籍和许多宗教文献之中。从历史记载的古今中外的管理实践来看，素以世界奇迹著称的埃及金字塔、巴比伦古城和中国的万里长城，其宏伟的建筑规模生动地证明了人类的管理和组织能力。无论是埃及的金字塔，还是中国的万里长城，在当时的技术条件下，如此浩大的工程，不但是劳动人民勤劳智慧的结晶，同时也是历史上伟大的管理实践。

一、早期的管理思想

我国古代典籍中有不少有关管理思想的记载，如《周礼》中有对行政管理制度和责任的具体叙述。《孟子》《孙子》等书对于管理的职能如计划、组织、指挥、用人等，都有不少适用于今天的精辟见解。秦始皇改订李悝《法经》，体现了古代管理思想中改革和创新的精神。它确立的国家集权体制，建立的一整套行政管理机构，统一的文字、货币、车轨、道宽以及度、量、衡制度等，不仅在当时有巨大的生命力，而且对中国延续两千年的封建制度也有着重大的影响。

在西方，古希腊哲学家苏格拉底在其《对话录》中论述了管理的普遍性。15世纪世界最大的几家工厂之一的威尼斯兵工厂，就采用了流水作业，建立了早期的成本会计制度，并进行了管理的分工，其工厂的管事、指挥、领班和技术顾问全权管理生产，而市议会通过一个委员会来干预工厂的计划、采购、财务事宜。这又是一个管理实践的出色范例。

意大利佛罗伦萨的尼古拉·马基雅维利于16世纪所著的《王子》一书，对统治者怎样管理国家、怎样更好地运用权威，提出了四条原则：群众认可，权威来自群众；内聚力，组织要能够长期存在，就要有内聚力，而权威必须在组织当中行使；领导能力，学校要能够维持下去，就必须具备领导能力；求生存的意识，就是要"居安思危"。

二、管理学理论的萌芽

18—19世纪中期，西方资本主义生产方式从封建制度中脱胎而出，这期间家庭手工业制逐步被工厂制所代替。始于英国的工业革命，其结果是机械动力代替部分人力。机器大生产和工厂制度的普遍出现，对社会经济的发展产生了重要影响。

随着工业革命以及工厂制度的发展，工厂以及公司的管理越来越突出。许多理论家，特别是经济学家，在其著作中越来越多地涉及有关管理方面的问题。很多实践者（主要是厂长、经理）则着重总结自己的经验，共同探讨有关管理的问题。这些著作和总结，为即将出现的管理运动打下了基础，是研究管理思想发展的重要参考文献。概括起来，其重要意义有三：一是促使人们认识到管理是一门具有独立完整体系的科学，值得去探索、研究、丰富和发展；二是预见到管理学的地位将不断提高；三是区分了管理的职能与企业（厂商）的职能。

这一时期的著作，大体上有两类：一类偏重于理论的研究，即管理的职能和原则；另一类则偏重于管理技术和方法的研究。

（一）有关管理职能和原则方面

这方面的学说散见于当时经济学家的一些著作，从管理学的观点来看，这些经济学家的论述还比较零碎、就事论事、缺乏系统化、理论化和概括。大体上来说，所涉及的管理问题，主要有四个方面：关于工商关系；关于分工的意义及其必然性，包括劳动的地域分工、劳动的组织分工、劳动的职业分工；关于劳动效率与工资的关系，有所谓"劳动效率递减等级论"；关于管理的职能。

对西方管理理论的形成具有启蒙作用的英国著名经济学家、资产阶级古典政治经济学的杰出代表人物亚当·斯密在其《国富论》一书中，分析了劳动分工的经济效益，提出了生产合理化的概念。

组曼·马歇尔等人则提出了对厂主（同时也是管理者）的要求：选择厂址、控制财务、进行购销活动、培训工人、分配任务、观察市场动向、富于新思想、开拓市场、具有对采用新发明的判断力等。

（二）有关管理技术和方法方面

1.普鲁士理论家卡尔·冯·克劳塞威茨认为："企业简直就是类似于打仗的人类竞争的一种形式。"因此，他关于管理的概念也适用于任何大型组织的管理。其主要观点如下：

（1）管理大型组织的必要条件是精心地计划工作，并规定组织的目标。

（2）管理者应该承认不肯定性，从而按照旨在使不肯定性减少到最低限度的要求来全面分析与计划。

（3）决策要以科学而不足以预感为根据，管理要以分析而不是以直觉为根据。

2.英国数学家查尔斯·巴贝奇在亚当·斯密劳动分工理论的基础上，又进一步对专业化问题进行了深入研究。在他1832年出版的《机器与制造业经济学》一书中，对专业化分工、机器与工具使用、时间研究、批量生产、均衡生产、成本记录等问题都做了充分的论述，并且强调要注重人的作用，分析颜色对效率的影响，应鼓励工人提出合理化建议，等等。该书是管理上的一部重要文献。另外，他发现了计算机的基本原理，发明了手摇台式计算机，解决了繁重的计算工作，因此，有人称巴贝奇是"计算机之父"。

三、管理学的产生与形成

19世纪末叶是科学管理的开端，第一次利用了"科学管理"这一术语。随着企业的规模和数量不断增长，管理人员遇到以前所没有遇到过的多种问题。人们考虑问题的重点已经转移到以前内部的各种问题中，比如加工过程、设备排列、场地布置、生产技术、刺激制度等等。管理已逐步转向注意"物"的管理。人们聚集在大集体中，这又突出了组织与效率的问题。对这些问题的关心表现在管理文献中。

由于认识到需要通过社会、出版物和会议来交流观点，所以也开始了管理思想的传播和交流。人们对管理的认识已有了变化，把它看成是对人类经济活动有影响的一门完整知识。管理人员被公认为受尊敬的人。管理原理这一主题已经从工业界扩散到大学的课堂，管理终于成为一个独立的研究领域。20 世纪 30 年代，资本主义世界爆发了大危机，管理运动受到了影响。

但是到 20 世纪 80 年代，历时四五十年的管理运动，改变了人们的观念，引起了人们思想上、观念上的转变，对经济的发展起到了重要作用。管理运动为管理学的形成和发展奠定了基础，它所提倡的并被普遍接受的"保存、调研、合作、渐进"观点已经在人们心中、在社会土壤中扎下了根。

四、现代管理理论形成及其发展

进入 21 世纪后，现代化科学技术日新月异地发展，生产和组织规模的急剧增大，生产力的迅速发展，生产社会化程度的日益提高，引起了人们对管理理论的普遍重视。在美国和其他许多国家，不仅从事实际管理工作的人和管理学家研究管理理论，而且一些心理学家、社会学家、人类学家、经济学家、生物学家、哲学家、数学家也都从各自不同的背景、不同的角度、用不同的方法对现代管理问题进行了研究。这一现象带来了管理理论的空前繁荣，出现了各种各样的学派。由于这些学派都是从各自的背景出发，以不同的理论为依据来研究同一对象的管理过程，因此，带来了一些概念、原理和方法上的混乱。

2018 年以来，许多学者都在力求将各派的观点兼容并蓄，并在逐步的实践中进行有机的融合。将各种管理理论进行融汇，为建立统一的管理理论寻找到了新的出路。

第五章 价格理论

价格理论是微观经济学的核心理论。微观经济学以单个的经济单位（单个消费者、单个生产者、单个商场等）为对象，研究单个经济单位的经济行为或内在的经济关系，以及相应的经济变量是如何决定的。本章主要内容包括供求理论、消费者行为理论、生产和成本理论、生产要素市场理论、市场失灵和政府干预理论等。

第一节　供求理论

在市场经济制度下，生产资源的配置是利用和依靠价格通过市场进行的。一方面需求与供给决定着商品的价格，另一方面价格又反过来影响供求。正是这种价格和供求的相互作用，使生产资源得到了合理的配置。

一、市场需求

1.需求与市场需求的含义

需求是指在一定的时期，在一既定的价格水平下，消费者愿意并且能够购买的商品数量。换句话说，需求的构成要素有两个，即消费者愿意购买，有购买欲望；同时，消费者能够购买，有支付能力，二者缺一不可。而需要仅指有购买欲望。

市场需求就是市场上若干个单个消费者需求的总和，即指在一定的时间内、一定价格条件下和一定的市场上，所有的消费者对某种商品或服务愿意购买而且能够购买的数量。

2.影响需求的基本因素

影响需求变动的主要因素有许多，包括商品价格、替代品价格、互补品价格、消费者个人收入、消费者偏好、消费者预期价格，以及包括商品品种、质量等在内的其他因素。

（1）商品价格。一般来说，价格和需求的变动呈反方向变化。

（2）替代品价格。一般来说，相互可以替代的商品之间，如果某一种商品价格提高，替代品的需求就会增加，被替代品的需求就会减少。

（3）互补品价格。一般来说，互补商品之间，如果其中一种商品的价格上升，该商品的需求则会降低；同时会导致另一种商品的需求随之降低，二者价格的变动呈反方向变化。

（4）消费者个人收入。一般来说，消费者收入增加，将引起需求增加；收入减少，则会导致需求减少。

（5）消费者偏好。消费者偏好支配着在使用价值相同或接近的替代品之间的消费习惯和选择。消费者偏好会在一系列因素作用下发生缓慢的变化。

（6）消费者预期价格。预期是人们对某一经济活动未来变动趋势的预测和判断。如果消费者预期价格要上涨，就会提前购买；如果消费者预期价格下跌，就会延期购买。

（7）其他因素。如商品品种、质量、广告宣传、地理位置、季节、国家政策等。需要强调的是，在所有因素当中，影响需求最关键的因素还是该商品本身的价格。

二、市场供给

1. 供给的含义和影响供给的因素

供给的含义需要区分"供给"和"市场供给"。供给是指某特定时期内和一定的价格水平下，生产者愿意并可能为市场提供某种商品或服务的数量。市场供给是指市场上所有生产者供给的总和。

影响供给的因素主要包括商品价格、相关商品价格、生产成本、生产技术、价格预期以及其他因素等。

（1）商品价格。在其他条件不变的情况下，某种商品自身的价格和其供给的变动成正方向变化（与需求相反）。

（2）相关商品价格。这主要是指替代品的价格和互补品的价格，其关系与需求相反。

（3）生产成本。在其他条件不变时，成本降低，意味着利润增加，则供给就会增加；反之，如果生产成本上升，供给就会减少。在这种条件下，生产成本与供给变动呈反方向变化。

（4）生产技术。生产技术的进步或革新，意味着效率的提高或成本的下降，从而影响企业的利润。所以生产技术的变化会影响供给的变动，同时，会在一定程度上决定生产成本的变化。

（5）价格预期。生产者或销售者的价格预期往往会引起供给的变化。

（6）其他因素。其他因素主要包括生产要素的价格、国家政策等。

2. 供给函数、供给规律和供给曲线

（1）供给函数。供给函数可以表示一种商品或服务的供给数量与各种影响因素的关系 $S=f(P, I, \cdots)$。假定其他因素不变，只考虑某种商品的供给量和该商品价格之间的关系，则此时供给函数可表示为 $Q_S=Q_S(P)$，其中，P 为商品价格，Q_S 为供给量。

（2）供给规律。在其他条件不变的情况下，某种商品价格上涨，供给量就会增加，价格下降，供给量就会减少，即商品价格与其供给量呈同方向变动。供给曲线的斜率为正，向左下方倾斜。

供给量变动与供给变动的区别：只考虑供给和价格的关系，供给曲线自身无变化，供给量只在曲线上发生点到点的移动，这就是供给量变动。在价格不变的情况下，考虑其他因素与供给的关系时，曲线会发生位移，这就是供给变动。具体而言，当供给增加时，供给曲线向右移动；当供给减少时，供给曲线向左移动。

三、市场均衡

市场均衡是市场价格保持稳定不变的状态。此时的价格称为均衡价格，相对应的交易数量称为均衡产量。市场均衡是供求力量相互作用的结果。若供给或需求发生变化，则均衡随之发生改变。在现实中，往往是供给与需求同时发生变化。

均衡价格和均衡数量的形成与变动是在需求和供给相互影响、共同作用下形成的。当需求增加时，市场的均衡价格和均衡数量都将增加，两者呈正方向变化关系；当供给增加时，市场的均衡价格将下降，两者呈反方向变化关系；同时，均衡数量将增加，两者呈正方向变化关系。

运用均衡价格，可以更深刻地理解政府施行最高限价和保护价格的目的、作用、影响，以及其他相关措施。最高限价即政府为某种产品规定一个具体价格，市场交易只能在该价格之下进行。最高限价的目的是保护消费者利益或降低某些生产者的生产成本。保护价格也称支持价格或最低限价，即政府规定一个具体的价格，市场交易只能在这一价格之上进行。保护价格的目的是保护生产者利益或支持某一产业的发展。

在以市场为基本的资源配置机制的经济体中，价格是资源配置的信号，资源配置过程通过市场均衡的实现而实现。市场均衡的实现过程有时也会造成严重的资源浪费。也就是说，市场也存在局限性，价格机制不是万能的。

四、弹性

弹性原是物理学上的概念，原指物体对外部力量的反应程度。后来经济学上借用弹性来衡量需求或供给对其影响因素中某些因素变化而做出的反应或敏感程度。两个变量变动的百分比之比叫作弹性系数。弹性系数＝因变量变动的百分比／自变量变动的百分比，即 $E=(\triangle Y/Y)/(\triangle X/X)=(\triangle Y \cdot X)/(\triangle X \cdot Y)$。

1.需求价格弹性

需求价格弹性即需求量对价格变动的反应程度，是需求量变化的百分比除以价格变化的百分比的比率。

弧弹性是指需求曲线上两点之间的弧的弹性，它等于需求量的相对变动量对价格的相对变动量的比值。

需要注意的是，弧弹性能表现两点之间的弹性，弧弹性系数公式一般适用于价格和需求量变动较大的场合；点弹性只是一点上的弹性，因此弧弹性系数公式只适用于价格和需求量变动较小的场合。

2. 需求交叉弹性

需求交叉弹性又称需求交叉价格弹性，是指一种商品价格的相对变化与由此引起的另一种商品需求量相对变动之间的比率。

3. 需求收入弹性

需求收入弹性是指需求量的变动和引起这一变动的消费者收入变动之比，用以衡量需求变动对消费者收入变动的反应程度。需求收入弹性＝需求量的相对变动／消费者收入的相对变动。

第二节　消费者行为理论

消费理论的中心议题是研究在消费者收入既定的条件下，如何实现效用的最大化。

一、边际效用

1. 效用理论

在研究消费者行为时，需假定消费者具有两大特征，即追求效用最大化和理性消费。也就是说，每个从事经济活动的人都是利己的，总是想通过最小的经济代价获得最大的经济利益，即经济人假设。经济人假设是一种理想化状态，在现实中，人们从事经济活动时并不总是利己的，也不能做到总是理性的。

（1）效用的定义。效用是指商品或服务满足人们某种欲望的能力，或是消费者在消费商品或服务时所感受到的满足程度。效用是主观的，没有客观标准。它是人们的一种心里感觉，是消费者对商品或服务满足自身欲望的能力的心理评价。

（2）基数效用论和序数效用论。基数效用论的理论依据为：效用是可以直接进行度量的，即存在绝对的效用量大小，并可用1、2、3、4等基数的绝对数值来衡量效用的大小，与长度、重量等可以进行度量的概念相同。如一个苹果的效用是2个效用单位，一辆汽车的效用是100个效用单位等。

序数效用论的理论依据为：消费者无法知道效用的绝对数值，但可以知道自身对不同消费组合的偏好次序，即用第一、第二、第三、第四等表示次序的相对数值来衡量效用。基数效用论和序数效用论最显著的区别就是效用是否能够进行度量。基数效用论认为效用可以度量，采用总效用与边际效用进行分析；序数效用论认为效用不能度量，采用无差异曲线和预算约束线进行分析。

2. 边际效用递减规律

当边际效用大于零时，总效用增加；当边际效用等于零时，总效用达到最大；当边际效用小于零时，总效用减少。边际效用是递减的。边际效用递减法则的若干特征如下：

（1）边际效用的大小与欲望的强弱成正比，边际效用的大小与消费量的多少成反比。

（2）边际效用是特定时间内的效用，由于欲望具有再生性、反复性，边际效用也具有时间性。

（3）边际效用是决定商品价值的主观标准。边际效用价值论认为，商品的需求价值，不取决于总效用，而是取决于边际效用。消费量少，边际效用高，需求价值高；消费量多，边际效用低，需求价值低。

（4）边际效用递减的原因：一是人们的欲望本身，二是商品本身用途的多样性。

3. 基数效用论下的消费者均衡

消费者均衡是指消费者在收入和物品价格既定的情况下，做出实现效用最大化的消费选择。在基数效用论下消费者均衡的原则是：消费者用全部收入所购买的各种商品所带来的边际效用与其所支付的价格之比相等，或者说每单位货币所得到的边际效用都相等。也可以说，消费者应使自己花费在各种商品购买上的最后1元钱带来的边际效用相等。

4. 基数效用论下需求规律与消费者剩余

消费者剩余是消费者愿意对某种商品支付的价格与他实际所支付的价格的差额，即消费者剩余 = 需求价格 – 实际价格。需求价格是消费者愿意付出的商品价格，由商品的边际效用决定，而实际付出的价格由市场的供求关系决定。消费者剩余并不是实际收入的增加，只是一种心理感觉。生活必需品的消费者剩余大，因为消费者对这类商品的效用评价高，愿意付出的价格也高，但这类商品的市场价格一般并不高。消费者剩余通常被用来度量和分析社会福利问题。

二、无差异曲线

1. 无差异曲线的定义

无差异曲线是在一定偏好、一定条件下，能够给消费者带来同等效用水平或满足程度的两种商品的不同数量组合点的轨迹。也就是说，在无差异曲线上，各点所代表的两种商品的各种组合，带给消费者的满足程度是完全相同的，消费者对这条曲线上各个点的偏好程度无差异。

2. 无差异曲线的特征

（1）无差异曲线是一条向右下方倾斜且凸向原点的曲线，其斜率为负值。这就表明，在收入和价格既定的条件下，消费者要得到相同的总效用，在增加一种商品的消费时，必须减少另一种商品的消费，两种商品不能同时增加或减少。

（2）同一个平面图上可以有无数条无差异曲线。同一条无差异曲线代表相同的效用，不同的无差异曲线代表不同的效用。离原点越远的无差异曲线，所代表的效用越大；离原点越近的无差异曲线，所代表的效用越小。

（3）在同一平面图上，任意两条无差异曲线不能相交。因为在交点上两条无差异曲线代表了相同的效用，与第二个特征相矛盾。

3.边际替代率

边际替代率是指消费者在保持相同的满足程度时，增加一种商品的消费数量时所不能不放弃的另一种商品的消费数量。

三、预算约束线

预算约束是每个消费者在消费时都会考虑的情况，也是影响消费者行为的一个关键因素。消费者进行消费时，除自身偏好会影响消费选择外，消费者的支付能力和商品的市场价格也会限制消费。因此，在既定价格下，消费者对商品和服务的支付能力的限制，就表现为一种预算约束。

预算约束线可以表示在消费者的收入和商品的价格给定的条件下，消费者的全部收入所能购买到的两种商品的各种组合。通过预算线可以明确以下几点：

1.预算线上的点表示用尽所有收入所能购买的各种消费组合。

2.预算线外的点是支付能力所达不到的购买选择，即买不到的情况。

3.预算线内的点表示消费两种商品并未用尽全部收入，即收入有剩余的情况。

4.收入变动、价格变动会对预算线产生不同的影响。

5.预算线的斜率是两种商品价格比率的负值。斜率的大小表明在不改变总支出数量的前提下，两种商品可以相互替代的比率。

四、消费者均衡和需求曲线

1.消费者均衡

消费者均衡可以理解为在最大的购买力下，买到效用最大的商品组合。如果收入和商品价格已知，则预算线只有一条，但无差异曲线却有无数条。在这种情况下，预算线和无差异曲线同时出现在一个坐标系中，则有且仅有以下三种情形。

（1）分离。分离是指预算线与无差异曲线没有任何交点，即无差异曲线在预算线的右侧。此时，无差异曲线上的每一点虽然都能给消费者带来最高的满足程度，但由于超过了现有购买能力而变得无法实现。

（2）相交。相交是指预算线与无差异曲线有两个交点。在这种情况下，虽然相交两点可以在预算约束下满足消费者，但在相交两点之间的商品组合（相交两点间的预算线）却能获得更高的满足程度。也就是说，相交时有可能会出现收入有剩余的情况。

（3）相切。相切是指预算线与无差异曲线只有一个交点（切点）。此时，该点表示商品组合既是消费者在现有收入下能够买到的，同时又能给消费者带来最高程度的满足。因此，满足效用最大化的商品组合必定位于预算线与无差异曲线相切的切点上。

上述三种情况的图形化表示，C 点即为预算线与无差异曲线的切点，只有在这种情况下，才能使效用最大化。

换言之，效用最大化就是 C 点处，无差异曲线的斜率恰好等于预算线的斜率，而无差异曲线的斜率的绝对值等于两种商品的边际替代率；预算线斜率的绝对值等于两种商品的价格比率的负值。因此，消费者效用最大化的均衡条件是：商品边际替代率 = 商品的价格之比。

2. 价格—消费曲线

消费者均衡的实现以三个条件为前提：偏好不变、收入不变和价格不变，前者影响无差异曲线，后两者影响预算线。

假定商品 2 的价格保持不变，随着商品 1 价格的变动，预算线会发生移动，并分别与不同的无差异曲线相切于不同的点，即均衡点。把均衡点相对应的需求量与价格之间建立关系，就形成了价格—消费曲线。

在消费者需求曲线中，不同价格条件下的消费量都是预算线和无差异曲线切点上对应的数量，因此消费者在需求曲线上消费可以实现效用最大化。

3. 消费者需求曲线的相关效应

就消费者需求曲线而言，商品价格的变化会产生两种效应，即收入效应和替代效应。

（1）收入效应。收入效应是指在名义收入不变时，因为该商品价格的变化，而导致消费者实际收入发生变化，进而影响购买力发生变化。比如商品降价提高了消费者的实际购买力，使消费者的实际收入增加；反之，商品涨价降低了消费者的实际购买力，使消费者的实际收入下降。对于正常品，价格下降，收入上升，需求也上升。因此，收入效应与价格变动是反方向的变动关系。对于低档品，价格下降，收入上升，需求反而下降。因此，收入效应与价格变动是同方向的变动关系。

（2）替代效应。替代效应是指在实际收入不变的情况下，因为该商品价格的变化引起的相对价格变化所导致的该商品需求数量的变化。换言之，某一种商品价格的变化会导致两种商品之间的最佳替换率变化，使消费者去调整两种商品的消费比例，如增加消费目前相对便宜的商品，减少消费相对昂贵的商品。对于替代效应，当一种商品变得相对便宜时，它的购买量总会上升，因此，替代效应与价格的变动方向总是反方向的（价格下降，购买量增加）。

（3）总效应。总效应即同时考虑收入效应和替代效应后表现出的整体效应。对于正常品，替代效应与价格呈反方向变动，收入效应也与价格呈反方向变动，从而总效应必定与价格呈反方向变动。因此，正常品的需求曲线是向右下方倾斜的。对于低档品，替代效应与价格呈反方向变动，收入效应与价格呈同方向变动，而大多数情况下，收入效应的作用小于替代效应的作用，从而总效应与价格呈反方向变动，相应的需求曲线也是向右下方倾斜的。但对比正常品总效应来看，低档品的需求曲线表现得更为陡峭，正常品的需求曲线则显得更为平缓，对价格变化的反应更大。

第三节　生产和成本理论

生产者是指能够做出统一的生产决策的单个经济单位。就生产者行为来看，往往都会假设生产者或企业的目标是追求利润最大化。这一基本假设也是"经济人假设"在生产和企业理论中的具体化。企业是从事生产经营活动的经济行为主体，其利润取决于外部的市场和内部的效率。

一、生产理论

1.生产函数

生产函数是为了体现企业将一定投入转变成产出的能力，它表示在一定时期内，在技术不变的情况下，生产中所使用的各种生产要素的数量与所能生产的最大产量之间的函数关系。简言之，生产函数就是生产过程中各要素投入量与产品产出量之间的关系。

假定生产中投入的各种生产要素为 X_1，X_2，X_3，……，X_n，所能生产的最大产量为 Q，则生产函数可以表示为：

$Q=f（X_1，X_2，X_3，……，X_n）$

2.一种可变要素的合理投入

（1）总产量、平均产量、边际产量的关系。假定两种投入中，资本量是固定的，仅有劳动量可变，则产生一种可变投入品生产函数，如表5-1所描述。

表5-1　总产量、平均产量、边际产量的关系

劳动量（L）	资本量（K）	总产量（Q）	平均产量（Q/L）	边际产量（△Q/△L）
0	10	0	-	-
1	10	10	10	10
2	10	30	15	20
3	10	60	20	30
4	10	80	20	20
5	10	95	19	15
6	10	108	18	13
7	10	112	16	4
8	10	112	14	0
9	10	108	12	-4
10	10	100	10	-8

如果用 L 表示劳动量，K 表示资本量固定不变，Q 表示产品总产量，则此时的生产函

数（也称短期生产函数）的基本形式为：$Q=f(L)$。对于 $Q=f(L)$，在某一可变要素的投入水平上，产量函数有以下三种：

1）总产量函数：$TP=Q=f(L)$。总产量是指生产出来的用实物单位衡量的产出总量，如多少吨棉花、多少吨钢材等。

2）平均产量函数：$AP=TP/L$。平均产量是指总产量除以总投入的单位数，也就是指每单位投入生产的产出。

3）边际产量函数：$MP=ATP/AL$ 或 $MP=dTP/dL$。边际产量是指在其他投入保持不变的条件下，由于新增一单位的投入而多生产出来的产量或产出。

（2）边际产量递减规律与短期生产的合理区间。由上面的分析可以看出：在只有一种可变生产要素的情况下，边际产量呈现先递增、后递减的趋势，即边际产量存在一个临界点。通常只考察临界点之后的边际产量，把这一段的变化趋势称为边际收益递减。其基本含义为：在技术水平和其他投入保持不变的条件下，连续追加一种生产要素的投入量，总是存在着一个临界点，在该点之前，边际产量递增，超过这一点之后，边际产量呈递减趋势，直到出现负值。

同时可以看到，在 L 之前，不变要素资本（K）的投入相对多，生产者只要增加可变要素劳动力的投入量就可以较大幅度地增加总产量。所以，任何理性的生产者都不会在这一阶段停止生产，而是继续投入劳动力，并将生产扩大到 L 或之后；超过 L，边际产量降到负值，平均产量继续下降、总产量呈下降趋势，说明可变要素劳动力的投入量过多，理性的生产者会减少可变要素的投入量，退回到 L。因此生产者合理的区间应在 L 与 Ly 之间的区域。

3. 两种可变生产要素的合理投入

假定企业在既定技术条件下只生产一种产品，有劳动力 L 和资本 K 两种可变生产要素投入，则其生产函数可以表示为：$Q=f(L, K)$。

（1）等产量线。当两种生产要素（资本与劳动力）都可变时，需要使用等产量曲线来描述企业的生产函数。等产量曲线表示在技术水平不变的条件下，生产同一产量的两种相互替代的可变要素投入量的各种不同组合。基本原理与无差异曲线相似。

（2）边际技术替代率（MRTS）。边际技术替代率用来测量在维持产出水平不变的条件下，增加一单位的某种要素投入所能够减少的另一种要素投入量。关于边际技术替代率，应注意以下几点：

1）等产量线上任意一点的边际技术替代率是等产量线在该点的斜率的绝对值。边际技术替代率递减反映了边际收益递减规律，即随着劳动力投入量的增加，每增加一单位劳动力所能替代的资本量越来越少。

2）等产量线上任意一点的边际技术替代率等于两种要素的边际产量之比。

（3）等成本线。等成本线又称企业预算线，是一条表明在生产成本和生产要素价格既定条件下，生产者所能购买的两种要素的最大数量组合。

（4）生产要素的最优组合。生产要素的最优组合由等产量线与等成本线的切点决定，即在这一点等成本线的斜率与等产量线的斜率相等。而等产量线上任意一点的边际技术替代率是等产量线在该点的斜率的绝对值，因此，生产要素最优组合的条件是：边际技术替代率等于要素的价格比率。

存在多种可变要素时，厂商通过在不同生产要素上分配支出，使1元钱的此种生产要素的边际产量等于1元钱的另一种生产要素的边际产量，从而使既定成本下的产量最大化。

4. 规模报酬

企业只有在长时期中才能改变全部生产要素的投入，进而影响生产规模，所以规模收益研究的是企业的长期生产决策问题。

规模报酬也称规模收益，是指在其他条件不变的情况下，企业内部各种生产要素按照相同比例变化时所带来的产量变化，即生产规模变化与所引起的产量变化之间的关系。根据生产规模和产量的变化比例的不同，可将规模报酬分为以下三类：

规模报酬不变，即产量增加的比例等于各种生产要素增加的比例。

规模报酬递增，即产量增加的比例大于各种生产要素增加的比例。

规模报酬递减，即产量增加的比例小于各种生产要素增加的比例。

在长期生产过程中，企业的规模报酬一般会根据企业规模呈现一定的规律。当企业规模较小时，扩大生产规模报酬递增，此时，企业会扩大规模以得到产量递增所带来的好处，将生产保持在规模报酬不变的阶段。此后，如果企业继续扩大生产规模，就会出现规模报酬递减的情况。因此，多数行业会有一个适度最佳规模或适度规模，此时企业的单位生产成本最小。

二、成本理论

1. 成本与成本函数

（1）成本

1）会计成本与机会成本。会计成本又称生产费用，是生产过程中企业对所购买的各种生产要素的货币支出。换言之，会计成本是企业在生产经营过程中所支付的物质费用和人工费用。

机会成本也称经济成本，是指企业利用一定的资源获得某种收入时所放弃的其他可能的最高收入。或当一种生产要素被用于生产每单位某产品时所放弃的使用相同要素在其他生产用途中所得到的最高收入。

2）显性成本与隐性成本。显性成本是企业总成本的组成部分，是指企业购买或租用的生产要素的货币支出，是会计账目上作为成本项目入账的各项费用支出。隐性成本是总成本的又一组成部分。隐性成本是指企业本身所拥有的并且被用于该企业生产过程的那些生产要素的总价格。换句话说，隐性成本是企业自己拥有并使用的资源的成本，因此，从这个意义上说它也是一种机会成本，应该从机会成本的角度按照企业自有生产要素在其他用途中所得到的最高收入来支付和计算。

3）沉没成本与增量成本。沉没成本是指已经发生且不能收回的成本，或者是不因生产决策而改变的成本。增量成本是由于某项生产决策而产生的相关成本，是总成本的增量。它主要是企业新增加产量而带来的费用，也就是变动成本。

4）会计利润与经济利润。会计利润是企业销售产品的总收益与会计成本的差额。其计算公式为：

会计利润 = 总收益 – 会计成本（显性成本）

经济利润是指企业的总收益和总成本的差额。经济利润称超额利润，也可简称为利润。企业所追求的最大利润，指的就是最大经济利润。

经济利润 = 总收益 – 经济成本（机会成本）

= 总收益 –（显性成本 + 隐性成本）

= 会计利润 – 隐性成本

= 会计利润 – 正常利润

（2）成本函数。成本函数是表示企业总成本与产量之间关系的函数。由于考察时期不同，成本函数可分为短期成本函数和长期成本函数。

短期内劳动力数量通常是可以改变的投入，而资本设备则是固定不变的投入。短期即生产时间很短，在这种条件下会有一种或几种生产要素的数量固定不变，因此，也就有了固定成本和可变成本之分。如果以 C 表示总成本，q 表示产量，b 表示固定成本，短期成本函数可表示为：

C=b+f（q）

长期是指企业在这段时间内可以调整生产要素，因此，一切生产要素在长期条件下都是可变的，这样长期成本中就没有固定成本，一切成本都是可变的。长期成本函数为：

C=f（q）

从含义上来看，短期成本函数和长期成本函数的区别就在于是否有固定成本和可变成本之分；从函数计算公式上来看，二者的区别在于是否含有常量。短期成本函数具有常量，长期成本函数没有常量。

2. 长期成本分析

在长期内，由于企业投入的所有生产要素都是可变的，因而长期成本分析包括长期总成本、长期平均成本和长期边际成本的分析。

（1）长期总成本。长期总成本是指企业在长期中，在每个产量水平上通过选择最优的生产规模所能达到的最低总成本。

长期总成本函数表示产量与长期总成本的关系。

长期总成本曲线是无数短期总成本曲线的包络线。它从短期总成本曲线的下方包络众多短期总成本曲线。长期总成本曲线从原点出发向右上方倾斜，其经济含义表示：长期总成本随着产量的增加而增加。长期总成本曲线的斜率先递减，经过拐点后变为递增。（原因：规模报酬的作用。）

（2）长期平均成本。长期平均成本曲线是无数条短期平均成本曲线的包络线。其表示企业在长期内在每一产量水平上可以实现的最小的平均成本。长期平均成本曲线并不是由许多短期平均成本曲线的最低点组成的。每条短期平均成本曲线与长期平均成本曲线不相交但相切，并且只有一个切点，从而形成一条包络曲线。之所以这样，是为求降低成本而选择生产规模的结果。

长期平均成本曲线是先降后升的 U 形曲线，与短期平均成本曲线相似，但二者的原因是不同的。长期平均成本曲线呈 U 形的原因是由规模经济与规模不经济造成的，而短期平均成本曲线呈先降后升的 U 形的原因是由要素的边际报酬递减规律造成的。

二者的形状也有区别，长期平均成本曲线无论是在下降时还是上升时都比较平缓，这说明在长期中平均成本无论是减少还是增加都变动较慢。这是由于在长期中全部生产要素可以随时调整，从规模收益递增到规模收益递减有一个较长的规模收益不变阶段，而在短期中，规模收益不变阶段很短，甚至没有。

（3）长期边际成本。长期边际成本曲线也呈 U 形，当长期边际成本小于长期平均成本时，长期平均成本曲线处于下降阶段；当长期边际成本大于长期平均成本时，长期平均成本曲线处于上升阶段；当长期边际成本等于长期平均成本时，长期平均成本曲线达到最低点。

3. 收益与利润最大化

企业要实现利润最大化，就要通过比较付出的成本和获得的收益，来决定生产规模的大小。

总收益、平均收益和边际收益。总收益（TR）是企业生产并销售一定数量的产品或提供一定数量的服务而得到的收入总额，或者称为全部销售收入。如果企业只生产一种产品，其总收益就是产品销量（Q）与其价格（P）的乘积，即 $TR=PQ$。

平均收益（AR）是单位销售量的收益，即 $AR=TR/Q=P$。可以看出，平均收益就是单位产品的价格。

边际收益（MR）是企业增加销售一单位产品而获得的总收益的增量。

三、市场结构理论

市场在组织和构成方面的一些特点影响着买卖双方的行为与活动，也影响着某种产品或服务在市场上的竞争程度。从这点来看，研究市场结构的含义和划分标准可以有助于更清晰地认识不同市场结构下买卖双方的具体行为。

1. 市场结构及其特征

市场结构是指一个行业内部买方和卖方的数量及其规模分布、产品差别的程度和新企业进入该行业的难易程度的综合状态。换言之，市场结构是指某种产品或服务的竞争状况和竞争程度。

根据市场结构的概念，可以将市场分为完全竞争市场、完全垄断市场、垄断竞争市场和寡头垄断市场四种类型。

（1）完全竞争市场。完全竞争是一种竞争不受任何阻碍和干扰的市场结构，其具有以下特征：生产者众多，规模往往都很小，每个生产者只能被动地接受市场价格，产品无差别，进出无障碍，买卖双方可以及时获得准确的市场信息。

完全竞争市场的主要特征是生产者和消费者数目众多，以及产品差异程度较低。实际上在现实生活中，完全竞争市场是很难找到的，只有某些农产品，如小麦、玉米等的市场属于近似的例子。

（2）完全垄断市场。完全垄断是指整个行业只有唯一供给者的市场结构。完全垄断十分特殊，其形成的条件主要有政府垄断、资源和产品垄断、专利权垄断和自然垄断四种。完全垄断市场具有以下特征：只有一个生产者，生产者是价格的决定者，不是接受者；产品差异程度高，是没有合适替代品的独特性产品；其他企业进入这一市场非常困难。

（3）垄断竞争市场。垄断竞争是指一种既有垄断又有竞争，不是完全竞争而接近于完全竞争的市场结构。垄断竞争市场具有以下特征：生产者与消费者数目众多；不同企业生产的产品具有一定的差别性，生产者可以对价格有一定程度的控制，不再是完全的价格接受者；进入或退出市场比较容易，基本上不存在进入障碍。垄断竞争比较符合现实生活的市场结构，如生产香烟、啤酒、糖果等产品的企业都可列入这种市场。

（4）寡头垄断市场。寡头垄断是指少数几个企业控制一个行业的供给的市场结构。寡头垄断市场具有以下特征：只有很少几个企业进行生产；企业所生产的产品有一定的差别或者完全无差别；进入或退出寡头垄断市场比较困难。对于西方发达国家而言，寡头垄断市场占有很重要的地位，如美国的石油工业，其他国家的汽车、钢铁等工业都可以划入寡头垄断市场。

2. 完全竞争市场中生产者的行为

完全竞争市场中企业的需求曲线与收益曲线。就整个行业来看，生产者和消费者的数量众多，且每个生产者的规模都较小，单独的买卖双方都不能影响和控制价格。因此，产品价格由整个行业的供给和需求曲线决定。

对个别企业来说，它们只是价格的接受者，只能按照既定的市场价格出售产品。因为低价出售会发生亏损，而高价出售会损失客户。所以，在完全竞争市场上，个别企业的需求曲线是一条平行于横轴的水平线。

3. 完全垄断市场中生产者的行为

（1）完全垄断企业的需求曲线和收益曲线。由于完全垄断市场中一个行业只有一个企业，因此，完全垄断企业的需求曲线就是行业的需求曲线，符合市场需求的一般规律，即价格随销售量的增加而下降，需求曲线向右下方倾斜，斜率为负。

（2）完全垄断企业的产量与价格决策。完全垄断企业根据边际成本等于边际收益的原则确定均衡产量，进而根据这个产量便可以确定均衡价格。

在完全垄断条件下，当企业向市场提供的产品数量较少，且产品价格较高时，完全垄断企业可以获得超额利润。因此，完全垄断企业为了获取超额利润，会把价格定在边际成本之上，并且往往要对供给量进行限制。

但是在现实市场中，完全垄断企业并不能随意提价，这是因为产品价格的高低也要受到市场需求的影响。一般来说，如果产品需求价格弹性较小，价格提高后需求量降低的幅度不大，那么，企业可以制定较高的价格。相反，如果产品的需求价格弹性较大，企业制定的价格就要低一些。这就表明，完全垄断企业在价格决策时，也必须考虑产品的市场需求状况。

（3）完全垄断企业定价的简单法则。完全垄断企业的定价法则可以通过边际收益公式和需求价格弹性系数公式进行推导。

一个垄断企业索取的价格超过边际成本的程度，受制于需求价格弹性。当需求价格弹性较低，即 E 的绝对值较大时（E 是一个负值），垄断者可以确定较高的价格；但是随着需求价格弹性的增大，E 的绝对值减小，则价格将非常接近边际成本。

（4）价格歧视。价格歧视（也称差别定价）是指企业为获取更大利润，对同一产品规定了不同价格。价格歧视一般可分为三个层级，各级价格歧视在市场中的应用各有不同。一级价格歧视（也称完全价格歧视）是指企业对每一单位产品都按照消费者所愿意支付的最高价格出售，即企业对不同的购买者购买每一个批量单位的产品时，收取不同的价格。在这种价格歧视中，所有消费者剩余都被垄断者占有。如个体服装经营者都会通过讨价还价的方式将同一种服装按不同价格出售给不同顾客，或者医院可以根据每个病人的收入和保险状况估计他的支付意愿，从而收取不同的价格。

二级价格歧视即批量作价，是指按不同价格出售不同批量产品。在这种情况下，购买相同批量产品的购买者支付的价格是相同的。如只买 1kg 苹果需要 12 元钱，但买 10kg 苹果只需 100 元钱，类似目前的团购销售方式。

三级价格歧视建立在不同的需求价格弹性上，是指将销售者划分为具有不同需求价格弹性的几组，分别对各组消费者收取不同的价格。最常见的如旅游景点门票，普通成人、学生、老年人的票价各不相同。

实行价格歧视的基本条件包括以下两个方面：一是必须有可能根据不同的需求价格弹性划分出两组或两组以上的不同购买者；二是市场必须有效隔离，同一产品不能在不同市场之间流动，即避免购买者在低价市场上买到产品再卖到高价市场。如果上述两个条件能够满足，企业就可以通过对缺乏弹性的市场规定较高的价格，对富有弹性的市场规定较低的价格，以增加总收益。

企业实行价格歧视的基本原则是，不同市场上的边际收益相等并且等于边际成本。此时，垄断企业可以对需求价格弹性较小的市场规定较高的价格，实行"少销厚利"；对需求价格弹性较大的市场规定较低的价格，实行"薄利多销"。

4. 垄断竞争市场和寡头垄断市场中生产者的行为

（1）垄断竞争市场中生产者的行为。垄断竞争市场中企业的需求曲线与完全垄断市场中企业的需求曲线走势大体相同，曲线向右下方倾斜，但二者也具有一定差异性。由于行业中存在其他生产者，因此，这条需求曲线不是市场需求曲线，而是每一个具体企业的需求曲线。

垄断竞争企业的产品具有替代品，且行业中存在企业的进入退出现象。因此，当企业提高产品价格时，因需求量减少造成的损失比提高价格获得的利润大；当企业降低价格时，因需求量增加获得的利润比降低价格造成的损失大，即垄断竞争企业面临的需求曲线比完全垄断企业面临的需求曲线更具弹性。

垄断竞争企业也遵循利润最大化原则，即选择边际收益等于边际成本（MR=MC）的产量，然后用其需求曲线找出与这种产量相对应的价格。一般来讲，在短期内，垄断竞争企业的行为与完全垄断企业的行为相似，即短期均衡也包括盈利、利润为零、亏损三种情形。从长期来看，由于垄断竞争市场不存在进入障碍，各个企业可以仿制别人有特色的产品而创造出自己的更有特色的产品，也可以通过广告来形成自己的垄断地位，竞争的结果必然会使有差别的产品价格下降。

（2）寡头垄断市场中生产者的行为。由于寡头垄断市场中只有少数几个企业，各个企业的产量都在本行业总产量中占有较大份额，因此，每个企业的产量和价格变动都会对其他竞争对手甚至整个行业的产量和价格变动产生重要影响。也就是说，在寡头垄断市场中，每个生产者在做出最优决策时，都必须考虑竞争者会做出哪种反应。正因为寡头垄断市场中生产者的决策会相互影响，因此，其产量决策非常复杂，这里只简单介绍价格的形成机制——协议价格制和领袖价格制两个模型。

协议价格制即在生产者或销售者之间存在着某种市场份额划分协议的条件下，生产者或销售者之间共同维持一个协议价格，以使行业净收益最大。协议价格制的方式是限制各个生产者的产量，使行业边际收益等于行业边际成本。但现实中，寡头垄断市场中的几个寡头企业往往可能联合起来，不考虑行业中的其他非寡头企业的利益，对生产的产量或收取的价格达成协议，通过协调减小产量来提高其产品的价格，实现自身更大的利润。石油生产输出国组织，即欧佩克（OPEC）就是最常见的卡特尔（卡特尔是由一系列生产类似产品的独立企业所构成的组织，集体行动的生产者，目的是提高该类产品价格和控制其产量）。在我国或其他一些国家，企业之间实施价格共谋或卡特尔是一种违法行为，受到了反垄断法律法规的严格禁止。

领袖价格制即由行业中占支配地位的企业来确定价格，其他企业参照这个价格来制定和调整本企业产品的价格，并与其保持一致。确定领袖价格的领袖企业不能只考虑本企业的利益，还必须考虑整个行业的供求状况，也就是考虑其他同行业企业的利益，否则就会遭到其他寡头垄断企业的抵制或报复，失去领袖企业的地位。

第四节　生产要素市场理论

一、生产者使用生产要素的原则

在生产要素市场中，需求者是生产者或厂商，供给者是消费者或居民，这与产品市场的供给者和需求者刚好相反。生产者对生产要素的需求可以分为引致需求和联合需求。

1.引致需求。生产者对各种生产要素（资本、土地、劳动、企业家才能）的需求是从消费者对最终消费品的需求间接派生出来的，这是一种"引致需求"或"派生需求"。也就是说，当追求利润最大化的生产者需要一种生产要素时，对该要素需求的根本原因在于该要素可以生产出消费者愿意购买的商品。

引致需求反映了生产要素市场和产品市场之间的联系。生产者对生产要素的需求量很大程度上取决于消费者对使用该生产要素所产出产品的需求量。在这种情况下，消费者的需求曲线肯定会影响生产要素的价格。同时，生产者在产品市场和生产要素市场上所处的市场状态（如竞争、垄断等）也会影响生产要素的需求和价格。

2.联合需求。联合需求是生产者对生产要素的需求具有相互依赖性，各种生产要素要共同发挥作用才能生产最终产品。联合需求的一个重要后果是，对每一种生产要素的需求数量将取决于所有生产要素的价格，同时受到其他生产要素需求数量的影响；反过来这种生产要素的需求量和价格也会影响其他生产要素的需求。在联合需求状态下，各生产要素之间存在互补性和替代性。

二、劳动供给曲线与均衡工资

1.生产要素供给的分析

（1）生产要素的供给目的。生产要素属于不同的所有者，这些所有者可能是生产者，也可能是消费者，由于身份不同，他们的要素供给行为的目的就有差别。一般情况下，生产者的要素供给行为是为了利润最大化，消费者的要素供给行为是为了效用最大化。

（2）生产要素的效用分配。假设要素供给者的身份只是消费者，那么要素供给面临的问题就是要素数量在一定时间内是固定不变的。如每个人每天只有 24 小时可以利用，但要让一个人每天提供 24 小时的劳动就非常不现实。如果将消费者提供要素后剩余部分的要素称为保留自用，那么消费者面临的生产要素效用分配问题就是如何将全部要素在要素供给和保留自用两种用途上进行分配，最终实现效用最大化。

2.劳动与闲暇的效用

经济学认为，劳动的供给和闲暇对于消费者都具有效用和边际效用。

劳动的效用与边际效用。劳动的效用体现在劳动可以给消费者带来收入，由于收入有效用，因此劳动也有效用，而且实际上就是收入的效用。

3.均衡工资的决定

劳动市场的供给曲线就是所有单个消费者的劳动供给曲线的水平相加。尽管单个消费者的劳动供给曲线是后弯的，但就整个劳动市场而言，劳动的供给曲线却不一定是向后弯曲的。这是因为在较高的工资水平上，现有消费者提供的劳动供给会减少，而较高的工资水平会吸引新的消费者提供更多的劳动。因此，劳动市场的供给曲线一般是向右上方倾斜的，即随着工资水平上升，劳动的供给量是增加的。实际上，整个社会的劳动供给弹性非常小，劳动供给曲线近似于垂直，工资水平的小幅度波动对整个社会总劳动供给量几乎没有影响。

劳动的需求曲线是向右下方倾斜的。把劳动供给曲线与劳动需求曲线放在同一个坐标系中，两条曲线的交点就可以决定均衡工资和均衡劳动数量。这种方法只适合分析完全竞争市场的均衡工资。在劳动市场存在垄断因素时，均衡工资的决定会受到影响，如工会的力量对均衡工资及均衡劳动数量的影响。

第五节。市场失灵和政府干预理论

一、资源最优配置与市场失灵

1.资源最优配置与帕累托改进

资源最优配置与帕累托改进都是针对如何实现最佳状态的供求市场而形成的概念。

（1）资源最优配置。若在居民实现了效用最大化的同时企业实现了利润最大化，且产品市场和生产要素市场不存在过剩和短缺，也就是供求相等时，经济就处于一般均衡状态或瓦尔拉斯均衡状态，此时资源便实现了最优配置。

判断社会的资源是否实现了最优配置的标准是：资源在某种配置下，不可能由重新组合生产和分配来使一个人或多个人的福利增加，而不使其他任何人的福利减少。即当一种资源的任何重新分配，都不会使任何人的境况变好，也不会使任何人的境况变坏时，资源就处于最优配置的状态。

（2）帕累托改进与帕累托最优状态。如果既定的资源配置状态能够在其他人的福利水平不下降的情况下，通过重新配置资源使得至少有一个人的福利水平有所提高，则称这种资源重新配置为"帕累托改进"。

帕累托最优状态又称作经济效率，满足帕累托最优状态就是具有经济效率的，不满足帕累托最优状态就是缺乏经济效率的。帕累托最优状态不存在帕累托改进，即对于某种既定的资源配置状态，如果还存在帕累托改进，则就不是帕累托最优状态。

2.市场失灵的含义

市场失灵是指由于市场机制不能充分地发挥作用而导致的资源配置缺乏效率或资源配置失当的情况。

经济社会的资源配置达到帕累托最优状态需要具备许多条件，包括经济主体是完全理性的、信息是完全的、市场是完全竞争的、经济主体的行为不存在外部影响等。如果不具备这些条件，资源最优配置或帕累托最优状态就不能实现，就会出现所谓的市场失灵。

二、市场失灵的原因

1.垄断引起的市场失灵

首先，只有在完全竞争市场中才能实现资源的有效配置。在这种情况下，企业的生产成本从长期来看是最低的，产量最大，价格最低，这样消费者才能获取最大满足。

然而，现实生活中由于并不存在完全竞争市场，因此，生产者不是完全的价格接受者，产量不是最大的产量，市场价格也不是最低的价格，长期来看成本也更高，消费者肯定不能获取最大满足。以完全垄断市场为例，企业按边际成本等于边际收益的原则决策最优产量，有时还要采取价格歧视。这样垄断企业的产量就会低于社会的最优产量，而定价却高于市场均衡价格，使消费者的剩余减少，而生产者的剩余增加。

因此，由于不完全竞争市场（完全垄断市场、寡头垄断市场、垄断竞争市场）的存在，市场机制不能有效地发挥作用，资源就不可能实现最优配置。

2.外部性引起的市场失灵

外部性（或外部影响）是指某人或某企业的经济活动对其他人或其他企业造成了影响，却没有为此付出代价或得到收益。影响是指一种活动产生的成本或利益，它不是通过市场价格反映出来的，而是无意识强加于他人的。

（1）外部经济与外部不经济。外部性可以分为外部经济与外部不经济两种。外部经济是指某人或某企业的经济活动给社会上其他成员带来了好处，但该人或该企业却不能因此得到补偿。外部不经济是指某人或某企业的经济活动给社会上其他成员带来了损害，但该人或该企业却没有因此进行补偿。

（2）外部性引起市场失灵的分析。由于外部性或外部影响的存在，市场机制不能有效地进行资源配置。即使在完全竞争条件下，由于外部性的原因，资源配置也不可能达到帕累托最优状态。

1）社会收益与外部经济。社会收益等于私人收益与外部收益之和。对于产生外部经济的生产者来说，外部收益不能为生产者通过市场价格获得，因此，其私人收益肯定会小于社会收益，这样就导致它们缺乏生产积极性，产出水平低于社会最优水平，导致资源配置失当。

2）社会成本与外部不经济。社会成本等于私人成本与外部成本之和。对于产生外部不经济的生产者来说，由于其边际私人成本低于边际社会成本，于是更倾向于扩大生产，其产出水平就会大于社会最优产出水平，也会导致资源配置失当。

3.公共物品引起的市场失灵

（1）公共物品的特征。公共物品是指满足社会公共需要的物品。公共物品是相对于私人物品的，私人物品具有竞争性和排他性，那么公共物品自然就具有非竞争性和非排他性。非竞争性是指消费者对某一种公共物品的消费不影响其他人对该公共物品的消费，也就是说公共物品可以被许多人同时消费，它对某一人的供给并不会减少对其他人的供给；某人分享某公共物品的利益通常也不会减少其他人分享该公共物品的利益。如国防、道路、环境治理、电视广播等。

非排他性是指公共物品可以由任何消费者进行消费，其中，任何一个消费者都不会被排除在外。如公园里的公共座椅，不会排斥任何人坐上去休息。某些公共物品虽然存在技术上排他的可能性，但是排他的成本非常昂贵以致从经济的角度出发不可行。

（2）公共物品的"搭便车"现象。由于公共物品具有非竞争性和非排他性的特点，因此，这也决定了在绝大多数的公共物品消费中会出现"搭便车"现象，即指某个人在没有进行购买的情况下消费某种物品。之所以产生"搭便车"现象，是因为如果一个人支付多少费用对他能消费的物品量没有影响，那么就会刺激这个人不为这种物品付费。简单来说，如果一个人不用购买就可以消费某种物品，那么他就不会去购买。如某人为了方便家里的老人在小河上修建了一座小桥，同村的其他人没有为此出资，但以后也可以从这座小桥上通过，这就是"搭便车"现象。需要注意的是，私人物品不购买就无法消费，所以不存在"搭便车"现象。

（3）公共物品的分类。公共物品分为纯公共物品和准公共物品。纯公共物品是具有完全非竞争性和完全非排他性的物品，如国防、治安等都是最典型的纯公共物品。纯公共物品的特点是：一般通过纳税间接购买而被动消费，消费时无法分割，只能由政府提供。

准公共物品是指具有有限非竞争性和有限非排他性的物品，并具有一定程度的拥挤性，即准公共物品消费时消费者人数增加到一定程度时，会出现拥挤而产生消费的竞争。准公共物品的特点是：可以部分间接购买，部分直接购买，消费时可以部分分割，政府和私人皆可提供。如教育、医疗卫生、收费公路等，都是典型的准公共物品。

（4）公共物品对资源配置的影响。公共物品的特点决定了其与私人物品的市场需求是完全不同的曲线表现，也正因为如此，公共物品才具备引起市场失灵的先决条件。

由于公共物品是所有消费者同时消费同一数量的商品，因此，公共物品的市场需求曲线并不是所有消费者沿需求量方向横向相加，而是在既定的数量下所有消费者愿意支付的价格才是合理的需求价格，即公共物品的市场需求曲线是由所有消费者需求曲线纵向相加而来。

这表明市场为一定数量的公共物品支付的货币量是市场上每个消费者为这些公共物品支付的货币量之和。

但是，公共物品的最优数量并没有实际意义。因为消费者并不清楚自己对公共物品的需求价格，或者清楚需求价格，但由于公共物品存在非竞争性和非排他性，所以更愿意"搭便车"，低报或隐瞒对公共物品的偏好。在这种情况下，无法知道每个消费者的需求曲线，消费者表明的需求曲线一般也低于实际水平，最终导致无法加总消费者的需求曲线，也不能求得公共物品的最优量。

4. 信息不对称引起的市场失灵

现实经济中出现信息不对称时，市场机制实现资源帕累托最优配置的功能必然会受到影响。

（1）信息不对称的含义。在完全竞争的市场中，生产者和消费者对影响其选择的相关经济变量都拥有充分的并且是完全相同的信息，这是信息对称的情况。但在现实的某项经济活动中，某一参与者往往比对方拥有更多的影响其决策的信息，这就是信息不对称现象。如求职者，比雇主拥有更多关于自身能力的信息，卖家比买家拥有更多有关商品的质量和价格的信息等。

（2）信息不对称对资源配置的影响。信息不对称的存在，必然影响经济活动参与者对真实的供给曲线和需求曲线的了解，从而影响资源的有效配置，进而导致市场失灵。各种信息不对称的表现形式可以归结为两大类，即逆向选择和道德风险。逆向选择是指由于卖方和买方之间信息不对称，市场机制会导致某些商品或服务的需求曲线向左下方弯曲，最终劣质商品或服务驱逐优质商品或服务，以致市场萎缩甚至消失。

道德风险是指由于信息不对称，市场的一方不能观察到另一方的行动，则另一方就可能采取不利于对方的行动。以保险市场为例，当某人购买保险后，或多或少不再像此前那样注意自己的生活方式，维护自己的身体健康，于是他发生健康问题的概率就会上升，保险公司赔付的可能性就会增加。如果当很多人都这样做的时候，保险公司就不得不提高保险费甚至拒绝出售保险，以避免亏损。但提高保险费会使一部分购买意愿较低的投保者退保，这时市场机制形成的保险服务数量就会偏离帕累托最优水平，最终导致市场失灵。道德风险不仅存在于保险市场，而且存在于一切可能出现信息不对称的商品或服务市场，如劳动力市场等。

需要注意的是，如果保险市场的信息是完全对称的，保险公司就可以只针对具有不良生活方式的投保者收取较高的保险费，对其他投保者仍然收取较低的保险费，这样就会有更多的投保者购买保险并获得相应的效用满足，保险公司也可以获得更多的利润。这就是一种帕累托改进的典型案例。

三、政府对市场失灵的干预

1. 干预垄断引起的市场失灵

为了限制和消除垄断，保护和促进竞争，提高资源配置的效率，政府一般会采取以下两种措施：一是通过法律手段来限制垄断和反对不正当竞争，如我国制定的《反不正当竞争法》和《反垄断法》等法律法规；二是对垄断行业进行公共管制，主要是对垄断行业的产品或服务的价格进行管制，如规定限价，或规定利润率等。

2. 干预外部性引起的市场失灵

消除外部性的传统方法包括使用税收和补贴、将相关企业合并从而使外部性内部化等手段，还可以采用明确和界定产权的手段。

（1）使用税收和补贴。对于产生外部不经济的企业，政府可以使用税收的手段。如向产生严重污染的企业征收排污税或排污费，这样就会使企业的私人成本等于社会成本。由于企业的生产成本增加，其产品价格就会提高，市场对企业产品的需求会得到抑制，进而使企业的生产收缩，最终引导资源转移到其他用途上或效率高的企业中去，使资源得到更为有效的利用。对于那些具有外部经济的企业，政府应给予财政补贴，使其私人收益等于社会收益。这样就可以鼓励企业增加产量，以实现资源的优化配置。

（2）合并相关企业。政府可以通过合并相关企业的方法使外部性得以"内部化"。如 A 企业是产生外部不经济的企业，B 企业是其受害者；或 A 企业是产生外部经济的企业，B 企业是其免费受益者。在上述两种情况下，如果把 A、B 两家企业合并，外部不经济或外部经济都会因此消失。

（3）明确和界定产权。很多外部性的产生都是由于产权不清晰导致的。如造纸厂向河流排放废水，对下游的养鱼场造成损失，是应当由造纸厂赔偿养鱼场，还是应当让养鱼场补偿造纸厂使其减少污染等。如果把河流的产权清晰地界定给其中任意一方，外部性就可能不会发生。

科斯定理认为：只要财产权是明确的，并且交易成本为零或很小，那么无论在开始时将财产权赋予谁，市场均衡的最终结果都是有效率的，能够实现资源配置的帕累托最优。一旦考虑交易成本，产权的初始界定对于经济运行的效率就会产生十分重要的作用。也就是说，不同的产权制度，会导致不同的资源配置效率。

在现实市场中，科斯定理所要求的前提往往是不存在的，财产产权常常不清晰，交易成本也不可能为零，有时甚至是比较大的。因此，依靠市场机制矫正外部性仍然有一定困难。科斯定理只是提供了一种通过市场机制解决外部性问题的思路和方法。

3. 干预公共物品引起的市场失灵

为了解决干预公共物品引起的市场失灵，政府可以提供适当水平的公共物品，且应该承担主要提供者的职责，如国防、治安、消防和公共卫生。

4. 干预信息不对称引起的市场失灵

为了解决因信息不对称所造成的市场失灵，政府应该对许多商品说明、质量标准和广告做出具体的法律规定。除此以外，政府还可以通过各种方式为消费者提供信息服务，最大限度地消除信息不对称的情况。

第六章　成本管理

成本包括总成本和单位成本。总成本是指为获取一定种类和一定数量的商品所需要付出的费用总和。本章主要从成本概念、短期成本、长期成本、成本函数以及利润最大化等几个方面进行详细的研究探讨。

第一节　成本的概念

一、成本的定义

简单说来，成本是为了获得某一商品所需要支付的费用。单位成本是指为获取一个单位的商品所需支付的费用。

生产性成本是由生产要素上耗费的物化劳动 C 与生产者必要劳动 V 所组成；而流转性成本，主要是指在商业企业中，购入商品的原价加上流通费，它只有 C，没有 V。

因此，成本和价值是不同的，价值由 C、V、M（剩余劳动价值）三部分组成，而成本只由 C、V 组成。许多生产同一商品的企业，所耗费的 C+V 不同，即便是同一企业生产同一商品，其不同时期所耗费的 C+V 也各不相同。

在市场经济条件下，所有企业都要加强经济核算，以提高经济效益。成本就是加强经济核算的一个关键指标。以工业企业为例，企业生产商品的价值主要包括以下三个方面的内容：

1. 劳动资料和劳动对象的损耗转移价值 C。

2. 活劳动耗费所创造的价值之中，用工资形式补偿给工人的劳动报酬，就是必要劳动创造的价值 V。

3. 活劳动耗费所创造的价值之中，用来满足社会需求的部分，就是剩余劳动创造的价值 M。

在商品价值中活劳动创造价值 V、劳动资料和劳动对象的损耗转移价值 C 共同构成了商品的生产成本，它是企业在产品生产过程中所耗费的人力、物力和财力的货币体现，这种货币体现就是企业的生产费用。生产费用根据一定的成本计算对象来进行归集，就形成了该种对象的成本。

二、成本的意义

成本所具有的经济内涵决定了成本计算在经济管理工作中有着非常重要的意义。

1. 成本是补偿生产耗费的尺度

为了确保企业再生产的不断进行，一定要对生产耗费进行补偿。企业在生产产品过程中所发生的各种耗费是通过其本身的经营成果，也就是营业收入来弥补的，而成本则是衡量这一补偿份额的尺度。企业在生产经营的过程中，只有靠经营收入来弥补生产耗费后，才能维持原有的资金周转。反之，企业的收入在不能弥补生产耗费的状况下，就会使企业的再生产不能按照原有的生产规模来进行。由此可见，成本作为补偿生产耗费的尺度，对企业的生产经营活动具有举足轻重的影响。

2. 成本是决定产品价格的基础

在市场经济条件下，企业在制定产品价格的时候，应该遵循价值规律的基本要求。产品的价格是由市场供求关系来决定的。然而在实际经济生活中，产品价格是不能够直接计算的，于是，我们只有通过成本来间接地掌握产品的价值。对于一家企业来讲，产品价格的高低，将直接影响其盈利的多少。而且成本的高低情况，也直接影响企业产品在市场上的竞争力。在产品质与量都相当的情况下，成本低的产品在市场上将会处于有利的竞争位置。

3. 成本是企业进行生产经营决策的重要依据

企业是否能够提供经济效益，是否能够在激烈的市场竞争中成为常胜将军，在很大程度上依赖于企业经营决策者的正确决策。企业在进行生产决策时需要考虑的因素有很多，其中一个非常重要的因素就是成本因素。因为在其他决策条件相同的状况下，成本高低将直接影响一家企业盈利的多少，也影响企业的竞争力。

三、成本的分类

（一）营业成本

营业成本是指企业为生产产品、提供劳务等发生的可归属于产品成本、劳务成本等的费用，应当在确认销售商品收入、提供劳务收入等时，将已销售商品、已提供劳务的成本等计入当期损益。营业成本包括主营业务成本和其他业务成本。

1. 主营业务成本

主营业务成本是指企业确认销售商品、提供劳务等经常性活动所发生的成本。企业一般在确认销售商品、提供劳务等主营业务收入时，或在月末，将已销售商品、已提供劳务的成本转入主营业务成本。

企业应设置"主营业务成本"账户，按主营业务的种类进行明细核算，核算主营业务成本的确认和结转情况。企业核算因销售商品、提供劳务或让渡资产使用权等日常活动而发生的实际成本，即结转主营业务成本时，借记"主营业务成本"账户，贷记"库存商品／劳务成本"账户；期末，应将"主营业务成本"账户余额结转入"本年利润"账户，即借记"本年利润"账户，贷记"主营业务成本"账户。

2. 其他业务成本

其他业务成本是指企业确认的除主营业务活动以外的其他经营活动所发生的支出，包括销售材料的成本、出租固定资产的折旧额、出租无形资产的摊销额、出租包装物的成本和摊销额、成本模式下投资性房地产计提的摊销额或折旧额等。企业应通过"其他业务成本"账户核算其他业务成本的确认和结转情况。企业发生其他业务成本时，借记"其他业务成本"账户，贷记"原材料""累计折旧""累计摊销""周转材料"等账户；期末，应将"其他业务成本"账户余额结转入"本年利润"账户，即借记"本年利润"账户，贷记"其他业务成本"账户。

（二）税金及附加

税金及附加是指企业经营活动（包括主营业务收入和其他业务收入）应负担的相关税费，包括消费税、城市维护建设税、房产税、印花税、土地使用税、车船税、资源税和教育费附加等。企业应通过"税金及附加"账户核算企业日常经营活动相关税费的发生和结转情况。企业按规定计算确定的消费税、城市维护建设税、房产税、印花税、土地使用税、车船税、资源税和教育费附加等税费，借记"税金及附加"账户，贷记"应交税费"账户。期末，应将"税金及附加"账户余额结转入"本年利润"账户，借记"本年利润"账户，贷记"税金及附加"账户。

（三）期间费用

1. 期间费用概述

期间费用是指企业日常活动发生的不能计入特定核算对象的成本，而应计入发生当期损益的费用。期间费用包括销售费用、管理费用和财务费用。

2. 期间费用的账务处理

（1）销售费用

销售费用是指企业在销售商品和材料、提供劳务过程中发生的各项费用，包括：保险费、包装费、展览费和广告费、商品维修费、预计产品质量保证损失、运输费、装卸费等；为销售本企业商品而专设的销售机构（含销售网点、售后服务网点等）的职工薪酬、业务费、折旧费等经营费用；企业发生的与专设销售机构相关的固定资产修理费用等后续支出，应在发生时计入销售费用。销售费用是与企业销售商品有关的费用，但不包括销售商品本身的成本和劳务成本。企业应通过"销售费用"账户核算销售费用的发生和结转情况。该账户的借方登记企业所发生的各项销售费用，贷方登记期末结转入本年利润的销售费用，结转后该账户应无余额。该账户应按销售费用的费用项目进行明细核算。

（2）管理费用

管理费用是指企业为组织和管理生产经营活动而发生的各种管理费用。管理费用具体包括：企业在筹建期间发生的开办费；董事会和行政管理部门在企业的经营管理中发生的，以及应由企业统一负担的公司经费（包括行政管理部门职工工资及福利费、物料消耗、低值易耗品摊销、办公费和差旅费等）；行政管理部门负担的工会经费、董事会费（包括董事会成员津贴、会议费和差旅费等）、聘请中介机构费、咨询费（含顾问费）、诉讼费、业务招待费、技术转让费、矿产资源补偿费、研究费用、排污费等。企业生产车间（部门）和行政管理部门等发生的固定资产修理费用等后续支出，应在发生时计入管理费用。企业应通过"管理费用"账户核算管理费用的发生和结转情况。该账户的借方登记企业发生的各项管理费用，贷方登记期末转入本年利润的管理费用，结转后该账户应无余额。该账户应按管理费用的费用项目进行明细核算。

（3）财务费用

财务费用是指企业为筹集生产经营所需资金等而发生的筹资费用。财务费用具体包括：利息支出（减利息收入）；汇兑损益以及相关的手续费；企业发生或收到的现金折扣等。应该注意的是，长期借款和应付债券计算确定的利息费用计入有关成本、费用的原则。企业应通过"财务费用"账户核算财务费用的发生和结转情况。该账户的借方登记企业发生的各项财务费用，贷方登记期末结转入本年利润的财务费用，结转后该账户应无余额。该账户应按财务费用的费用项目进行明细核算。

第二节　短期成本

成本函数表示技术水平和要素价格不变的条件下一定时期内成本与产出之间的关系。成本函数与生产函数一起，制约和决定着厂商的生产决策与生产收益。我们首先分析短期成本函数。

总成本是厂商在一定时期内生产一定数量产品的全部成本。它由固定成本（FC）和可变成本之和构成。固定成本是一个常数，与产量的变化无关。

1.平均固定成本曲线

平均固定成本曲线（AFC 曲线），它是一条向两轴渐近的双曲线。产量极小时，曲线趋近于纵轴，随着产量的增加，AFC 不断降低并越来越趋近于零（趋近于横轴），但由于 FC 不为 0，因而产量再大，AFC 也不会等于零。

2.边际成本与总成本曲线

与边际产量递增部分相对应的是边际成本曲线递减，与边际产量递减部分相对应的是边际成本曲线递增。因为增加一单位的投入（成本）所带来的边际产量多了总是会使（增加一单位的产量所带来的）边际成本下降，反之亦然。边际成本是总成本曲线的斜率。

TC 曲线斜率递减，说明边际成本递减；TC 曲线的拐点 N，斜率最小，即边际成本最小；在 N 点以后，斜率递增，说明边际成本递增。对于既定规模的企业来说，超过一定产量后，由于边际产出递减会越来越严重，从而增加一单位产量所发生的增量成本会越来越大。

3.平均可变成本与可变成本曲线

VC 曲线上任一点到原点的连线的斜率便是该产量水平的平均可变成本。这种斜率先减小，后增大。产量为 Q2 时，VC 曲线到原点的连线的斜率最小，反映到 AVC 曲线上，这时的 AVC 最低。这是因为，产量很小时，固定成本不能充分发挥作用，这时增加可变成本（提高产量）会提高生产效率，平均产量上升，从而平均可变成本下降。但产量的增加超过一定点后，由于边际收益递减规律的作用，平均可变成本终究会上升。

4.平均成本与总成本曲线

平均成本曲线与总成本曲线的关系类似于平均可变成本与可变成本的关系。

5.各成本曲线的关系

（1）AC 曲线始终位于 AVC 曲线的上方，AC 的最低点（E）高于 AVC 的最低点（F）。当 AVC 达到极小并转为递增时，AC 仍处于递减阶段，所以 AC 的最低点处于 AVC 最低点的右上方。这是因为：AC=AVC+AFC，而 AFC 一直在递减，到了一定阶段，即使 AVC 开始上升，但由于 AFC 的下降幅度更大，所以 AC 仍下降。但 AFC 的下降越来越缓慢，赶不上 AVC 的上升幅度时，AC 也转入递增。AC 与 AVC 之间的垂直距离等于该产量水平上的 AFC 之值。随着产量的增加，AVC 与 AC 会越来越趋于接近，但永远不会相交或重叠。

（2）MC 曲线与 AC 曲线的关系是：MC 曲线位于 AC 曲线下方时，AC 曲线处于递减阶段，即若 MC<AC，则 AC 递减。MC 曲线位于 AC 曲线上方时，AC 曲线处于递增阶段，即若 MC>AC，则 AC 递增。MC 曲线在 AC 曲线的最低点（E 点）与 AC 曲线相交时，AC 为极小，即若 MC=AC，则 AC 为极小。

产生此结论的原因是：如果边际成本小于平均成本，那么每增加一个产品，单位平均成本就会比以前小一些，所以平均成本是下降的；反之，如果边际成本大于平均成本，那么，每增加一单位产品，单位平均成本就比以前大一些，所以平均成本是上升的。这样，就不可能发生边际成本大于平均成本而平均成本曲线反而下降，或者边际成本小于平均成本而平均成本曲线反而上升的情况。因此，边际成本曲线只能在平均成本曲线的最低点与之相交。

（3）MC 曲线与 AVC 曲线的关系：这种关系同 MC 曲线与 AC 曲线的关系非常类似，即若 MC<AVC，则 AVC 递减；若 MC>AVC，则 AVC 递增；若 MC=AVC，则 AVC 极小。AVC 曲线处于最低点时与 MC 曲线相交，其原因与 MC=AC（AC 为极小）的原因是一样的。

第三节 长期成本

一、长期成本曲线的形态

1.LTC 曲线

长期总成本曲线（LTC 曲线）。规模收益递增条件下的总成本上升较慢，规模收益递减条件下的总成本上升较快，而且在规模严重不经济条件下的总成本上升越来越快。

LTC 曲线为何通过原点呢？因为长期来看，不提供任何产量的话，企业就不进行任何生产，当然也不会有任何成本发生（长期中不存在固定成本）。

2.LAC 曲线

长期平均成本曲线（LAC 曲线），它的形态成因也在于生产经营规模变化（表现为产量变化）所导致的规模收益状况的变化。产量较小时扩大生产规模，会使规模经济优势更充分地发挥，规模收益递增，LAC 递减。反之，产量较大时扩大生产规模，会使规模不经济现象越来越严重，规模收益递减，LAC 递增。

3.LMC 曲线

任一产量水平的 LMC 是长期内可调整生产规模条件下的最低边际成本值，或者说，LMC 曲线是企业在长期中对于每一产量所能达到的最低边际成本的轨迹。LMC 曲线自下向上穿过 LAC 曲线的最低点。LMC 曲线也呈 U 形，简略起见，理论分析中常将 LMC 曲线画成上升形，而将下降段省去。

二、学习曲线

我们在前面对短期成本函数和长期成本函数的讨论中，都只是着眼于产量或规模的变化、调整对于成本的影响。应该说，这些因素的影响是十分重要的。但也必须看到，厂商的管理者和生产人员对生产经验的掌握和积累也会对成本的变化产生影响，而生产经验的积累及其对成本的影响体现为一个动态的过程。

1.学习对于成本的影响

学习对于成本的影响是通过学习对生产的影响而发生作用的。通过"学习"，生产效率得以提高，生产成本也就会降低。学习对于生产和成本的影响至少体现在以下诸方面：

（1）生产人员在起初从事某种产品的生产时，对生产工艺、生产过程及生产的相关知识还不够熟悉。随着更多生产的进行，对生产工艺、生产过程和生产的相关知识等越来越熟悉，因而在生产中表现得越来越熟练，单位产品所耗费的劳动时间递减。换言之，相同劳动时间所生产出来的产品数量递增，从而单位产品的平均成本递减，或同量产品生产花费的总成本递减。

（2）管理人员对生产的组织、对生产各环节的协调等会越来越有效率。起初，这种管理可能还会有较多的疏漏，但"学习"会使管理工作逐渐成熟，从而使单位产品耗费的劳动时间缩短。

（3）产品设计人员在长期的设计过程中，对同类产品的优势和缺陷越来越了解，对市场需求越来越了解，从而对产品的改进设计越来越有效率，耗费的时间越来越短，设计出新品的频率越来越快。

（4）原材料供应厂商也会在学习中降低自己的生产经营成本，并将此成果传递给原材料的接受厂商。

由此可见，这里的"学习"指的是生产经营人员和管理人员对于生产经验和生产知识等的积累。上述情形也被概括为"干中学"或"边干边学"。

2. 学习曲线

上述的学习程度可用厂商或个人累积的产品产出量来代表，厂商或个人累积的产出量越大，说明生产"历史"持续时间越长，学习程度也就越高。将厂商或个人累积的产出量与单位产品耗费的劳动时间或单位产品的成本之间的函数关系描绘成的曲线就是学习曲线。可见，学习曲线实际上是一种特殊的成本曲线。

横轴代表厂商（或个人）的累积产出量，纵轴代表单位产品耗费的劳动时间。学习曲线表示，随着产出量的增加所体现的学习程度的提高，单位产品在生产中所耗费的劳动时间递减。在学习初期，学习效果和劳动时间的递减很明显，但学习达到一定程度后，学习效率的进一步提高变得越来越困难，学习效应递减，表现为单位产品在生产中耗费的劳动时间的减少和单位产品在生产中耗费的成本的下降变得更加缓慢。例如，刚担任打字员的人初期的打字速度的提高很明显，但越到后来，其打字速度的提高就越困难、越缓慢。

从生产的物质技术属性来看，无论学习程度如何提高，产品的生产总是要耗费一定时间的，总是会发生一定的成本开支的。所以，学习曲线的下降也总是有一定限度的，永远不会下降至零。

在一定阶段上，企业规模和生产规模的扩大会导致规模经济，降低生产的平均成本。生产规模的扩大当然也意味着产品生产"历史"过程的拉长，因而会发生学习效应，对于企业的原有人员尤其如此。但学习效应和规模经济效应的发生缘由和发生机制是不一样的，两种效应的发生时间却是可以交织的。这从前面的分析中可以看得出来。边干边学虽然会使得厂商的长期平均成本下降，却无法阻止一定阶段后由于规模不经济导致的 LAC 曲线的上升。

第四节　成本函数的估算

一、成本计算的意义

对购买过程、生产过程和销售过程中所发生的各种费用的支出，根据一定的对象（比如采购的材料、生产的产品和已销售的商品）来进行分配和归集，分别对该对象的总成本和单位成本进行计算的过程就是成本计算。成本计算具有以下几点重要意义。

1. 通过成本计算，不但可以正确确定各成本计算对象（采购的材料、生产的产品和已销售的商品）的实际成本，而且为进行货币计价、登记账簿、编制财务会计报告以及制定商品价格，都提供了很重要的依据。

2. 通过成本计算，不但可以为正确评价成本计划执行的实际成果提供依据，而且可以分析和考核成本升降的原因，挖掘节约劳动耗费的方法，为降低成本、费用提供重要的数据资料。

3. 通过成本计算，还可以及时、有效地控制和监督企业生产经营过程中的各种费用支出，为达到甚至超过预期的成本目标，提供很重要的数据资料。

4. 通过成本计算，还可以对成本进行预测，为规划下期成本目标和成本水平提供重要的数据资料。

总而言之，成本计算就是成本管理的基础所在。正确运用成本计算方法，对加强成本的管理、全面促进企业实行经济核算制、不断改进生产管理、争取最佳的经济效益，具有很重要的意义。

二、成本计算的原则

不同的企业因为其生产方式、组织形式和经营特点不同，成本计算方法也是不同的，不过成本计算所遵循的原则却是统一的。

1. 实际成本计价原则

实际成本计价原则包括两个方面的含义：一是对生产产品耗用的原材料、燃料、动力等费用都一定要根据实际成本计价；二是对完工产品成本的结转也需要按照实际成本进行计价。在实际工作中，由于成本计算方法的不同，平常的成本核算工作也许可采用计划成本核算，可是在最后计算结转产品成本时，一定要根据实际成本进行。成本计算须按实际成本进行体现的就是客观性原则。

2. 成本核算分期原则

企业的生产经营活动是持续不断地进行的，为了获取一定期间所生产产品的成本，就一定要将生产经营期划分为若干个相等的成本计算期。成本计算期应该与会计核算年度的分期是一致的，区分本期与上期、本期与下期、当月发生与当月负担的成本费用的界限，从时间上确定各个成本计算期的费用和产品成本的界限，保证成本计算的正确性，都是通过成本分期进行的。

3. 权责发生制原则

权责发生制是指以经济业务的发生，也就是以本会计期间发生的收入和费用，是否应该记入本期损益为标准。对本期收入与支出，在会计处理方法上有权责发生制和收付实现制两种。就拿成本会计来看，本期成本的确定是以权责发生制作为基础的，只要是由本期成本负担的费用，不论其是不是支付，都要记入本期成本；只要是不该由本期成本负担的费用，虽然在本期支付，也不应该记入本期成本。从成本角度来看，落实这一原则，主要是分清本期发生的费用是不是都由当期产品负担。

4. 划分资本性支出与收益性支出原则

资本性支出是表示某项支出的发生与取得本期收益无关，或者说不是单为取得本期收益而发生的支出，比如固定资产的购置支出。收益性支出是表示某项支出的发生是为了获得本期收益，也就是说支出只与本期收益有关，比如直接工资、在生产过程中原材料的消耗、制造费用以及期间费用都属于收益性支出。

构成资产的资本性支出都要在使用过程中才能逐渐转入成本费用。收益性支出计入当期产品成本或者作为期间费用单独核算，都由当期销售收入来补偿。区分这两种支出的目的，就是为了正确计算资产的价值和各期的产品成本、期间费用及损益。如果将资本性支出列作收益性支出，其结果一定是少计了资产价值，多计了当期成本费用；相反，则也许多计了资产价值，少计了当期成本费用。无论是哪种情况，都对正确计算产品成本不利。

5. 合法性原则

合法性原则是表示计入成本的费用都一定要符合国家的方针政策、法令、制度的规定。比如目前制度规定：购置和建造固定资产的支出，对外投资的支出，购入无形资产的支出，被没收的财物，各项罚款性质的支出，捐赠和赞助性质支出等都不能列入成本开支。假如出现违反规定的开支，一定要在纳税申报时给予调整，以保证成本指标的合法性。

6. 一致性原则

一致性原则是表示会计实体在各个会计期间所运用的符合会计准则的会计处理方法，一定要保持前后统一，不得随便更改。这一原则运用于成本会计，在核算上要求所采用的方法一定要前后统一，使每期的成本资料有一个统一的口径，前后一致，以便分析比较与考核。比如，耗用材料成本的计价方法、计提折旧的方法、辅助生产费用和制造费用分配的标准与方法、产品的计价方法、产成品成本的计算方法等，一定要保持前后统一。一致性原则并不是说成本核算方法固定不变，当以前的方法不能适应时，也可以采用新的方法来计算成本，但一定要在成本报表的附注中说明改变以前的方法的原因。

7. 重要性原则

重要性原则是指对成本有重要影响的项目和内容，把它当作重点单独设立项目进行核算与反映，要求准确无误，而对于那些次要的内容和项目则从简核算与合并反映。比如构成产品实体或主要成分的原材料、生产工人的工资都直接记入产品成本中"直接材料""直接人工"项目来单独进行反映；对于一般性耗用的数额不大的材料费用就记入制造费用或管理费用，在综合项目中合并反映，从而使成本指标达到最完美的成本效益和经济效益。

三、成本计算的内容和程序

在企业生产经营过程的每一个阶段中，费用的发生、成本的形成与生产经营过程总是密不可分的，所以，怎样准确无误地计算成本，应该取决于企业的生产特点和管理要求。然而，不管哪一种类型的企业，不管计算怎样的成本，在成本计算的基本内容、成本计算的一般程序和应遵守的基本原则等方面都有相同的地方。把这些相同的地方归纳起来，主要是以下五个方面的内容。

1. 确定成本计算对象

归集和分配费用的对象就是成本计算对象，或者说是费用的归属对象。进行成本计算，首先一定要确定费用归属对象，然后才能根据对象归集各种费用，计算各对象的成本。一般来讲，生产耗费的受益物应该当作成本归属的对象。比如，工业企业在购买过程中发生的各种费用是为了采购各种材料发生的，因此，应该把采购的各种材料当作成本计算对象，归集采购过程中发生的各种费用并计算各种材料的采购成本；生产过程中的各种费用是为了生产各种产品所发生的，所以，要把所生产的各种产品当作成本计算对象，归集产品生产过程发生的费用并计算各种产品的生产成本；销售过程中的各种费用是为销售各种商品所发生的，应该把已销售的各种产品当作成本计算对象，归集销售过程所发生的费用并计算各种已售商品的成本。

要指出的是，产品生产过程的各种成本计算对象并不全是这一过程的最终产品。根据各类企业的生产特点及管理要求，生产过程的成本计算对象也有可能是产品的品种、产品批别或生产步骤。假若是最终产品，也并非最终的每一种产品。比如，以经营作物为主的国有农场，一般来讲，各种作物产品应该作为成本计算对象。然而，根据农作物生产的特点以及国家对成本管理的要求，对主要的作物产品，应该作为主要核算对象归集费用，计算各种作物产品的成本；但对于其他一些次要的作物产品，却可以按照合并的作物产品组（或类）作为成本计算对象归集费用，计算各组（类）作物产品的成本。对于产品品种、规格繁多的某些工业企业来讲，也可以把产品的类别当作成本计算对象。总之，要根据企业的生产特点和管理要求来确定成本计算对象。

2. 确定成本计算期

什么是成本计算期？企业每隔一段时间就要计算一次成本，这其中的间隔时间就是成本计算期。

由于费用和成本是跟随生产经营过程的各个阶段发生和逐步积累而形成的，所以，从理论上来讲，成本计算期同产品的生产周期应该是相互一致的。但是真正在确定成本计算期的时候，还要考虑企业生产工艺的技术特点、生产组织的特点及分期考核经营成果的要求。比如，在工业企业中，对于大量、大批生产的企业，由于其接连不断地重复生产同一类产品，为了考核和计算每个月的经营成果，就确定成本计算期为一个月，也就是月尾计算各种产品成本。这样一来，成本计算期和会计期间就是一致的，和产品的生产周期是不一致的。按照单件组织生产的企业，需要等待产品制造竣工才能计算成本，因此，其成本计算期与产品的生产周期是一致的，和会计期间是不一致的。又比如，在农业企业中，由于农业具有自然生长周期较长、收获时间比较集中以及各种费用和农业用工不均衡等特点，于是农业企业的成本计算通常不是以"月"为成本计算期而是以"年"为成本计算期，年终结账之前才计算成本。

3. 确定成本项目

在前面介绍过，组成各种成本的费用，其经济用途是各不相同的。比如，组成材料采购成本的费用，有的是用在购买材料的货款上，有的则是用在支付种种采购过程中的运杂费上；组成产品成本的费用，有的直接用在产品生产上，有的则是用在管理和组织生产上。由此可见，只有一个总括的成本指标，往往是很难满足成本管理的需求的。这就要求将成本中的各种费用，按其经济用途分成许多成本项目，按照成本项目归集费用、计算成本。这样不但可以明确成本中各种费用用于哪些方面、应当由哪个部门负责控制和监督，以加强经济责任制，而且可以明确成本的构成，以方便分析、比较成本升降的具体原因和各种因素对成本升降的影响程度。所以，为了科学地进行成本计算，无论哪种企业，都应当正确无误地确定成本项目。

具体到某一家企业生产经营过程的某一个阶段，到底要设置哪些成本项目比较适当，这就要依照不同企业的生产特点、对成本管理的要求以及企业会计工作的水平来确定。对于那些在成本中所占比重不大，不能制定定额或费用预算、种类又较多的费用，一般可以将这些费用合并确定为一个成本项目予以反映和监督，以简化核算工作；对于那些在成本中所占比重较大、又制定有定额或费用预算，在管理上要求单独给予反映和监督的费用，应该单独确定成本项目来进行核算。本节仅以品种为成本计算对象来说明成本计算的基本原理。

4. 正确地归集和分配各种费用

成本计算的过程，实际上就是费用归集和分配的过程。为了能正确地归集和分配各种费用，做好成本计算工作，通常要做到如下三点。

（1）遵守国家规定的成本开支范围，划清费用的补偿界限

企业的经济活动各式各样，费用的支出也各不相同。不同的费用支出，其补偿的资金来源是有所不同的。比如，企业支付的职工医药费、临时困难补助等，应该由应付福利费

来开支；企业生产产品的费用支出应当由生产经营资金开支。所以，在企业的经济活动中，并不是所有的费用支出都可以计入成本。哪些费用支出可以计入成本，哪些费用支出不可以计入成本，国家都有统一的规定，这种规定就叫作成本开支范围。任何单位都一定要遵守国家关于成本开支范围的规定，不能乱计成本。只有与产品生产和销售有关、应该由生产经营资金补偿的费用支出，才可以计入成本；而与产品生产和商品销售无关的，要由特定的资金来源补偿的费用，不得计入成本。

（2）根据权责发生制原则，划清费用的受益期限

企业在成本计算期内发生的费用，不一定全部都计入本期产品成本，而且在本期完工的产品成本也不一定都是本期实际支出的费用。所以，应该根据权责发生制原则，采用待摊或者预提的方法来正确划分费用的归属期，正确确定各期成本应该负担的费用界限；凡是由本期成本负担的费用，不论其是不是支付，都应该全部计入本期成本；凡是不应该由本期成本负担的费用，即使已经支付，也不能计入本期成本。

（3）按受益原则，划清费用的受益对象

任何一种费用都只有具体划归到某一种具体成本计算对象时，才能形成该成本计算对象的成本。成本计算就是要具体计算各成本计算对象所要负担的费用。所以，在确定应由本期成本负担的费用之后，还一定要按成本对象正确地归集和分配各种费用。在会计实践中，各成本对象之间的费用界限，应根据受益原则来划分，也就是说发生的各种费用，要根据各个成本对象是不是受益和受益程度大小来负担，实现多益多摊、少益少摊、无益不摊的原则。

根据分配受益的原则，凡是能分清费用受益对象应由某一成本计算对象负担的费用，就应该直接计入该成本计算对象的有关成本项目；凡是不能分清费用受益对象，应该由两个或两个以上的成本计算对象共同负担的费用，就应该按照一定的分配标准分配计入各个成本计算对象。

5. 开设并登记费用、成本明细分类账户，编制成本计算表

计算各个成本计算对象的成本，就是通过成本明细分类账来完成的，所以，计算成本一定要为各个成本计算对象开设有关的成本计算明细分类账，账户内按照规定的成本项目设置专栏，将凭证中为各成本计算对象发生的所有费用，按其经济用途在各个成本明细分类账中进行分配和归集，借以计算各成本对象的成本。之后，根据各费用、成本明细分类账的有关成本资料，按照规定的成本项目，编制成本计算汇总表，全面反映各个成本对象总成本和单位成本。以工业企业为例，为了正确计算成本，要开设并登记有关"材料采购""生产成本"等明细分类账，进行有关的明细分类核算，并且编制材料采购成本计算表、主营业务成本计算表和产品生产成本计算表。

第五节 利润最大化原则

一、成本控制方法概述

成本控制方法是指完成成本控制任务和达到成本控制目的的手段。成本控制方法是多种多样的，不同的阶段、不同的问题，所采用的方法是不一样的。即使同一个阶段，对于不同的控制对象或出于不同的管理要求，其控制方法也不尽相同。例如，仅就事前控制来说，就有用于产量或销售问题的本量利分析法，有用于产品设计和产品改进的价值分析法，有解决产品结构问题的线性规划法，有用于材料采购控制的最佳批量法。因此，对于一个企业来说，具体选用什么方法，应视本单位的实际情况而定，必要时还可以自己设计出一个适合自己需要的特殊方法。

选择成本控制方法首先需要了解成本的特性与分类，通常可以从以下三个方面考虑：

1. 成本发生的变动性与固定性。变动成本随产量的变动而变化，固定成本则不受产量因素的影响。

2. 成本对产品的直接性和间接性。直接生产成本与产品生产直接相关，间接生产成本与产品生产相关性不明显。

3. 成本的可控性和不可控性。可控成本与不可控成本随时间条件的变化会发生相互转化。

对于变动成本如直接材料、直接人工，可采取按消耗定额和工时定额进行控制的方法。对于固定成本如固定制造费用，则可采取按计划或预算进行控制的方法。从成本控制的范围来讲，直接生产成本可将指标分解落实到生产班组、员工，间接生产成本则应分类将指标分解落实到有关职能部门及员工。从成本的可控性来讲，需按不同的责任层次、管理范围落实成本责任，使归口控制的成本对各责任单位来讲具有可控性，真正起到控制的作用。

实行成本控制的步骤为：制定并下达成本标准，作为控制的依据；发动员工积极参与成本标准的实现；根据成本标准审核成本开支，防止损失浪费的发生；计算脱离成本标准的差异，分析其发生原因，确定责任归属；修改成本标准，改进成本控制方法，使成本进一步降低。

实行成本控制要求企业各级管理人员重视成本控制工作，保持成本标准的先进合理性，建立健全经济责任制，明确权责划分和奖惩办法，树立全面经济核算观点，正确处理产量、质量和成本的关系。

二、成本控制的主要方法

1. 绝对成本控制法

绝对成本控制法是把成本支出控制在一个绝对金额中的一种成本控制方法。标准成本和预算控制是绝对成本控制的主要方法。

2. 相对成本控制法

相对成本控制法是指企业为了增加利润，要从产量、成本和收入三者的关系上来控制成本的方法。

实行这种成本控制，一方面可以了解企业在多大的销量下收入与成本可以达到平衡；另一方面可以知道当企业的销量达到多少时，企业的利润最高。所以，相对成本控制是一种更行之有效的方法，它不仅是基于实时实地的管理思想，更是从前瞻性的角度，服务于企业战略发展的管理来实现成本控制。

3. 全面成本控制法

全面成本控制法是指对企业生产经营所有过程中发生的全部成本、成本形成的全过程，企业内所有员工参与的成本控制。

企业应围绕财富最大化这一目标，根据自身的具体实际和特点，建立管理信息系统和成本控制模式，确定以成本控制方法、管理重点、组织结构、管理风格、奖罚办法等相结合的全面成本控制体系，实施目标管理与科学管理相结合的全面成本控制制度。

4. 定额法

定额法是以事先制定的产品定额成本为标准，在生产费用发生时，就及时提供实际发生的费用脱离定额耗费的差异额，让管理者及时采取措施，控制生产费用的发生额，并且根据定额和差异额计算产品实际成本的一种成本计算和控制的方法。

5. 本量利分析法

本量利分析法是在成本性态分析和变动成本法的基础上发展起来的，主要研究成本、销售数量、价格和利润之间数量关系的方法。它是企业进行预测、决策、计划和控制等经营活动的重要工具，也是管理会计的一项基础内容。

6. 成本企划法

成本企划法实质是成本的前馈控制，即先确定一定的方法和步骤，根据实际结果偏离目标值的情况和外部环境变化采取相应的对策，调整先前的方法和步骤，然后针对未来的必达目标，据此对目前的方法与步骤进行弹性调整，因而是一种先导性和预防性的控制方式。

7. 目标成本法

目标成本法是日本制造业创立的成本管理方法，是以给定的竞争价格为基础决定产品的成本，以保证实现预期的利润，即首先确定客户会为产品或服务所付的价款，然后再设计能够产生期望利润水平的产品、服务以及运营流程。

三、生产成本控制的方法

（一）生产成本控制的主要方法

1. 定额成本法

（1）劳动工时定额。职工生产单位时间内应完成的产品数量。

（2）物质消耗定额。物质消耗定额包括原材料消耗定额、能源消耗定额、工具消耗定额、保用品消耗定额。

（3）人员定额。人员定额包括单位作业时间内规定的从事作业人员。

（4）作业定额。作业定额包括生产作业计划期量、在制品、半成品期量。

2. 标准成本法

标准成本法是把生产过程开始之前的事前计划，生产过程进行的事中控制和生产过程完成之后的事后计算和分析有机结合起来的一种成本计算方法。有了标准成本，就可以把它作为事中控制和事后计算的基准。进一步分析差异的原因，为管理决策提供有用的差别成本信息。

标准成本法一般使用于产品品种较少的大批量生产企业，尤其是存货品种变动不大的企业，并且对企业的管理有很高的要求。而单件、小批和试制性生产企业因为要反复制定、修改标准成本，得不偿失，比较少采用。

标准成本要按照直接材料、直接人工和制造费用分别制定。每个项目都要确定标准数量和标准价格，再把它们的乘积作为该项目的标准成本。正常和即期的标准成本都应当制定得合理、恰当。太高的标准难以实现，高不可攀，适得其反，会挫伤员工的积极性；太低的标准为懒惰、低效率和浪费开了方便之门，影响了企业的效益。为了制定合适的标准，必须全厂各部门共同努力，技术部门与执行标准的员工共同确定数量标准，财会部门和有关部门共同确定价格标准，在企业经理领导下，各部门沟通、协商，共同制定出经过努力可以达到的标准成本。

3. 目标成本法

目标成本法是对产品进行利润计划和成本管理的方法。目标成本法的目的是研发及设计阶段设计好产品的成本，而不是试图在制造过程中降低成本。目标成本的公式如下所示：

目标成本 = 目标售价 – 目标利润

目标成本 = 预计销售收入 – 应交税金 – 目标利润

目标利润 = 预计销售收入 × 目标销售利润率

目标成本管理的核心在于目标成本的制定和目标成本的分解，产品各零件、部件的目标成本按价值分析方法获取。

4. 作业成本法

作业成本计算首先将企业所消耗的制造费用通过资源动因分配到作业，形成作业的成本，然后再将作业的成本通过作业成本动因分配到成本对象，形成成本对象的成本。通过这一过程，作业成本计算改进了传统的成本分配方法采用单一成本分配基础（如直接人工小时，机器小时等）的弱点，力图找到资源消耗与成本对象之间的因果关系，从而得到更加精确的产品成本。

5. 价值工程法

人们买商品，并非买物品"本身"，而是在买它的"机能""用途""作用"，也就是它的"价值"。怎样用最低的"成本"来达到产品需要的"机能"？这是价值工程法要考虑的核心问题。

（1）价值工程的四项原则：价值原则，所有的对象都有不经济、不合理的地方，都可以使成本更低。标准化原则，扩大标准件，减少专用件；减少自制件，扩大外购件；减少品种、规格、用料、用人。排除原则，去掉无用、多余、过量的功能、生产方式和组织方式。替代原则，在保持相同的性能和要求下，研究用不同的零件、不同的材料、不同的用人、地点、运输方式等。

（2）价值分析的内容：是什么；有什么用处；要达到什么质量功能；结构、形状可否改变；尺寸可否改变；公差或加工记号是否要求过分；可否改变设计，去掉无用零件；是否可改作标准件、通用件、外购件；能否合并或减少零件；有无更好的替代加工方法；有无更易加工的材料；有无更便宜的材料；有无可替代的新材料；有无减少加工、检验、装配的工具。

6. 减少浪费法

半成品堆积如山，生产线却停工待料；成品积压，客户却天天催货；放在旁边的是不需要做的，需要做的却不在旁边；一边交期紧急，一边返工返修不断；很容易买到的螺栓、螺母却保留一二年的用量；整批产品常常因为一两个零件而搁浅耽误；有人没事做，有事没人做。这些在企业里常见的现象，都是浪费。浪费就是不产生增加价值的加工、动作、方法、行为和计划。

在企业里浪费通常有以下几个方面：

（1）过量生产造成的浪费。只考虑本工序生产方便，不考虑下道特别是装配的实际需要；只考虑本工序的尽其所能，忽略了上下道工序间的平衡和配套；多劳多得造成生产者"提前和超额"；超出下道工序需要的数量；考虑员工工作安排生产以后要用的产品；计划失误、信息传递失误造成的浪费；害怕换模生产超出实际需要、以后需要的产品；强烈的本位主义，忽视计划的安排和调度。

（2）过剩的浪费。设计过剩；品质过剩；检查过剩；设备精度过剩；包装过剩。

（3）等待的浪费。分工过细的等待：工作分配找调度员，维修找机修工，检验找检验员，换模找调整工等；设备的等待：闲置、空余，时工时停，只停不开；物料的等待：仓库里、现场久放不用的材料、在制品；场地的等待：未能产生使用效果的空地、建筑物；时间的等待：上下道工序没有衔接造成的脱节；人员的等待：有事没人做，有人没事做。

（4）加工的浪费。负荷不足、经常空转的流水线；机床运转中过长、过高的行程；超过设计要求的加工精度；用大型精密设备加工普通零件；用高效率设备加工一般数量零件；超过产品本身价值的包装；建筑物过于保守的隐蔽工程、没有作用的装饰。

（5）搬运的浪费。中转环节过多；重复的放置、堆放、移动、整理；车间及设备平面布局不合理的往返运输；搬运工具不合理、搬运容器不合理；计划不周及不良品增多造成的搬运。

（6）库存的浪费。所有企业都在喊资金不足，原因也是共有的，全部变成了库存被"贮存"起来了。

（7）动作的浪费。

（8）产品缺陷的浪费。产品报废带来的损失；返工返修带来的人员工时的损失；材料的损失；额外检查的损失；设备占用的损失；可能造成降级降价的损失。

（二）在生产成本控制过程中应遵守两个基本原理

1. 控制成本发生的过程（过程控制方法 PDCA 循环）。

2. 持续地降低和保持，最终使成本降到尽可能低的水平。

（三）在生产成本控制过程中需要解决四个基本问题

1. 浪费源和提高成本因素是否得到识别和确定。

2. 如何消除或减少这些浪费源和提高成本因素。

3. 是否已经消除了这些浪费源和提高成本因素。

4. 已降低的成本水平是否得到持续控制和保持。

（四）四个核心控制方法

1. 成本管理的核心就是把成本降到尽可能低的水平并保持已降低的成本水平。

2. 降低和保持成本的核心就是控制提高成本因素。

3. 控制提高成本因素的核心就是全面、系统、充分、准确地识别、确定和提高成本因素（包括浪费和浪费源）。

4. 识别和确定提高成本因素的核心就是了解和掌握成本因素的发生过程和原因。

四、标准成本制度及其制定

标准成本制度是在泰罗的科学管理制度的影响下在美国产生的，随着该制度内容的不断发展和完善，逐渐被西方国家的企业广为采用，并成为企业日常成本管理中应用最为普遍和有效的一种成本控制制度。标准成本制度是针对实际成本计算系统不能提供成本控制确切信息的缺点而研究出来的一种成本控制制度，该制度是工业经济发展的产物，是支撑基于物质资本逻辑的工业经济发展的主要管理制度之一。

（一）标准成本制度概述

1. 标准成本制度的定义

标准成本制度是以根据健全的生产、工程、技术测定等科学方法制定的标准成本为基础，将实际发生的成本与标准成本进行比较，揭示和分析成本差异，并对成本差异进行账务处理的一种成本控制制度。标准成本制度是成本中心业绩评价的基础。

2. 标准成本制度的内容

标准成本制度的主要内容包括标准成本的制定、成本差异计算与分析、成本差异的账务处理三部分。其中，标准成本的制定属于成本的前馈控制，成本差异计算与分析属于成本的反馈控制，成本差异的账务处理则是成本的日常核算功能。因此，标准成本制度实现了对成本前馈控制、反馈控制及核算功能的有机结合。

3. 标准成本制度制定的步骤

（1）根据健全的生产、工程、技术测定等科学方法制定单位产品标准成本。

（2）根据每种产品的实际产量和单位标准成本计算每种产品的标准成本。

（3）汇总计算每种产品的实际成本。

（4）计算每种产品标准成本与实际成本的差异。

（5）分析每种产品差异产生的原因。

（6）对每种产品的标准成本及其差异进行账务处理。

（7）向每种产品成本的负责人及其领导提供成本报告。

4. 标准成本制度的作用

（1）有利于简化成本核算

在标准成本制度下，企业对各项成本差异单独设置账户进行归集，在期末一次性调整，从而大大简化了日常成本核算的工作。与此同时，由于标准成本和成本差异分别列示，企业日常的成本核算可以免受实际业务的干扰。

（2）有利于对各标准成本中心进行行业绩评价

标准成本制度将标准成本中心划分为不同的级别（制造业的级别是工厂、车间、工段、班组等），每一级别的标准成本中心都能揭示出标准成本差异，这样可以对每一级别的标准成本中心及其成员的业绩进行合理的评价与考核。

（3）有利于进行成本控制

由于根据科学方法制定的标准成本既剔除了过去存在的浪费和不合理支出，又考虑了未来发展趋势和应采取的措施，因此标准成本在作为事前成本控制主要手段的同时，也成为事中成本控制的主要依据。标准成本制度可以合理配置企业资源，促进企业成本优化目标的实现。

（4）有利于进行经营决策

一方面，体现了成本要素合理配置的标准成本，既可以作为确定产品价格的依据，又可以作为企业进行本量利分析的原始数据；另一方面，标准成本制度便于企业管理当局根据成本差异分析情况，做出采取新工艺、新操作、新技术的决策以控制成本。

（二）标准成本概述

1. 标准成本的制定

所谓标准成本，是依据体现企业已经达到的生产技术水平和有效经营管理的各生产流程的操作规范，利用健全的生产、工程、技术测定（包括时间及动作研究、统计分析、工程实验等方法）等科学方法确定的按照成本项目反映的应当发生的单位产品成本目标。

标准成本是用来评价实际成本、衡量工作效率的一种预计成本。一方面标准成本剔除了不应该发生的浪费和不合理支出；另一方面标准成本考虑了未来发展趋势和应采取的措施，因此标准成本能够体现企业的目标和要求。

标准成本一般是由会计部门会同采购部门、技术部门和其他相关的经营管理部门，在对企业生产经营的具体条件进行分析、研究和技术测定的基础上采用科学的方法共同制定的。

标准成本指单位产品的标准成本，亦称"价格标准"或"成本标准"，它是根据单位产品的标准消耗量和标准单价计算出来的。

标准成本 = 单位产品标准成本 – 单位产品标准消耗量 × 标准单价

2. 标准成本的种类

（1）理想标准成本

它是以现有技术、设备和经营管理达到最优状态为基础确定的最低水平的成本。理想标准成本制定的依据，是材料无浪费、设备无事故、产品无废品、工时全有效的最优生产条件和理想生产要素价格。其中，设备无事故是指理论上可能达到的设备利用程度，只扣除不可避免的机器修理、改换品种、调整设备等时间，而不考虑产品销售不佳、生产技术故障等造成的影响；工时全有效是指最熟练的工人在岗全力以赴地工作；理想生产要素价格是指原材料、劳动力等生产要素在计划期间最低的价格水平。

理想标准成本的主要用途在于提供一个完美无缺的目标以揭示实际成本下降的潜力，这意味着即使全体职工共同努力也常常无法达到理想标准成本，因此这种成本不宜作为现实考核的依据。

（2）正常标准成本

它是以正常的技术、设备和经营管理水平为基础，根据下期一般发生的生产要素消耗量、生产要素预计价格和预计的生产经营能力利用程度制定的标准成本。与理想标准成本相比，这种标准成本在制定时考虑了生产经营中一般难以避免的损耗和低效率。因此，正常标准成本大于理想标准成本，它是经过一定努力可以达到的成本，因而可以调动职工的积极性。正常标准成本的采用是有条件的，即国内外政治经济形势稳定、企业生产经营比较平稳。

在标准成本制度中，广泛使用正常标准成本。它具有以下特点：

1）客观性和科学性。正常标准成本是用科学方法根据客观实验和过去的实践经验充分研究后制定出来的，因此具有客观性和科学性。

2）现实性。正常标准成本排除了各种偶然性和意外情况，又保留了目前条件下难以避免的损失，代表正常情况下的消耗水平，因此具有现实性。

3）激励性。正常标准成本是应该发生的成本，可以作为评价业绩的尺度，成为督促职工努力争取的目标，因此具有激励性。

4）稳定性。正常标准成本可以在工艺技术水平和管理有效性水平变化不大时持续使用，不需要经常修订，因此具有稳定性。

（3）现实标准成本

现实标准成本是在正常标准成本基础上，根据现行期间最可能或应该发生的生产要素价格、生产经营效率和生产经营能力利用程度制定的标准成本。该成本是期望可以达到的标准成本，即它是一种经过努力可以达到的既先进又合理、切实可行且接近现实的成本。由于现实标准成本包含了企业在目前的生产经营条件下还不能避免的某些不应有的低效率、失误和过量的消耗，因此在数量上该成本大于正常标准成本。

在这三种标准成本中，理想标准成本小于正常标准成本，而正常标准成本又小于现实标准成本。由于现实标准成本是一种经过努力可以达到的既先进又合理、切实可行且接近现实的成本，因此该成本在实际工作中被广为采用。

（三）标准成本的制定

1.直接材料标准成本的制定

直接材料标准成本由直接材料用量标准和直接材料价格标准两个因素决定。

直接材料用量标准，是指企业在现有生产技术条件下，由产品设计部门、工艺技术部门和使用原材料的员工共同研究后确定的生产单位产品所需耗用的各种直接材料的数量，即材料的消耗定额。这一标准包括形成产品实体必不可少的材料消耗量，以及难以避免的各种损失。

直接材料用量标准一般根据企业产品的设计、生产、工艺及企业经营管理水平的现状，考虑成本优化（尤其是成本降低）的要求和材料在使用过程中发生的边角料等必要损耗，以产品的零部件为对象制定的各种原材料的消耗定额。

2.直接材料价格标准的制定

直接材料的价格标准，是指以采购合同价格为基础，预计未来的各种变动因素由会计部门、质量管理部门和采购部门共同协商确定的取得某种材料所应支付的单位价格，即标准单价。直接材料价格标准一般包括材料买价、运杂费和正常损耗等成本，是取得材料的完全成本。

3.直接人工标准成本的制定

直接人工标准成本由人工工时用量标准与直接人工价格标准两个因素决定。

（1）直接人工用量标准的制定

直接人工用量标准是单位产品的标准工时，是指在现有生产技术条件下，考虑提高劳动生产率的要求，按照产品的加工工序分别制定的单位产品所需用的标准工作时间。产品的加工工序时间一般包括产品加工必不可少的时间、上下工序停留时间、机器设备的清理停工时间、生产工人必要的工间休息时间、不可避免的废品所耗用的时间。单位产品耗用的各工序标准工时由工程技术部门和生产部门以作业研究和工时研究为基础参考有关的统计资料制定。

（2）直接人工价格标准的制定

直接人工价格标准是指由劳动工资部门根据用工情况制定的标准工资率。在不同的工资制度下，工资率标准的具体内容有一定的差异。

在计件工资制下，标准工资率就是单位产品所支付的生产工人计件工资单价除以产品工时标准；在计时工资制下，标准工资率就是单位工时标准工资率，它是由标准工资总额除以标准总工时来计算的，即：

标准工资率＝标准工资总额 ÷ 标准总工时

（3）直接人工标准成本的计算公式

单位产品直接人工标准成本＝人工工时用量标准 × 该产品标准工资率

4.制造费用标准成本的制定

制造费用的标准成本又称制造费用预算，需要按照部门分别编制，由制造费用的用量标准和制造费用的价格标准两个因素决定。某种产品制造费用的标准成本是将生产该产品的各个部门单位制造费用标准加以汇总而得。各部门制造费用标准成本由变动制造费用标准成本和固定制造费用标准成本两部分组成，两者在完全成本法和变动成本法下的各自处理是不同的。

（1）变动制造费用标准成本的制定

变动制造费用的用量标准通常采用单位产品直接人工工时标准，这一标准应该与变动制造费用保持良好的线性关系。变动制造费用的用量标准除了单位产品直接人工工时标准以外，还有机器工时或其他用量标准。

（2）固定制造费用标准成本的制定

在变动成本法下，固定制造费用属于期间成本，因此不计入产品成本。变动成本法下的固定制造费用不存在标准分配率问题，固定制造费用的控制通过预算管理来进行。

在完全成本法下，固定制造费用需要计入产品成本，并制定其标准成本。为了进行差异分析，固定制造费用的用量标准与变动制造费用的用量标准要保持一致。

（3）标准成本卡及单位标准成本的制定

单位产品的标准成本一般根据已经确定的直接材料、直接人工和制造费用的标准成本来确定。在通常情况下，每一种产品设置一张标准成本卡，单位产品标准成本的构成通过标准成本卡反映。标准成本卡为生产部门、会计部门、仓库等领用材料、分派人工、支出费用提供依据。

第六节 成本理论在企业决策中的应用

一、成本管理

1. 直接材料标准成本

直接材料标准成本由直接材料用量标准和直接材料价格标准两个因素决定。

（1）直接材料用量标准的制定

直接材料用量标准，是指企业在现有生产技术条件下，由产品设计部门、工艺技术部门和使用原材料的员工共同研究后确定的生产单位产品所需耗用的各种直接材料的数量，即材料的消耗定额。这一标准包括形成产品实体必不可少的材料消耗量，以及难以避免的各种损失。

直接材料用量标准一般根据企业产品的设计、生产、工艺及企业经营管理水平的现状，考虑成本优化（尤其是成本降低）的要求和材料在使用过程中发生的边角料等必要损耗，以产品的零部件为对象制定的各种原材料的消耗定额。

（2）直接材料价格标准的制定

直接材料的价格标准，是指以采购合同价格为基础，预计未来的各种变动因素由会计部门、质量管理部门和采购部门共同协商确定的取得某种材料所应支付的单位价格，即标准单价。直接材料价格标准一般包括材料买价、运杂费和正常损耗等成本，是取得材料的完全成本。

2. 直接人工标准成本

直接人工标准成本由人工工时用量标准与直接人工价格标准两个因素决定。

（1）直接人工用量标准的制定

直接人工用量标准是单位产品的标准工时，是指在现有生产技术条件下，考虑提高劳动生产率的要求，按照产品的加工工序分别制定的单位产品所需用的标准工作时间。产品的加工工序时间一般包括产品加工必不可少的时间、上下工序停留时间、机器设备的清理停工时间、生产工人必要的工间休息时间，不可避免的废品所耗用的时间。单位产品耗用的各工序标准工时由工程技术部门和生产部门以作业研究和工时研究为基础参考有关的统计资料制定。

（2）直接人工价格标准的制定

直接人工价格标准是指由劳动工资部门根据用工情况制定的标准工资率。在不同的工资制度下，工资率标准的具体内容有一定的差异。

在计件工资制下，标准工资率就是单位产品所支付的生产工人计件工资单价除以产品

工时标准；在计时工资制下，标准工资率就是单位工时标准工资率，它是由标准工资总额除以标准总工时来计算的，即

标准工资率 = 标准工资总额 ÷ 标准总工时

（3）直接人工标准成本的计算公式

单位产品直接人工标准成本 = 人工工时用量标准 × 该产品标准工资率

3. 制造费用标准成本

制造费用的标准成本又称制造费用预算，需要按照部门分别编制，由制造费用的用量标准和制造费用的价格标准两个因素决定。某种产品制造费用的标准成本是将生产该产品的各个部门单位制造费用标准加以汇总所得。各部门制造费用标准成本由变动制造费用标准成本和固定制造费用标准成本两部分组成，两者在完全成本法和变动成本法下的各自处理是不同的。

（1）变动制造费用标准成本的制定

变动制造费用的用量标准通常采用单位产品直接人工工时标准，这一标准应该与变动制造费用保持良好的线性关系。变动制造费用的用量标准除了单位产品直接人工工时标准以外，还有机器工时或其他用量标准。

（2）固定制造费用标准成本的制定

在变动成本法下，固定制造费用属于期间成本，因此不计入产品成本。变动成本法下的固定制造费用不存在标准分配率问题，固定制造费用的控制通过预算管理来进行。

在完全成本法下，固定制造费用需要计入产品成本，并制定其标准成本。为了进行差异分析，固定制造费用的用量标准与变动制造费用的用量标准要保持一致。

（3）标准成本卡及单位标准成本的制定

单位产品的标准成本一般根据已经确定的直接材料、直接人工和制造费用的标准成本来确定。在通常情况下，每一种产品设置一张标准成本卡，单位产品标准成本的构成通过标准成本卡反映。标准成本卡为生产部门、会计部门、仓库等领用材料、分派人工、支出费用提供依据。

二、成本理论应用

（一）成本性态与业务量的关系

1. 固定成本。企业的固定成本包括各种场地租用费、生产保险费、商业广告费、生产设备折损费等，它们不会随着生产业务量的上涨而发生变化。但固定成本的单位成本，会随业务量的增长而下降。固定成本主要包含企业生产的一次结算因素，即这些成本不会在企业生产过程中持续地耗费资金。在企业生产产品销售总额逐渐增多的过程中，企业固定成本中的单位成本会呈现下降趋势。因此固定成本指的是整体成本的固定，并没有加入任何的对比对象。固定成本包含酌量性固定成本、约束性固定成本两种。管理者的决策能够

使酌量性固定成本的资金总数发生变化，新品开发费用成本、商业广告费用成本、职工培训费用成本都属于酌量性固定成本。管理者的决策无法改变约束性固定成本的资金总数，在管理者决策前约束性固定成本已经被确定。

2. 变动成本。企业的变动成本包括生产过程中的材料消耗、燃料消耗、动力消耗、支付的工人工资等，这些成本会随着生产业务量的上涨而逐渐增加。变动成本、业务量间存在广泛的线性关联，在一定的生产任务区间内，这种关联关系保持恒定状态。但若超出一定的生产任务区间，变动成本发生额可能呈非线性变动。从理论上说变动成本的单位成本，不会随着生产业务量的增减而发生变化，但在实际生产中却存在着微小的差别。

3. 混合成本。企业的混合成本指的是那些非固定成本、非变动成本的企业成本，混合成本会随着生产业务量的增减而发生一定程度的变化。但混合成本业务量之间并不存在固定的比例关系，大多数时候两者间会呈现曲线变化关系。混合成本根据自身变化程度的差异，可以分为半变动成本、半固定成本、延期变动成本。半变动成本同时包含变动成本、固定成本两方面内容。它与固定成本相同，只存在一个初始量、一个基数，而且其成本总数不会随着生产业务量的增减发生变化。但半变动成本生产的产品资金总额，会随着生产业务量的增长而增长。

半变动成本包含企业设备维护费用、设备修理费用、企业生产消耗的水电煤气与电话费用、其他服务费用，涵盖企业生产经营的方方面面。半固定成本又叫阶梯形混合成本，在一定的生产业务量区间内，半固定成本的成本总额与业务量存在着恒定的比例关系；但若超出一定的生产业务量区间，半固定成本的成本总额与业务量的比例关系会发生一系列的改变。半固定成本的成本总额与业务量，会呈现出另一种恒定的比例关系；在业务量逐渐下降的过程中，半固定成本的成本总额与业务量，又会回到原来的比例关系，半固定成本的成本总额呈曲线形的阶梯变化。延期变动成本指的是时间拖延所造成的单位成本改变，例如在正常工作时间的情况下，企业支付的单位时间职员工资会保持恒定；在超出日常工作时间以外的工作，企业需要根据新的工资标准支付职员额外的加班工资，或者增加员工的额外津贴。目前的企业成本大多为固定成本、变动成本，只有少部分企业成本为混合成本。混合成本需要运用回归分析法、账户分析法、技术测定法等方法，进行固定成本、变动成本的划分。

（二）企业成本性态分析的特征

通过运用回归分析法、账户分析法、技术测定法等，对企业成本、业务量间存在的关联进行分析，被称为成本性态分析法。目前企业成本可以简略分为固定成本、变动成本两部分，成本性态分析法存在着对象相对性、特性暂时性，各种特性间的转化性特征。

1. 相对性指的是企业成本在不同的对象对比中，存在不同的对比结果；同一成本对象在不同企业中，存在不同的性质与特征。在同种企业内部，也存在着不同的企业成本，具有不同的成本性质与特征。

2. 暂时性指的是单一企业成本对象在企业发展的不同时间，会呈现出不同的成本性质与特征。也就是说企业的成本和业务量间的关系函数，会随着企业生产量的增加而发生变化。企业成本在一定的企业生产量范围内，存在固定成本、变动成本的区别。若超出一定的生产业务量区间，企业的固定成本、变动成本会发生相应的转变。企业的固定成本、变动成本与业务量存在的线性关联，也在一定的生产业务量区间；若超出一定的生产业务量区间，这种线性关联也会不复存在。成本固定性、变动性的性质划分，是根据一定的生产业务量确定的，属于短期的性态特征。成本性态分析的短期化特征，表明其不能用作长期的成本性态指导信息。而企业长期的成本性态指导方针，需要企业不定时地对成本性态进行分析、测算，不定时更新企业成本与业务量存在的线性关联。

3. 企业成本的可转化性指的是在某些生产业务量节点，固定成本、变动成本能够进行交换与转化。这种转化的过程，也是企业成本和业务量间线性关联变化的过程。企业需要根据不同的业务节点，进行不同的成本性态分析。

（三）成本性态分析在企业财务管理中的应用

企业成本是企业生产不可回避的主要问题，生产成本的财务管理是企业控制消耗、提高经济效益的主要手段。同时企业成本也能考量企业产品品质的好坏，企业财务管理能够考量企业在成本控制方面的经验与取得的效果。企业成本包括固定成本、变动成本、混合成本等，而各种成本中又会划分出更加繁多而精细的成本。这些成本中的某些成本与业务量存在着线性关联，某些成本与业务量不存在线性关联的关系；某些成本随着业务量成本的上涨而增长，某些成本随着业务量成本的上涨而下降；某些成本可以通过企业财务管理予以控制，某些成本却不能通过企业财务管理进行控制。因此企业要根据不同的成本性质与特征，进行不同的成本性态分析。

成本性态分析的主要目的是降低企业成本，提高企业的利润收益。变动成本、固定成本是最容易进行成本性态分析的两种成本，也可以运用回归分析法、账户分析法、技术测定法等分析方法，先将混合成本分为固定成本、变动成本，再进行成本性态分析。企业财务管理中的成本性态分析，能够较好地控制企业总成本。

1. 在企业财务管理控制中的应用。在企业财务管理中，需要控制的成本为变动成本、固定成本。其中固定成本在一定的生产业务量区间内，不会随着业务量的增减而发生变化。但变动成本会随着业务量的增加而逐渐增长，所以控制产品的单位变动成本成为企业财务管理的主要任务。而变动成本的成本控制，需要减少产品的单位消耗，主要包括以下几方面内容：

首先需要通过科技的创新，提高单位时间的劳动产出率。劳动产出率的提高，一方面能够在单位时间内生产出更多的产品，有效降低产品的费用消耗；另一方面也能够减少单位时间内的工人劳动，从而降低工人的工资。劳动产出率的提高也会使产量增加，从而促进单位产品中的固定费用下降。同时劳动产出率的提高不仅需要依赖科技的改革创新，还要依赖企业专业的财务管理制度，包括生产任务的安排、生产岗位责任的分配、员工专业技能与素质的培养等。

其次需要对企业员工的人数、工种进行合理的分配与控制，既要保证企业生产活动的顺利进行，又要控制企业的生产成本。同时企业也要对员工出勤时间进行合理规定，以保证足够的出勤时间与生产量。同时还要实施激励性的工资标准、奖励标准，同时也要控制工资成本在企业总成本中所占的比例。

材料消耗是企业生产中常见的问题之一，运用财务管理制度减少材料消耗，也成为企业生产中需要解决的主要问题。材料消耗在企业成本中占据较大比例，而减少材料消耗能够节约大量的企业成本，也能够增加企业的财务收入。企业材料消耗一方面可以通过产品迭代科技改进而得到有效控制；另一方面也可以通过制订严格的材料消耗方案，对各种材料进行合理分配使用，从而减少材料消耗。

最后需要对原材料成本进行控制。原材料的成本是由科技发展程度、生产数量等因素决定的。科技发展的程度越高，材料的生产成本就会逐渐下降；产品的批量越大，原材料的生产成本也会逐渐降低。同时在原材料采购的过程中，企业可以与生产厂家进行交流，以降低采购成本；还可以先购买小批量的原材料进行生产，在原材料价格下降后，再进行大批量的采购。

2. 成本责任制在目标考核中的应用。企业财务管理过程中要制定严格的成本责任，对各个生产对象担负的责任进行分配。成本责任制的制定主要为明确各个责任部门的分工，不同的责任人员要处理好自身范围内的工作。在生产过程完成后，企业财务管理部门需要对责任部门的任务完成情况进行检查。通过分析不同责任部门存在的问题，寻找适当的方式解决问题。

成本责任制一方面需要控制企业的生产成本与消耗情况，另一方面也要提高企业的经济效益，保障企业的长远稳定发展。成本任务的制定需要根据不同部门的实际情况，制定能够完成的目标。同时又要在各个部门目标的前提下，制定出企业生产的总目标。目前企业的固定成本大多不会随着业务量的增加而发生改变，也不会随着生产的突发状况而发生改变，固定成本不能通过企业财务管理进行削减。固定成本属于不可控成本，但对于不同的企业而言，可控成本的对象也不同。

某些单位的不可控成本在其他企业中属于可控成本，某些单位的可控成本在其他企业中属于不可控成本。因此对于不可控成本的确定，要根据不同的对象进行不同分析。但同一企业中的不可控成本是确定的，因此企业财务管理部门需要对可控成本予以控制、对不可控成本予以记录。

（四）成本性态分析在企业财务管理应用中需要注意的问题

固定成本、变动成本是成本性态分析关注的主要成本，从理论上企业财务管理的固定成本、变动成本，能够解决企业成本中存在的所有问题。相比财务会计而言，企业财务管理存在着一系列的问题，主要包括以下几个方面：

1. 企业财务管理人员、企业管理者的专业素质与管理意识还有待提高。目前我国大多数企业没有成本分析、成本控制的意识，也没有安排专业成本性态分析人员进行成本管理。

2. 企业成本包括多方面内容，而各种成本的核算并不准确，因此企业总成本的核算也存在着众多疏漏。企业总成本的成本性态分析，需要运用专业的数据软件对企业成本进行逐一分析。但复杂的数据分析对电脑的要求较高，普通电脑不能完成日常的成本性态分析工作。

3. 企业成本、业务量间存在的线性关系不恒定，只有在一定的企业生产业务量范围内，这种线性关系才能保持恒定；一旦超出生产业务量范围，这种恒定关系就会发生改变。因此目前成本性态分析只适用于企业的短期成本，而不能对企业的长期成本进行分析。

成本性态分析在企业财务管理中的应用，能够对企业各项成本进行有效分析。企业可以通过生产科技改进、财务管理来控制可控成本，对那些不可控的成本进行合理分配。企业中的固定成本、变动成本会随着企业生产业务量的变化而发生一系列的变化。因此企业在产品生产过程中，要运用成本性态分析方法对固定成本、变动成本进行不定时的分析。企业固定成本、变动成本与业务量存在的线性关系，需要进行不定时的检测分析，这样才能保证所得线性关系的科学准确性。

第七章 企业管理的创新实践

许多管理学大师都对管理进行了不同方式的定义，但无论他们定义的方式和角度如何迥异，其对管理的基本认识都包括计划、组织、领导和控制四个主要方面。本章主要从企业管理的基础及创新两个大方向进行详细的研究探讨。

第一节 企业管理创新理论分析

所谓管理就是人们以计划、组织、领导和控制等基本活动作为手段，对所掌握的资源进行合理的利用和分配，从而达到组织目标的一个实践过程。为了进一步理解这一实践过程，首先应认识到管理是在一定的组织架构下实施和实现的，不存在没有组织的管理；其次，对组织进行管理的目的是为了实现组织目标，在实现组织目标的过程中，要做到充分地利用组织资源，实现组织资源的最大化利用；最后，在组织内进行管理的整个过程中要运用必要的手段，这些手段包括计划、组织、领导和控制四种。管理过程中的四种手段的运用并非完全孤立和程序化的，而是相互交叉的，同时这四种手段作为一个过程也是一个不断循环的过程。

一、管理观念创新

在管理实施过程中要跟随环境的变化做出新的计划，并依据计划组织资源实施，然后通过领导手段来引领组织资源配置，最后通过控制手段组织资源向组织目标流动，并通过对结果的反馈进一步对计划做出新的调整。在领导和控制过程中根据需要不断地对计划完善调整并进行相应的组织安排，同样，在计划和组织过程中也要做好计划制作的领导并对计划中的变量和方向进行一定的控制。我国著名管理专家周三多提出，除了以上四个职能外，管理还应有第五个重要职能——创新。创新的主要功能则是促使企业更为有效地持续运行、健康发展，创新职能更像是管理中一个动力之源，但只有与其他四个职能进行结合才具有其价值。结合关于上述四个要素的分析，再加上对创新职能的理解，管理的创新职能与其他四个职能紧密相连，在不同的时期，通过创新职能，管理的其他四个职能也会相应地随之变化。

企业的管理过程本质上是一个运用各种有效手段对各种内部可控资源进行有效的配

置，从而实现企业目标的过程。管理创新乃是对管理的一种创新，其着眼点有以下三个方面：管理思想的创新，资源配置、活动秩序和企业氛围的创新，控制手段的创新。管理思想的创新主要是对管理目标进行创新性的改进，从而使得整个管理得到创新。资源配置、活动秩序和企业氛围的创新，主要是指从硬件、软件分类的视角，来看待企业的管理创新。其中对资源配置的创新属于硬件创新；而针对活动秩序和企业氛围的创新为软件的创新。控制手段的创新，则主要是对四种基本手段进行创新以改进整个管理的流程，使得管理流程更加的高效。本书以前两个着眼点来进行探讨分析，因为控制手段的创新更类似于一种视角，而这个视角与思想观念、资源配置、活动秩序和企业氛围等内容密不可分，而学界对管理是否是控制已有很多反思和争论，这里不再单独讨论。

管理创新根据管理思想、企业战略、组织架构、企业文化、管控手段和企业制度等不同视角和创新切入点，构成了完整的管理创新体系。其中管理观念创新属于管理思想的创新，战略管理创新、组织机构创新、制度创新、产品及服务创新属于资源配置、活动秩序的创新，关系创新属于企业氛围创新的一个具体应用。

管理观念是整个企业管理过程中的灵魂，是对企业实施各种管理措施的基本指导思想。管理观念的确定是一个复杂的过程，它涉及对企业经营外部环境的把握、对企业所拥有的资源和能力的细致分析和对企业战略目标的确定，经过对各个方面的协调和整合最终确定企业的基本指导思想。企业的管理观念具有相对稳定性，一旦确定就不易改变。企业的管理观念和具体经营过程相互影响、相互促进。管理观念创新提出一种崭新的不同于以往的经营思路，这种经营思路既可对企业所有经营活动来说是新颖的，也可仅对某一企业经营活动来说是新颖的。只要这种经营思路被证明是切实可行的，那么这就是一种管理创新。

管理观念的创新是整个企业管理创新的出发点，是思想创新。现代企业经营管理过程中经营管理思想正在发生巨大的变化，由注重物的管理向注重人的管理方向转变，由注重有形资产的管理向注重无形资产的管理转变，由企业间的绝对竞争关系向企业间竞争与合作并存并逐步寻求共赢转变，所有的这些都体现出企业的管理思想在发生巨大而深刻的变动。这些企业管理思想的变动无疑极大地促进了企业经营管理效率的提高。所以，在企业进行管理创新的过程中，最重要的就是进行一场深刻的管理思想的创新，这需要不断地学习和探索，需要不断地对内自省并引进外来先进的管理人才和管理经验。人的一切活动均源于思想，管理思想、观念的创新居于整个管理创新的灵魂位置。

二、战略管理创新

战略管理对企业的生存和发展有着举足轻重的作用，它是企业进行管理创新的灵魂，因而也构成企业管理创新的一部分。企业在进行管理创新的过程中，应当把握好战略创新的节奏，着眼于全球竞争的大视角。企业进行战略的创新应当把握好自身的核心竞争力，通过不断地发展核心竞争力以适应外部环境的发展变化并力图引领变化潮流，从而实现企业的可持续发展。管理的创新是战略创新的微观层面的操作，为了实现企业的创新战略就必须不断改变企业的经营管理方式，通过管理的创新使企业以一种不同的方式运行，这充分说明了战略管理创新对企业创新的作用。

三、组织机构创新

组织机构创新即是通过创立一个崭新的组织或者对原有的组织架构进行整合得到一个更有效率的组织架构，这种新形成的组织能够在企业的目标实现过程中正常地运行并起到促进作用。在管理过程中，其对象是必然指向某一组织，因此，对于组织进行创新就成为进行管理创新的基础。在现代企业中，企业组织再也不是一个固定不变的工作单位，而是一个能够通过不断学习适应变化和促进变化的有机体。随着知识经济时代的到来，组织正在发生着十分深刻的变革，组织间的共享性和虚拟性正在逐步增强，组织之间正在构建一种超高共享性的网络，而管理层级的扁平化也促使人际关系更加平等。

在新型组织体系中，知识和专业技术更加占据重要影响地位，逐渐形成以技术和知识为基础的业务单元，这是组织的一大创新。业务单元的组织形式具有极强的适应性和工作弹性，因而能够产生诸多创意性的业务解决方案。同时，这种不同的组织状态需要企业在管理过程中采用与以往不同的方法进行管理，否则将会阻碍组织效能的发挥，可见正是组织机构的创新，影响着管理在不断地进步。企业在组织机构创新的过程中要特别注意结合内外环境，遵循组织运行的基本规律，组织运行的实际效果作为最为可靠的检验指标。为了能够成功地实现组织机构创新，企业一方面必须做到组织机构内部的决策分散化，即要根据市场的变化和企业自身经营状况，制定出有针对性的应对措施，另一方面要建立平行流程网络下的组织结构，这不仅有利于企业内部高效的信息传递和交流机制的建立，也能确保企业内部各部门之间的有效沟通，还能促进企业决策的高效传达和运行。

四、制度创新

制度的改变或创新即是设计一种新的管理方法或标准，这种管理方法或标准如果有效，就会给企业的整体管理或者部分管理带来最直接的影响，这即是一种管理创新。通过对企业的管理制度进行不断改进，企业的制度会不断促进企业的发展，企业的整个资源整合利用过程会更加合理，最终，整个企业运转会更加流畅。

五、产品及服务创新

产品及服务模式的管理创新主要包括生产、品牌、技术、工艺、营销及客户服务等方面的管理创新。主要是基于市场的变化，企业应主动调整生产的产品本身、产品的生产方式、产品的品牌定位与组合、产品的生产工艺、产品的销售方式、产品的售后服务等一系列的生产经营活动而进行的管理创新，其核心宗旨在于使持续整合、改良、优化的管理活动适应企业产品发展战略的需求，进而满足消费者需要，使企业创新价值实现最大化。

上述各个管理活动中，营销模式的管理创新尤为关键。这是因为，对于任何企业而言，其生存的关键首先来自市场，只有拥有广阔市场的企业才能不断发展，而一旦市场逐步萎缩，则导致企业岌岌可危。在营销的整个过程中，市场信息由一线销售人员向企业进行传播，信息传播的速度严重地影响着营销销售的质量和数量。所以，必须建立起网络化的信息传递模式，从而提高营销过程的信息传递和反馈速度。从另一方面讲，通过构建网络化的销售平台能改变过于传统的一对一的销售方式，从而减少企业的成本和负担，进而为企业带来额外的利润，提高企业竞争力。对于销售模式的管理创新，利用网络平台将是很重要的一个方面，但是销售的管理创新也不限于此。销售的管理创新应当注重采用一切可迅速传递信息的手段和方式，并拉近客户与企业的距离，以便客户的诉求能够在最短的时间内进入企业的供给规划之中。

六、关系创新

关系创新是在关系管理过程中提出一种新的方法或者对原有的方法进行合理的改进，使企业运行效率提高，员工关系更加和睦。这也是一种管理创新，它的效果在于通过人员关系的改变促进整个企业氛围的改善，从而增强整个企业的凝聚力。

七、管理创新的特点

无论是从管理的内涵出发，还是从企业经营中面临的各种情况来分析，都可以看到管理创新具有多个层面和多个维度。由于管理的多层次性和多维度性，管理创新显现出诸多的特点。一方面，管理创新是以现代法人治理结构为基础的。有限责任公司和股份有限公司是现代法人治理结构的两种主要表现形式，也是现代经济社会使用最广泛的两种企业制度，这种治理结构通过所有权和经营权的分离，有利于企业不断地进行管理上的创新和改进。法人治理结构的出现使得经理人市场迅速发展，经理人要提高自己在市场上的竞争力就要不断地进行管理上的创新，这不仅有利于企业效益的发展，同时有利于管理的不断创新。而作为股东，为了使自己的投资获得较高的回报率，也会敦促经理人不断进行管理创新以更加有效地利用资源，同时股东也会不时地进行相应的改革以促进公司的顺畅运营。

法人治理结构的建立要做到因地制宜，不可盲目照搬，这样才能够在具体的土壤中进行适合当地、当时文化和政策的管理创新。另外，企业的管理创新应当以现代化的管理流程为前提。我国改革开放过程中，首先做的就是实施现代企业制度，这标志着我国在企业管理中开始运用现代化的流程管理体系。流程化的管理体系促进了企业的组织运行效率，并为组织的不断创新提供了条件。流程管理本身就是在强调对企业资源进行计划、控制和指挥，突出企业管理的重点环节，明确企业发展的方向，强调统筹计划、指挥、控制，着力解决影响企业发展的障碍，在加强企业部门内部协作和决策沟通的基础上，实现企业经济利益和社会效益的最大化。这一过程本身就是一个企业管理不断创新的过程。再者，管理创新具有多个层次和多个目标。其首要目标是提高管理效率，提高整个企业资源配置的能力；其次在于完善组织内部各个成员之间的相互关系，使得组织内成员在一个稳定而平滑的环境中实施组织的计划；最后管理创新还要服务于组织的不断进步与自我完善，使组织更具凝聚力和创造力。

八、管理创新实施原则

管理创新是企业的一种资源整合创新，这种创新并非随机产生的，而是在企业全体员工思维的碰撞和摸索中产生的。所以，要实现企业管理创新是有规律可循的。在企业的管理创新过程中，要确立相应的原则作为整个创新过程的引导和约束，具体的创新过程不能超越原则的制约，否则将会导致管理创新走向歧路。这些具体的管理创新原则包括与市场变动相接轨、与本企业实际状况和发展阶段相契合和坚持以人为本的企业管理创新根本策略。

（一）紧随市场变动

企业进行管理创新的根本动力来自对不断变化的市场状况的适应，为此，企业管理创新就必须紧随市场变动的步伐。企业在创新过程中要紧紧把握市场的脉搏，完善市场竞争机制，及时掌握各种涉及本行业的信息和动态，据此做出相应的调整。这样不仅能够实现企业发展的目标，也能够走在行业的前列，提高经济效益。

（二）契合本企业状况

管理创新的根本目的在于提高本企业的管理水平，促进本企业效益的提高，所以企业管理创新不可尽用所谓的经典模式，应当对其做出适当的适合自我状况的改进。在管理创新过程中，要时刻把自我发展的阶段和实际状况作为出发点，只有把握这个出发点才能确定出合理的目标，制订合理的计划，而不是好高骛远、邯郸学步。

（三）坚持以人为本

在管理创新过程中，最重要的资源莫过于人，所以坚持以人为本具有非常重要的意义。这里所讲到的人不仅仅是高层管理者，还包括所有与企业经营相关的人员，包括一线的业务人员、工作人员和技术人员。因为他们能够更真切地了解到什么样的改进能够更好地促进企业运行的效率。同时，以人为本，尊重企业中的每一个人的观点和建议能够在无形中使得每个人将自己当作公司的一部分，尽心尽力地为改进公司运行中的不足献计献策，为企业管理创新提供思路和创意。

第二节　我国市场化改革中企业管理创新

我国的市场化改革是原有的计划经济向市场经济转变的过程，是各种资源配置逐步由市场机制主导的过程。在市场化条件下讨论企业管理的问题时，应当首先确切地理解市场化的内涵。

1.市场化改革中企业管理创新分析

对应上文所讨论的内容，管理创新在这个阶段是以创新观念为先导的。这个创新观念就体现在由政府导向转变为市场导向，正是在这个创新观念下，我国企业才渐进地在制度、文化、技术和组织架构上进行创新。

（1）从制度上来讲，现代企业制度的构建，才从根本上扭转了政府主导的企业经营管理局面。法人治理结构能更加有效地应对市场需求变化，部门的弹性化设置、工会作用的相应规范、各种激励手段的应用，都是企业经营效率和生存能力提高的表现。

（2）从文化上来讲，引入以西方企业管理理论为代表的现代企业管理制度的同时，也引入了西方企业竞争中求发展的企业文化，"铁饭碗"没有了，企业中的文化氛围由家庭伦理风格向工作伙伴风格转变。以前我国采掘、交通、电力、建筑、制造等五大行业合同制员工比例最高者不超过10%，而这个数据现在几乎都达到了67%以上。这对我们日常的组织管理带来了巨大的结构性冲击：以前的上下级交流是国家领导下的双向沟通，现在则更加强调事前沟通，工作时以效率为主；以前的激励手段主要是精神激励，更加依赖于员工的自觉，现在则是多种激励措施共同使用，尤其增加了许多经济激励手段。

（3）从管理技术的转变来讲，主要是西方一套较完整的实践体系和中国特有的现实环境相结合。从过程上来讲，这些管理技术包括国有企业推行的股份制、公司制改革等都是对西方市场经济国家的探索性、引入性和富有弹性的模仿和改进。

（4）从组织架构上讲，董事会、监事会的设置，国家机构的经营权的剥离，供销职能部门的强化，以及各种符合新时期需要的职能部门的建立，体现了我国企业在复杂多变的改革环境中的灵活性和应对能力，这对企业管理创新提供了有力的保障支撑。

2.市场化改革中企业管理创新存在的问题

我国企业在市场化改革中随着环境变化不断发展，但是在发展中却存在着许多较为普遍的问题。主要表现如下：

（1）代理经营导致的管理低效和决策短视

国有或国有控股企业中的领导一般都是通过行政任命产生，企业所有权通常不属于管理层；而纯粹的民营企业具体管理层也常常是代理经营。管理者的利益常常与其所管理企业的长期利益不具有相关性，这导致了很多企业的管理低效性和决策的短视行为。虽然现代企业借鉴西方股权激励等措施，促进管理者和所有者的利益一体化，来试图解决这个问题，但股权纠纷、辞职套现等新的问题又常常相伴而生，这让企业陷入进退维谷的境地。

（2）管理人才的管理素质和管理素养不高

在企业的发展过程中，很多企业特别是经营波动较大的企业对管理人员的管理素养重视不够。一方面，企业领导者认为如果花费较大的成本培训会导致管理人员技能和能力的提高，但当管理人员素质提高后会寻找更广阔的发展空间，从而选择跳槽。对于管理人员的跳槽，企业领导者觉得这一方面浪费了自己对其培养的投入，另一方面若管理人员跳入竞争企业的公司还会给自己增加一个强有力的竞争对手，上述顾虑使得企业领导者不愿花费成本培养管理人员。另外，管理人员如果通过自己的努力不断提高自己的管理能力，其结果也会使得管理者要求提高报酬，否则他也将会选择跳槽进入一个要求更高的企业获得应有的报酬。即使管理人员留在企业中，由于得不到应有的报酬，他依然会选择消极怠工而不是积极将自己的能力投入管理中。这种艰难的局面对于任何现代企业来说都是非常常见的，导致企业中管理人才缺乏，管理队伍整体素养不高，进而造成企业的管理效率和管理水平低下。

（3）组织机构设置繁杂、固化

很多企业管理机制设置得过于精细、繁杂。从纵向上来看，层级过多，从横向上来看，则是各个职能机构之间交叉现象严重，导致不能有效地发挥各个职能的工作效率并导致各个机构之间相互推诿扯皮，从而降低了企业的执行力。另外，过多的层级和职能细分，导致人浮于事，效率低下。在这种组织机构当中，很多具有真才实学的人不能够获得相应的职能和职位，发挥其应有价值，很多一线的员工也不能够发挥其创造力，这两者都导致企业的运营总是处于年复一年、日复一日的重复过程中而没有任何创新。

（4）创新能力和技术转化能力不足

许多企业只重视对先进技术买入，而不重视技术的研发，缺少孕育创新的土壤。创新的最根本的源泉不是来自高层的"拍脑袋"，而是来自对于一线问题的不断了解和思考。而在一线问题上，在职的一线员工和技术人员最有发言权，但是固化的管理结构使他们觉得自己人微言轻，甚至认为他们的建议可有可无，从而堵塞了创新的源泉。虽然很多企业与高校进行产研联合以促进技术研发，但是很多新生技术在实际的使用过程中有较大的不确定性，这导致管理层毅然决定放弃将技术转化为生产力，从而堵住了技术进入企业的渠道。

（5）战略管理规划不足

许多企业都是基于营利性进行经营，故而其视野非常窄。管理层缺乏对企业长期发展的规划，这在很大程度上导致了企业生命短暂。企业如果要获得长久的发展，就要深入进行市场的调查，充分了解消费者的需求。与此同时，不断地提高自己的经营效率和经营水平，从而在同行业中获得竞争力。在改革开放和国外企业不断入驻中国的背景下，很多企业也开始进行较长期的战略规划，但是其视角并非是跟随市场而动，而是根据自身特点和自身对利润、市场份额的需求进行规划。同行业中竞争者以占领最多的市场份额作为自己的经营目标，而由于创新水平极差导致同质性上升，各企业只能通过低成本占领进行经营，而这又进一步使利润摊薄、企业竞争力降低。

（6）缺乏创新的管理思想

在改革开放之前，我国市场尚未释放出强烈需求信号，统一计划的资源、产品分配方式使得在整个供需市场中是以供给为主导的。在这种情况下，企业尽可能多地提供标准化的产品，然后提供给消费者就可以获得利润。但是，整个市场的环境已经发生了显著的变化，供需关系的主动权已经落到需求者的手中。然而，长期形成的只重视生产环节的企业管理思维却难以跟随环境转变，企业领导依然采取原来的管理方式进行管理，这些导致管理创新不可能实现。

（7）缺乏真正的企业家精神

企业文化是企业一种独特的竞争力，同时也是一种独特的管理方式。在我国，大多数企业缺少一套完整的企业文化，或者说即使拥有一定的企业文化，但是这种企业文化往往不具有特点和代表性，更不能够有效地提高企业的凝聚力和持续发展能力。原因是多方面的，但是一个重要因素是企业领导者缺乏真正的企业家精神，缺乏在商海中征战的那种创新、拼搏、诚信、果敢、执着的价值观念。正是由于企业家精神的缺失，导致企业核心文化的缺失，进而很难形成完整的文化体系。这样就导致企业因循守旧，没有创新精神，管理创新之路更是举步维艰，企业家精神的缺失以及由此导致的企业文化的缺失严重阻碍了企业管理的创新，阻碍了企业的进一步发展。

第三节　新形势下企业经济管理的策略

一、新形势下企业经济管理概述

在企业的经营管理中，经济管理是一项尤为重要的管理活动，企业的发展离不开内部经济的有效管理。在当前的新形势下，虽然我国企业在经济管理方面积累了丰富的经验并取得了一些进展，但是在实际的经济管理过程中，依然存在着不足之处，企业必须要采取有效措施提高经济管理的水平和质量。新形势给企业带来了机遇和挑战，企业只有深刻理解经济管理创新的意义，认真分析当前经济管理中存在的问题，不断探讨经济管理创新，深化经济管理创新体制，才能获得长久的发展，才能在市场经济中立于不败之地。

1.企业进行经济管理创新的意义

企业进行任何经营活动的最终目的都是追求最大化的利润，用最低廉的成本谋求最大化的经济利润是企业面临的一项长远目标，在市场竞争日益激烈的新形势下，如果能够实现企业经济管理的创新，企业就能够促进最大化经济利益目标的实现。企业进行经济管理的创新，一方面能够保证资金的合理使用，提高资源的使用效率，另一方面能够降低企业的生产经营成本，实现企业利益的最大化。因此，企业经济管理的创新是在新形势下发展的必然要求，企业必须要认清楚经济正朝着知识化、市场化、信息化和全球化的方向发展，只有建立健全经济管理创新体制，企业才能更好地掌握市场信息，才能更好地应对各种新挑战。

2. 新形势下企业经济管理存在的问题

企业经济管理是企业在激烈的市场竞争中得以可持续发展的关键。随着我国经济体制改革的不断深入，我国企业虽然在经济管理方面取得了一些进展，但是仍存在诸多问题，值得大家更加深入地探讨。企业经济管理的创新是新形势下发展的必然要求，只有建立健全经济管理创新体制，企业才能更好地掌握市场信息，才能更好地应对各种新挑战。

（1）企业经济管理观念滞后

企业的经济管理观念直接影响着企业经济管理工作的开展，需要得到企业全体员工的重视。传统的企业经济管理观念更多的时候是将目光放在如何获得企业的最大收益上，新形势下企业经济管理的观念则需要以人为本、在实现可持续性发展战略目标的前提下推动企业经济效益的提高，从长远上增强企业的核心竞争力。

（2）企业经济管理组织结构松散，无法形成良好的战斗力

企业经济管理离不开专业的管理组织和管理人员，然而就目前情况来看，我国企业中经济管理组织机构还不够专业和完善，经济管理人员专业能力参差不齐，这些因素严重地制约了企业的经济管理与发展。

（3）企业经济管理制度不完善

虽然企业制定了相关的经济管理制度，但是在实际实行中却没有得到很好的应用，多是流于形式，没有发挥其应有的作用。面临当前的新形势，企业的发展速度远远超过制度的更新程度，这也导致了新形势下企业经济管理制度与企业实际经济水平不均衡，对企业经济发展中存在的一些问题无法进行有效的处理。

3. 新形势下创新企业经济管理的策略

（1）创新企业的经济管理思想

企业经济管理的创新首要的就是创新企业的经营管理思想。掌握了先进的管理思想，才能更好地引导企业及其成员进行创新活动。企业高层应当在企业内部营造一种积极向上的创新氛围，采取有效措施促使企业中所有员工或多数员工具有创新意识，并掌握创新能力。新形势下的竞争是非常激烈的，现代企业应当建立一种危机管理意识及战略管理机制。在制定战略机制的时候，管理者必须从纵观大局和统筹全局的角度来规划战略，避免顾此失彼的情况发生。同时，通过创新的管理思想的指导，企业运行机制得到了创新，那么就能很快适应当前的经济形势和格局，在激烈的市场竞争中占有一席之地。

（2）创新企业的经济管理制度

制度是企业经济管理的基础。企业经济管理创新的进程在很大程度上受企业经济管理

制度的制约，企业要想进行经济管理的创新，必须从根本上创新经济管理制度。所以，现代企业应该根据当前的经济形势并结合企业自身的发展方向，建立一种较为完善、切实可行的经营管理制度，为企业进行创新性活动打下坚实的基础，全面推动企业进行创新，确保企业稳定快速地发展。

首先，企业应该构建"以人为本"的人性化管理机制，为员工的个人发展提供良好的条件，例如，改善员工的薪资制度，建立相应的奖罚制度、绩效考核制度等。其次，对人力资源规划要给予高度的重视，并不断进行完善。最后，企业还需创建一种监督和决策机制。监督与决策机制的主要目的就是倡导民主，让企业的所有员工都参与进来，增强企业员工的归属感和忠诚度，让员工能够心甘情愿地为企业做事，使员工能体会到工作不单单是为企业赢得利润，更重要的是能为自己赢得利润。还要充分调动员工的工作热情和主动性，使整个企业都充满活力。

（3）创新企业经济管理组织模式

经济管理组织在企业的发展中有着重要的作用，有效的经济管理组织能够不断提高企业的经济和社会效益，落后的经济管理组织则会严重阻碍企业预期经济效益的实现。为了取得良好的经济效益和社会效益，必须创新企业的经济管理组织，为此，可以从以下几方面着手进行创新：第一，促进柔性化管理组织的建立，实现企业管理组织的多样化；第二，促进企业经济管理扁平化管理组织的建立。简化管理组织的层次，形成紧缩的组织结构，提高企业经济管理组织的效率，促进管理信息的传递和反馈；第三，促进虚拟化管理机制的建立。随着信息化技术的发展，企业要借助先进的信息技术对管理组织的结构进行合理规划，实现对管理信息和管理数据的整合，从而建立无形的管理机制。

综上，企业的经济管理对企业的发展尤为重要。创新是一个企业得以发展的基本动力，在当前形势下，进行企业经济管理方面的创新是企业获得更高竞争力的基本途径。企业要想保持良好的发展势头，保持自己的长足发展，必须要进行深入有效的经济管理创新，才能够从根本上提高企业管理水平，提升企业经济管理的效率与水平，促进企业的可持续发展。

二、新形势下企业经济管理的可持续发展

企业的发展目标是个历史演变过程，从传统的经济条件下追求产值最大化，到市场经济条件下追求利润最大化，再到现代经济条件下追求企业可持续发展，是个循序渐进的发展过程。对于任何一个企业来说，可持续发展都是其追求的目标。所谓企业可持续发展，是指企业在追求自我生存和永续发展的过程中，既要考虑企业经营目标的实现和提高企业市场地位，又要保持企业在已领先的竞争领域和未来扩张的经营环境中始终保持持续的盈利增长和能力的提高，保证企业在相当长的时间内长盛不衰。

（一）企业可持续发展概况

企业可持续发展的基本含义就是既考虑当前发展的需要，又要考虑未来发展的需要，不要以牺牲后代人的利益为代价来满足当代人的利益，作为一种全新的发展观，它是把对发展单纯地理解为经济增长的旧观念的否定，它在时间上体现了当前利益与未来利益的统一，在空间上体现了整体利益与局部利益的统一。它要求实现由数量增长向质量效能的转变，在经济增长方式上体现为粗放型向集约型转换。由满足当前发展成果的积累向注重持续发展，关注未来发展转变。

1. 概述

可持续发展是既要考虑当前发展的需要，又要考虑未来发展的需要，不能以牺牲后期的利益为代价，来换取现在的发展，满足现在利益。同时可持续发展也包括面对不可预期的环境震荡，而持续保持发展趋势的一种发展观。

企业可持续发展也获得国际上的共识，如全球报告举措，主要强调信息管理、投资者、顾客、拥护者、供方和员工不断地进行对话，连接企业离散和孤立职能的媒介——金融、市场、研究和开发，为供应链、规章的沟通及声誉和品牌管理可能产生纠纷的地区以及不可预计的机会提供了信标、持续发展能力报告，帮助管理者增强评估其对自然、人和社会资本贡献的能力，降低公开商业企业共享价格的可变性和不确定性，并降低其资本费用等。而且可持续发展报告能为企业提供新的机遇，并能提高企业的国际竞争力，是企业通向国际市场的通行证。

企业战略是企业如何运行的指导思想，它是对处于不断变化的竞争环境之中的企业的过去运行情况及未来运行情况的一种总体表述。

2. 可持续发展

可持续发展是随着人们对全球环境与发展问题的广泛讨论而提出的一个全新概念，是人们对传统发展模式进行长期深刻反思的结晶。布伦特兰夫人在世界环境与发展委员会的《我们共同的未来》中正式提出了可持续发展的概念，标志着可持续发展理论的产生。此时的研究重点是人类社会在经济增长的同时如何适应并满足生态环境的承载能力，以及人口、环境、生态和资源与经济的协调发展。其后，这一理论不断地被充实完善，形成了自己的研究内容和研究途径。

随着可持续发展理论的提出，人们对可持续发展的关注越来越密切，而且从环境领域渗透到各个领域中。而企业可持续发展理论的诞生比较晚，但发展相对迅速。随着社会环境的变化，企业面对变化很难适应，而且随着众多企业失败现象的出现，如何使企业保持目前发展状况，并使企业在末期中依然取得良好的发展势头，这越来越引起企业的重视。

3. 战略类型

企业可持续发展战略非常繁杂，但是众多理论都是从企业内部某一方面的特性来论述的。根据国内外研究者和实际工作者的总结，可以把企业区分为以下几种类型。

　　企业可持续发展战略主要有创新可持续发展战略、文化可持续发展战略、制度可持续发展战略、核心竞争力可持续发展战略、要素可持续发展战略。

　　（1）创新可持续发展战略

　　所谓创新可持续发展战略，即企业可持续发展的核心是创新。企业的核心问题是有效益。有效益不仅要有体制上的保证，而且必须不断创新。只有不断创新的企业，才能保证其效益的持续性，也即企业的可持续发展。

　　（2）文化可持续发展战略

　　所谓文化可持续发展战略，即企业发展的核心是企业文化。企业面对纷繁变化的内外部环境，企业发展是靠企业文化的主导。

　　（3）制度可持续发展战略

　　所谓制度可持续发展战略，是指企业获得可持续发展主要源于企业制度。

　　（4）核心竞争力可持续发展战略

　　企业核心竞争力是指企业区别于企业而具有本企业特性的相对竞争能力。而企业核心竞争力可持续发展战略是指企业可持续发展主要是培育企业核心竞争力。

　　（5）要素可持续发展战略

　　要素可持续发展战略认为企业发展取决于以下几种要素：人力、知识、信息、技术、领导、资金、营销。

　　4. 企业可持续发展与财务

　　产品和服务溢价能力、成长性、资产管理水平、资本收益、债务能力和品牌形象是企业可持续发展不可或缺的财务要素。在这些财务要素的推动下，只有把握好、控制好、配置和管理好企业的资源，才能实现企业可持续发展目标。

　　（1）公司溢价能力

　　当产品和服务有溢价能力时，公司发展才具有可持续性。可持续发展公司有着相同的经营特质：溢价能力高、市场占有率高和品牌知名度高。像可口可乐的差异性和沃尔玛的成本领先都是溢价能力的杰出代表。在销售成长中，持续稳定的销售毛利率是衡量公司溢价能力最典型的财务指标。

　　（2）公司成长性

　　成长性为公司溢价能力提升了话语权，为可持续发展增加了抵御风险的筹码。资产价值是公司经营规模及其多样性的财务表现。拥有亿万资产的公司也是从小到大发展起来的，经历过无数的经济周期和危机的洗礼，在风雨中成长，在沉沦起伏中把管理做得更加规范，把抵抗风险能力锤炼得更加坚强。经营规模小、投资机会少，抵御风险能力弱。经营规模大、收入来源多，可以减轻公司财务对经济周期的依赖性，度过经济萧条的严冬。资产增长为公司产品服务成长保驾护航，是产品服务增长的必要条件，不是充分条件。尽管资产增长不一定能够带来产品服务增长的可持续性，但如果没有资产增长，产品服务可持续增长就变得不可能。

营业收入可持续增长是公司竞争优势的财务表现。如果没有这次金融危机，某品牌电器的营业收入将呈现可持续的高速增长。在金融危机下，某品牌采取了积极的扩张战略，资产增长呈周期性波动，再现了某品牌电器产能扩张、消化、吸收和利用，避免产能过剩的经营谋略。资产周转率就是这方面的最好印证。净利润是公司投资的"再生能源"，是公司可持续成长的基础。净利润增长是净资产增长的内在动力，增发股票是外在力量。某品牌净利润增长始终保持在21%以上，即便是在金融危机时代，净利润增长也达到了38%，这是某品牌坚持技术质量取胜、走自主研发道路、不断推出新产品、通过创新提高公司核心竞争力的回报。

（3）资产管理水平

在评价流程管理效率方面，资产周转率是综合反映资产利用效率的财务指标，其他资金周转指标只不过反映了局部的资产使用效率。公司在追求高的存货周转率时，很可能导致低的应收账款周转率的出现。按下葫芦浮起瓢，各种资产组合效果最终要由资产周转率担当。在正常经营环境下，资产周转率的波动性是考验公司管理流程稳定性的财务指标。只有具有稳定的管理流程，公司发展才具有可持续性。

在无数小决策下，公司资源和能力才能得到充分挖掘和利用。在可持续性发展方面，小决策胜于大决策，树大招风。大决策容易被竞争对手识别和模仿，无数小决策及其组合拳是竞争对手难以模仿的，是买不走、学不会、偷不去的。沃尔玛资产周转率始终保持在4次以上，竞争对手顶多只有2次，沃尔玛的大决策昭然若揭，小决策鲜为人知，为沃尔玛可持续发展添砖加瓦。除了金融危机影响外，某品牌电器的资产周转率呈稳步上升的态势，显示某品牌资产管理水平在不断改善和稳步提高，具有可持续发展的特征。

（4）公司资本收益

高的净资产收益率为每股收益可持续上升提供了动力。净资产收益率是衡量公司为股东创造财富的指标。其缺点是没有将借入资本与股权资本同等看待，后果是高的净资产收益率可能隐藏着巨大的财务风险。净资产收益率与财务杠杆之间讳莫如深的关系，掩盖了公司真实的获利能力。打通债务资本与股权资本界限，消除资本结构对评价公司盈利能力的影响，要用到资本收益率。资产净利率把不需要付息的流动负债收入囊中。因流动负债的波动将直接触发资产净利率的波动，同样模糊了人们对公司盈利能力的评价。从融资角度来看，可持续发展表现为公司能够从资本市场上，不断地筹集发展所需要的资本，保持高的资本收益率是公司可持续融资的市场要求。

某品牌电器净资产收益率一直保持在比较高的水平上，呈波动性上升趋势。与净资产收益率相比，某品牌的资本收益率显得不是那么高。这主要是资本收益率消除了非经营性资产收益和财务杠杆效用，集中体现了公司核心资产的经营绩效。从家电行业的发展前景来看，10%以上的资本收益率不仅高于同期存贷利率，也高于同期GDP水平和资本成本，为某品牌经济增加值提供了安全保障。

（5）债务能力

在评价公司债务能力上，资产负债率因忽略无形资产（如品牌）的价值而存在缺陷。就可持续发展财务而言，处于相同的生命周期，同行业的公司资本结构都应具有相似性。只有这样，财务才不在可持续上给公司发展添乱。衡量公司债务能力比较到位的指标是已获利息倍数和市值资产负债率。债务能力与公司盈利及其稳定性藕断丝连，已获利息倍数实质上是与盈利相关的财务指标，通过盈利超过利息倍数表达公司债务能力，并通过提高倍数消除盈利波动性影响，维护公司可持续发展形象。市值资产负债率是市场对公司未来盈利预期的结果，隐含了公司无形资产的价值。市值资产负债率低，是资本市场基于公司未来发展对其偿债能力的强力支持，在可持续发展道路上，债务能力至少不会给公司经营添堵。

某品牌的资产负债率高达 75% 以上，这样的债务水平不可谓不高，市值资产负债率相对低很多。从某品牌历年的债务结构来看，长期负债很少，公司债务与银行少有瓜葛，这一点可从已获利息倍数看出。

流动比率不足之处在于没有将公司运营模式、成长阶段和行业特点表现出来。某品牌运营模式是自建营销渠道，与经销商建立长期战略同盟关系。资金调动大量采用商业票据，用票据抵押开出票据的手法，消除公司流动资金缺口。实现公司平稳经营。某品牌流动比率在 1 附近波动，速动资产占流动资产 50% 以上。从财务角度看，这是非常激进的流动资产管理模式。某品牌一直是这么做的，从过去到现在，没有出现不可持续的迹象。如果换个角度来思维，某品牌依靠品牌优势，大量占用了供应商和经销商的资金，一个愿打，一个愿挨。只要供应商不断补货，经销商不断预付款，流动比率比较低也不会影响公司正常经营。某品牌正是利用了商业信用优势，降低了融资成本，提高了公司盈利能力。

（6）品牌形象

溢价能力与品牌形象相关。品牌形象要么使公司处于市场领先地位，提升市场占有率。要么维持顾客对品牌的忠诚，让顾客支付高价钱，避免恶性价格竞争。品牌形象要靠广告媒介吆喝，要有营销渠道支持。在公司财务上，品牌形象可以通过销售费用与营业收入的比较来表达。将品牌形象从产品服务层面延伸至公司层面，要有可持续研发费用支持和营销战略投入。按照国际现行标准，研发费用与营业收入之比，持续低于 1%，企业生存可能面临问题，更不用说可持续发展了。研发费用是衡量企业竞争和发展潜力的指标，相关资料显示，欧、美、日企业研发费用一般占到销售收入的 4%~8%，高新技术企业甚至高达 15% 以上。财务上能够反映公司整体品牌形象的指标是托宾的 Q。托宾的 Q 是用来反映企业市场价值与重置资产账面价值关系的指标，投资者用来测量公司未来盈利潜力。只有托宾的 Q 大于 1 的增长时，公司投资才能为公司股东创造财富，这样的增长才是真实的，公司的发展才具有可持续性。

某品牌将销售费用与营业收入之比稳定在 10.43%~13.61%，建立了比较稳健的市场品牌营销战略，占据了空调市场第一的位置，为巩固市场话语权和保持持久竞争优势奠定了基础。由于某品牌电器没有公布研发费用，无从分析研发费用占营业收入的比重，但从无形资产与营业收入之比的趋势来看，随着销售收入的增长，无形资产也在不断增长，这验证了某品牌研发费用的投入。

某品牌电器能够从小到大、从弱到强地成长起来，其成长路线图本身就蕴藏着可持续发展的因子。稳定的销售毛利率和逐步提升的资产周转率是某品牌电器可持续发展比较鲜明的财务特征，也是公司配置资源的着力点。以史为鉴，就可持续发展财务而言，公司要以能够体现可持续发展属性的财务要素为突破口，管理好公司的资源。某品牌电器如此，沃尔玛也是如此。

（二）低碳经济下的企业可持续发展

随着全球气候问题日趋严峻，"发展低碳经济，向低碳社会转型"是国际社会为应对全球气候变化而做出的战略选择。在全球节能减排、实行低碳经济的大环境下，如何应对潜在的政策和商业风险，直至借此创造竞争优势成为企业高管目前面临的一大挑战。

1. 低碳经济下的企业可持续发展

由特许公认会计师公会和毕马威联合举办的"碳排放对企业及其财务管理的影响"持续发展圆桌会议在上海举行。

（1）"低碳"是企业在未来持续发展的保证

企业已经越来越清楚地意识到，如果不尽快采取包括低碳在内的可持续发展战略，它在未来所需付出的代价将高于今天为可持续发展战略所需投入的成本。随着全球有限资源的逐步消耗，企业正在或即将面临来自各利益相关方的压力，要求企业采取实际行动证明它们对其赖以生存的环境和社会负责。总之，可持续发展战略为企业能够顺利在当前环境下运营，并能在未来环境下持续生存与发展提供了保证。

（2）企业碳管理战略需要完善的财务管理支持

金蕾认为，越早行动的企业，越能尽早获得竞争优势。金蕾介绍，在碳经济时代，一个产品要附加上它的碳排放量成本，才是产品最终的成本，因此碳排放量的成本越低，产品自然越有竞争力。金蕾建议企业从三方面着手制定碳管理战略。"首先要了解企业目前的碳排放情况，明确管理方向，比如是以提高能效的方式还是以碳交易的形式来减排，如何平衡投入和收益。其次是碳排放量的管理，比如确定碳排放测量的界限以及重要排放来源。最后就是建立一个相对健全的报告系统。这三方面都需要企业完善的财务管理作为支持"。

（3）低碳经济下，财务专业人士起重要作用

周俊伟表示，在针对碳排放的企业结构转型的过程中，财务管理人员扮演着对内风险管理和整合数据，对外关注动态和通报信息的重要沟通枢纽角色。此外，"综合报告"目前正受到国际上的关注，被广泛认定为企业报告未来的发展趋势。它需要企业整合并披露所有影响公司未来财务业绩及公司风险评级活动的环境、社会、治理因素。财务人员作为

报告的撰写者势必要加深环境和社会对经济发展的影响，才能发挥更好的作用。周俊伟认为，财务专业人士在评估企业风险，保证碳排放数据的准确性和完整性，平衡成本与效益以及有效支持管理层决策等方面，必将发挥重要作用。

（4）低碳人才也将成为"抢手货"

周俊伟表示，实施可持续发展战略需要企业管理层和各级员工的通力合作。与此同时，根据产业及企业的个别情况而定，战略实施的不同阶段还需要某些特定的知识和技能。例如，在收集数据查明企业使用碳的过程中，需要结合企业所在行业的特性采取特定的计量方法。目前，具备相关技能的人才明显较为短缺。这意味着那些能够适应低碳经济发展、及时汲取相关经验和拓展技能的人才将成为新兴绿色经济体中抢手的人才。

（5）节能减排需要完整的系统支持

柳方说："如果整个市场都能有节能减排的意识，企业就能够通过工业化降低节能成本、提高效率。这不仅要靠公司的努力，更要有一整套的系统支持。有完善的政府参与，有完善的能源审计部门参与，这样的节能才是真正有效的。这需要一个过程，但首先我们要有决心和有信心做好节能减排的工作，而企业积极参与的动力之一，就是这确实能够转化为巨大的收益。"

2. 可持续发展战略的生态维度

可持续发展战略的提出在人类生态伦理观的发展史上具有重要的意义。可持续发展战略的生态维度不仅在于它完成了人类中心主义的生成与解构，而且在于它蕴含着协调、永续发展的生态思想。

面对当今世界全球性的生态危机，国际社会众说纷纭，纷纷提出了各自解决问题的答案。在众多的方案中，可持续发展战略因其思想的深刻性和解决问题的实践可操作性，颇为引人注目。不可否认，可持续发展战略已成为人类社会跨世纪发展的战略抉择。要坚持和落实这一战略，就必须重新审视人类中心主义，在思想观念上对人类重新定位，同时做到与自然相生共容、和谐发展。

（1）人类中心主义的生成与解构

过去生态伦理学中的人类中心主义，确实有着这样那样的局限性和缺点，但其中主要的局限性并不在于它主张以人类的道德关系作为它的对象，不在于它主张以人类为中心，而是因为它不能从人类的长远的、根本的、可持续发展的观点和视角来看待生态环境的问题，"而对自然中心主义也要采取辩证的态度，它在生态危机日益严重的情况下，提出环境保护和生态平衡，可谓切中要害，为人类谋福利。它强调动物的解放或权利，凸显出它并没有看到生态问题的症结之所在"。正如罗国杰所言，生态问题的症结不在于动物和植物有没有权利，而在于人类滥用自然、竭泽而渔的方式损害了文明持续发展的权利。不管是人类中心主义，还是非人类中心主义，无一不违背了恩格斯一百多年前对我们的告诫。我们必须时时记住我们统治自然界，决不像征服者统治异族人那样，决不像站在自然界之外的人似的。相反地，我们连同我们的肉、血和头脑都是属于自然界和存在于自然界之中的。我们对自然界的全部统治力量，就在于我们比其他一切生物强，能够认识和正确运用自然规律。

随着时代变迁而发展的人类中心主义，将人类从征服自然的信条下解放出来，这是一大历史性的进步。身处生态危机中的人类反思传统的自然观，经过了艰辛的探索，人类终于对人与自然的关系产生了全新的认识。在此基础上，人类形成了一种新的观点——可持续发展。毋庸置疑，正视现实，在人与自然的关系上，在人对自然的掠夺过程中没有谁是胜利者，人虽然暂时会取得一点胜利，但自然会加倍地报复人类。传统的自然观造成了人与自然的对立，并且以人类征服自然的合理性为最高形式，从而导致人与自然的双向异化，自然被人所分割，人类被自然所左右。因此，解救人类困境的钥匙在人类自身上，人类首先要从思想上转变认识，即把自然当成人类的朋友，建立起人与自然的协调发展的新型关系，寻求一个人与自然和谐同处的理想世界，从而消除人与自然的对立和冲突。人类必须对自然采取全新的态度，它必须建立在协调关系之上而不是征服关系之上，必须发展一种对自然的新态度，它的基础是同自然相协调，而不是征服。

（2）新生态伦理观

可持续发展战略的基本维度"可持续发展"是这样一种观念，即既要满足人的需要，又不能以破坏环境为代价；既要满足当代人的需要，又不损害后代人的长远利益。同时，它既强调现实的发展，也注重未来的发展。可持续发展是一种从环境和自然资源角度提出的关于人类长期发展的战略和模式，它不是一般意义上所指的一个发展进程要在时间上连续运行、不被中断，而是特别指出环境和自然的长期承载能力对发展进程的重要性以及发展对改善生活质量的重要性。"可持续发展的概念从理论上结束了长期以来把发展经济同保护环境与自然相互对立起来的错误观点，并明确指出了它们应当相互联系和互为因果的。人类的发展有赖于自然界的发展，自然界的发展也有赖于人类的发展，它所追求的是促进人类内部的和谐以及人与自然之间的和谐"。我们既可以把可持续发展伦理观看作当代生态伦理学的应用和实践，也可以把它看成是当代生态伦理学的发展。它的最大特点是融合了各个学派的基本点或共同点，把它实际应用到解决人类发展问题上。

我们必须对人与自然关系采取一种整体主义的立场，把人与自然看作相互依存、相互支持的整体，即共同体。可持续发展理论所强调的可持续性是建立在自然资源有限性的基础上的，或者说人与自然的和谐具体体现在人类发展的可持续性与自然资源的有限性和谐之上，这就构成了人与自然的共同体。

在构成现实世界的世间万物中，只有人才具有理性，具有从根本上改变环境的能力，能够破坏环境，也能改善环境，因此人有正当理由介入到自然中去。可持续发展伦理观认为，人类为了可持续地生存和发展，必须要更有理性地介入到自然中去，调整人与自然的关系，做到人与自然的和谐。应当看到，人类中心主义作为西方文化的主流观念在探讨当代环境问题根源和承认自然界价值以及主张人类必须承担保护自然的义务方面有过突出的建树，但它以人的利益为价值判断的传统观念并没有发生实质性的改变。我们也应当承认，非人类中心主义对于纠正人们长期以来习惯的人类利益高于一切、人类需要绝对合理的思维模式具有积极意义，但它忽视了人类文明的合理性，也没有看到人类调整自己行为的理性力量。可持续发展理论虽然也被看作从人类中心主义出发的发展模式，但可持续发展伦理观更强调人类可以有理性地约束自己的行为，去努力做到人与自然的和谐，所以它成为被全世界普遍接受的人类迈向新文明的一种现实选择。

3. 在处理人与自然的关系上，人与自然的关系相互作用

人是从自然中分化出来的，是具有自我意识的一部分。脱离自然界的人，同脱离人的自然界一样，都是空洞的抽象，现实、事物、感性都是人与自然相互作用的产物。自然与人应该是在平等的地位上，人类之所以能统治自然界，是因为我们能够认识和正确运用规律，而不是去奴役它。人作用于自然，自然也反作用于人。人依赖于自然而生存，自然为人类提供必要的生活资料和劳动资料。人通过劳动改变世界，同时也在改变人本身。恩格斯反对自然主义的历史观，他说，自然主义的历史观，如德雷帕和其他一些自然研究家或多或少持有的这种历史观是片面的，他认为只是自然界作用于人，只是自然条件到处决定人的历史发展，他忘记了人也反作用于自然界，改变自然界，为自己创造新的生存条件。同样，人类从自己的主观能动性出发作用和改造自然，自然也会给人以反作用。如果人类不遵循自然规律，任意破坏自然界的生态平衡，自然也会予以报复。

可持续发展伦理观认为，人和自然既有相互依存的工具价值，又具有各自独立的自身价值。自然对人的工具价值在于它的可利用性，人对自然是互为尺度的关系。衡量这种价值的尺度，既不在人与自然自身之内，也不在对方之内，而在于人与自然的共同体，这才是唯一的价值主体。由此可以明确人对自然的权利和义务。一方面人有权利利用自然，满足自身的需求，但这种需求必须以不改变自然的连续性为限度；另一方面，人又有义务在利用自然的同时向自然提供相应的补偿。"可持续发展理论强调，必须调整人对自然权利和义务的界限，以恢复自然的正常状态"，这就是可持续发展伦理观对生态伦理学的贡献。

由于现代科学技术的飞速发展，人类文明已经达到前所未有的高度。一方面，人类的这种空前强大的力量使得人们在人与自然的相互作用中显示出了对环境和资源的巨大支配力。但在另一方面，与这种支配力相伴而行的是对环境和资源的巨大破坏力。这种破坏力是如此强大，以至于在人类征服自然的过程中，在某些领域使环境的破坏成为不可逆转的，使某些资源成为不能再生的，使自然界本身自我修复、自我再生的能力有根本丧失的危险。在这生死存亡的历史关头，人们不能不重新审视人与自然的关系，改变观念和端正态度已成为历史发展的必然要求。这就是改变过去那种人与自然的对立斗争以及一味征服的旧观念，而代之以符合时代特点的新观念，建立人与自然之间和谐、统一的新关系，走可持续发展的道路。正是这一点构成了可持续发展战略的基本的生态伦理维度。

第八章　经济管理创新的微观视角

我们要懂得市场经济运行的基本原理，即供给和需求如何决定价格，价格的升降又如何决定稀缺资源的配置。本章基于消费者、生产者和市场的基本理论，从需求、供给的分析入手，讨论市场均衡价格的决定过程，辅以政府政策对市场均衡价格影响的研究，以此来对市场运行机制进行总体考察。

第一节　消费者、生产者与市场

从本质上来说，微观经济学是一门描述和解释微观经济现象的学科，它并不能提供任何现成的可以拿来就用的结论。以微观视角进行的经济管理研究，其研究的对象是单个经济单位的经济行为，主要包括单个消费者、单个生产者、单个市场，因此，微观视角下的经济管理创新研究，不仅为企业经营管理决策提供了许多有益的视角，也为企业提供了许多进行最优化决策的工具。

一、消费者理论

（一）消费者行为理论模型

1. 彼得模型

彼得模型俗称轮状模型图，是在消费者行为概念的基础上提出来的。它认为消费者行为、感知与认知行为和环境与营销策略之间是互动和互相作用的。彼得模型可以在一定程度感知与认知上解释消费者行为，帮助企业制定营销策略。消费者行为分析轮状模型图，包括感知与认知、行为、环境、营销策略四部分内容。感知与认知是指消费者对外部环境的事物与行为刺激可能产生的人心理上的两种反应，感知是人对直接作用于感觉器官（如眼睛、耳朵、鼻子、嘴、手指等）的客观事物的个别属性的反映，认知是人脑对外部环境做出反应的各种思想和知识结构；行为，即消费者在做什么；环境是指消费者的外部世界中各种自然的、社会的刺激因素的综合体，如政治环境、法律环境、文化环境、自然环境、人口环境等；营销策略指的是企业进行的一系列的营销活动，包括战略和营销组合的使用，消费者会采取一种什么样的购买行为，与企业的营销策略有密切的关系。感知与认知、行为、营销策略和环境四个因素有着本质的联系。

感知与认知是消费者的心理活动，心理活动在一定程度上会决定消费者的行为。通常来讲，有什么样的心理就会有什么样的行为。相对应地，消费者行为对感知也会产生重要影响。营销刺激和外在环境也是相互作用的。营销刺激会直接地形成外在环境的一部分，而外面的大环境也会对营销策略产生影响。感知与认知、行为与环境、营销策略是随着时间的推移不断地产生交互作用的。消费者的感知与认知对环境的把握是营销成功的基础，而企业的营销活动又可以改变消费者行为、消费者的感知与认知等。但不可否认，营销策略也会被其他因素所改变。

2. 霍金斯模型

霍金斯模型是由美国心理与行为学家霍金斯提出的，是一个关于消费者心理与行为和营销策略的模型，此模型是将心理学与营销策略整合的最佳典范。

霍金斯模型，即消费者决策过程的模型，是关于消费者心理与行为的模型，该模型被称为将心理学与营销策略整合的最佳典范。

霍金斯认为，消费者在内外因素影响下形成自我概念（形象）和生活方式，然后消费者的自我概念和生活方式导致一致的需要与欲望产生，这些需要与欲望大部分要求消费行为获得满足与体验。同时这些也会影响今后的消费心理与行为，特别是对自我概念和生活方式起调节作用。

自我概念是一个人对自身一切的知觉、了解和感受的总和。生活方式是指人如何生活。一般而言，消费者在外部因素和内部因素的作用下首先形成自我概念和自我意识，自我概念再进一步折射为人的生活方式。人的自我概念与生活方式对消费者的消费行为和选择会产生双向的影响：人们的选择对其自身的生活方式会产生莫大的影响，同时人们的自我概念与现在的生活方式或追求的生活方式也决定了人的消费方式、消费决策与消费行为。

另外，自我概念与生活方式固然重要，但如果消费者处处根据其生活方式思考，这也未免过于主观，消费者有时在做一些与生活方式相一致的消费决策时，自身却浑然不觉，这与参与程度有一定的关系。

3. 刺激—反应模型

（1）刺激—中介—反应模型

这一模型是人的行为在一定的刺激下通过活动最后产生反应。它是人类行为的一般模式，简称 SOR 模型。任何一位消费者的购买行为，均来自消费者自身内部的生理、心理因素或是在外部环境的影响下而产生的刺激带来的行为活动。消费者的购买行为，其过程可归结为消费者在各种因素的刺激下，产生购买动机；在动机的驱使下，做出购买某商品的决策，实施购买行为，再形成购后评价。消费者购买行为的一般模式是营销部门计划扩大商品销售的依据。营销部门要认真研究和把握购买者的内心世界。

消费者购买行为模式是对消费者实际购买过程进行形象说明的模式。所谓模式，是指某种事物的标准形式。消费者购买行为模式是指用于表述消费者购买行为过程中的全部或局部变量之间因果关系的图式理论描述。

（2）科特勒的刺激—反应模型

美国著名市场营销学家菲利普·科特勒教授认为，消费者购买行为模式一般由前后相继的三个部分构成，科特勒的刺激—反应模式清晰地说明了消费者购买行为的一般模式：刺激作用于消费者，经消费者本人内部过程的加工和中介作用，最后使消费者产生各种外部的与产品购买有关的行为。因此，该模式易于掌握和应用。

（二）消费者购买决策理论

1. 习惯建立理论

该理论认为，消费者的购买行为实质上是一种习惯建立的过程。习惯建立理论的主要内容如下：消费者对商品的反复使用形成兴趣与喜好；消费者对购买某一种商品的"刺激—反应"的巩固程度；强化物可以促进习惯性购买行为的形成。任何新行为的建立和形成都必须使用强化物，而且，只有通过强化物的反复作用，才能使一种新的行为产生、发展、完善和巩固。

习惯建立理论提出，消费者的购买行为，与其对某种商品有关信息的了解程度关联不大，消费者在内在需要激发和外在商品的刺激下，购买了该商品并在使用过程中感觉不错（正强化），那么他可能会再次购买并使用。消费者多次购买某商品，带来的都是正面的反应，购买、使用都是愉快的经历，那么在多种因素的影响下，消费者逐渐形成了一种固定化的反应模式，即消费习惯。具有消费习惯的消费者在每次产生消费需要时，首先想到的就是习惯购买的商品，相应的购买行为也就此产生。因此，消费者的购买行为实际上是重复购买并形成习惯的过程，是通过学习逐步建立稳固的条件反射的过程。

以习惯建立理论的角度来看存在于现实生活中的许多消费行为，可以得到消费行为的解释，消费者通过习惯理论来购入商品，不仅可以最大限度地节省选择商品的精力，还可以避免产生一些不必要的风险。当然，习惯建立理论并不能解释所有的消费者购买行为。

2. 效用理论

效用概念最早出现于心理学著作中，用来说明人类的行为可由追求快乐、避免痛苦来解释，后来这一概念成为西方经济学中的一个基本概念，偏好和收入的相互作用导致人们做出消费选择，而效用则是人们从这种消费选择中获得的愉快或者需要满足。通俗地说就是一种商品能够给人带来多大的快乐和满足。

效用理论把市场中的消费者描绘成"经济人"或理性的决策者，从而给行为学家很多启示：首先，在商品经济条件下，在有限货币与完全竞争的市场中，"效用"是决定消费者追求心理满足和享受欲望最大化的心理活动过程。其次，将消费者的心理活动公式化、数量化，使人们便于理解。但需要指出的是，作为一个消费者，他有自己的习惯、价值观和知识经验等，受这些因素的限制，他很难按照效用最大的模式去追求最大效益。

3. 象征性社会行为理论

象征性社会行为理论认为任何商品都是社会商品，都具有某种特定的社会含义，特别是某些专业性较强的商品，其社会含义更明显。消费者选择某一商标的商品，主要依赖于这种商标的商品与自我概念的一致（相似）性，也就是所谓商品的象征意义。商品作为一种象征，表达了消费者本人或别人的想法，有人曾说："服饰最初只是一个象征性的东西，穿着者试图通过它引起别人的赞誉。"有利于消费者与他人沟通的商品是最可能成为消费者自我象征的商品。

4. 认知理论

心理学中认知的概念是指过去感知的事物重现面前的确认过程，认知理论把顾客的消费行为看成一个信息处理过程，顾客从接受商品信息开始直到最后做出购买行为，始终与对信息的加工和处理直接相关。这个对商品信息的处理过程就是消费者接受、存储、加工、使用信息的过程，它包括注意、知觉、表象、记忆、思维等一系列认知过程。顾客认知的形成，是由引起刺激的情景和自己内心的思维过程造成的，同样的刺激、同样的情景，对不同的人往往会产生不同的效果。认知理论指导企业必须尽最大努力确保其商品和服务在顾客心中形成良好的认知。

（三）消费者行为的影响因素

影响消费者行为的因素主要有两种，分别是个人内在因素与外部环境因素。在此基础上，还可以继续进行细分，将个人内在因素划分为生理因素与心理因素，将外部环境因素划分为自然环境因素和社会环境因素。可以说消费者行为的产生，是消费者个人与环境交互作用的结果。消费者个人内在因素与外部环境因素，直接影响和制约着消费者行为的行为方式、指向及强度。

（四）消费者购买决策的影响因素

1. 他人态度

他人态度是影响购买决策的重要因素之一。他人态度对消费者购买决策的影响程度，取决于他人反对态度的强度及对他人劝告的可接受程度。

2. 预期环境因素

消费者购买决策要受产品价格、产品的预期收益、本人的收入等因素的影响，这些因素是消费者可以预测到的，被称为预期环境因素。

3. 非预期环境因素

消费者在做出购买决策的过程中除了受以上因素影响外，还受营销人员态度、广告促销、购买条件等因素的影响，这些因素难以预测到，被称为非预期环境因素，它往往与企业的营销手段有关。因此，在消费者的购买决策阶段，营销人员一方面要向消费者提供更多的、详细的有关产品的信息，便于消费者比较优缺点；另一方面，则应通过各种销售服务，促成方便顾客购买的条件，加深其对企业及商品的良好印象，促使消费者做出购买本企业商品的决策。

二、生产者理论

生产者理论主要研究生产者的行为规律，即在资源稀缺的条件下，生产者如何通过合理的资源配置，实现利润最大化。广义的生产者理论涉及这样三个主要问题：第一，投入要素与产量之间的关系。第二，成本与收益的关系。第三，垄断与竞争的关系。以下重点分析第一个问题，即生产者如何通过生产要素与产品的合理组合实现利润最大化。生产是对各种生产要素进行组合以制成产品的行为。在生产中要投入各种生产要素并生产出产品，所以，生产也就是把投入变为产出的过程。

（一）生产者

生产是厂商对各种生产要素进行合理组合，以最大限度地生产出产品产量的行为过程。生产要素的数量、组合与产量之间的关系可以用生产函数来表现。因此，在具体分析生产者行为规律之前，有必要先介绍厂商生产要素、生产函数等相关概念。厂商在西方经济学中，乃生产者，即企业，是指能够独立做出生产决策的经济单位。在市场经济条件下，厂商作为理性的"经济人"所追求的生产目标一般是利润最大化。厂商可以采取个人性质、合伙性质和公司性质的经营组织形式。在生产者行为的分析中，经济学家经常假设厂商总是试图谋求最大的利润（或最小的亏损）。基于这种假设，就可以对厂商所要生产的数量和为其产品制定价格做出预测。当然，经济学家实际上并不认为追求利润最大化是人们从事生产和交易活动的唯一动机。企业家还有其他的目标，如企业的生存、安逸的生活，以及优厚的薪水等，况且要计算出正确的利润最大化也缺乏资料。尽管如此，从长期来看，厂商的活动看起来很接近于追求最大利润。特别是，如果要建立一个简化的模型，就更有理由认为厂商在制定产量时的支配性动机是追求最大利润。即使在实际生活中企业没有追求或不愿追求利润最大化，利润最大化至少可以作为一个参考指标去衡量其他目标的实现情况。

（二）生产函数

厂商是通过生产活动来实现最大利润的目标的。生产是将投入的生产要素转换成有效产品和服务的活动。对于数学语言来说，生产某种商品时所使用的投入数量与产出数量之间的关系，即为生产函数。厂商根据生产函数具体规定的技术约束，把投入要素转变为产出。在某一时刻，生产函数是代表给定的投入量所能产出的最大产量；反过来也可以说，它表示支持一定水平的产出量所需的最小投入量。因此，在经济分析中，严格地说，生产函数是表示生产要素的数量及其某种数量组合与它所能生产出来的最大产量之间的依存关系，其理论本质在于刻画厂商所面对的技术约束。

在形式化分析的许多方面，厂商是与消费者相似的。消费者购买商品，用以"生产"满足；企业家购买投入要素，用以生产商品。消费者有一种效用函数，厂商有一种生产函数。但实际上，消费者和厂商的分析之间存在着某些实质性的差异。效用函数是主观的，效用并没有一种明确的基数计量方法；生产函数却是客观的，投入和产出是很容易计量的。理性的消费者在既定的收入条件下使效用最大化；企业家类似的行为是在既定的投入下使产出数量最大化，但产出最大化并非其目标。要实现利润最大化，厂商还必须考虑到成本随产量变化而发生的变动，即必须考虑到成本函数。也就是说，厂商的利润最大化问题既涉及生产的技术方面，也涉及生产的经济方面。生产函数只说明，投入要素的各种组合情况都具有技术效率。这就是说，如果减少任何一种要素的投入量就要增加另一种要素的投入量，没有其他生产方式能够得到同样的产量。而技术上无效率的要素组合脱离了生产函数，因为这类组合至少多用了一种投入要素，其他要素投入量则同以前一样，其所生产出的产量却同其他方式一样多。

（三）生产要素

生产要素是指生产活动中所使用的各种经济资源。这些经济资源在物质形态上千差万别，但它们可以归为四种基本形式：劳动、资本、土地和企业家才能。劳动是指劳动者所提供的服务，其可以分为脑力劳动和体力劳动。资本是指用来生产产品的产品。它有多种表现形式，其基本表现形式为物质资本，如厂房、设备、原材料和库存等。此外，它还包括货币资本（流动资金、票据和有价证券）、无形资本（商标、专利和专有技术）和人力资本（经教育、培育和保健获得的体力、智力、能力和文化）。土地是指生产中所使用的，以土地为主要代表的各种自然资源，它是自然界中本来就存在的。例如，土地、水、原始森林、各类矿藏等。企业家才能是指企业所有者或经营者所具有的管理、组织和协调生产活动的能力。劳动、资本和土地的配置需要企业家进行组织。企业家的基本职责是：组织生产、销售产品和承担风险。生产任何一种产品或劳务，都必须利用各种生产要素。

三、市场理论

（一）市场

市场是商品经济的范畴。哪里有商品，哪里就有市场。但对于什么是市场，却有多种理解，开始，人们把市场看作商品交换的场所，如农贸市场、小商品市场等。它是指买方和卖方聚集在一起进行交换商品和劳务的地点。但随着商品经济的发展，市场范围的扩大，人们认识到，市场不一定是商品交换的场所，哪里存在商品交换关系哪里就存在市场。可见，市场的含义，不单指商品和劳务集散的场所，而且指由商品交换联结起来的人与人之间的各种经济关系的总和。

作为市场，它由三个要素构成：一是市场主体，即自主经营、自负盈亏的独立的经济法人。它包括从事商品和劳务交易的企业、集团和个人。二是市场客体，指通过市场进行交换的有形或无形的产品、现实存在的产品或未来才存在的产品。三是市场中介，指联结市场各主体之间的有形或无形的媒介与桥梁。市场中介包括联系生产者之间、消费者之间、生产者与消费者、同类生产者和不同类生产者、同类消费者与不同类消费者之间的媒介体系模式。在市场经济中，价格、竞争、市场信息、交易中介人、交易裁判和仲裁机关等都是市场中介。市场的规模和发育程度集中反映了市场经济的发展水平和发育程度。因此，在发展市场经济过程中，必须积极培育市场。

（二）市场经济

1.市场经济概述

简而言之，市场经济就是通过市场机制来配置资源的经济运行方式。它不是社会制度。众所周知，在任何社会制度下，人们都必须从事以产品和劳务为核心的经济活动。而当人们进行经济活动时，首先要解决以何种方式配置资源的问题。这种资源配置方式，就是通常所说的经济运行方式。由于运用调节的主要手段不同，人们把经济运行方式分为计划与市场两种形式。前者指采用计划方式来配置资源，被称为计划经济；后者指以市场方式来配置资源，被称为市场经济。可见，市场经济作为经济活动的资源配置方式，不论资本主义还是社会主义都可以使用。它与社会制度没有必然的联系。虽然，市场经济是随着现代化大生产和资本主义生产方式的产生而产生的，但它并不是由资本主义制度所决定的。因为市场经济的形成与发展直接决定于商品经济的发达程度。迄今为止，商品经济发展经历了简单商品经济、扩大的商品经济和发达的商品经济三个阶段。只有当商品经济进入扩大发展阶段以后，市场经济的形成与发展才具备条件。因为在这个阶段不仅大部分产品已经实现了商品化，而且这种商品化还扩大到生产要素领域。这时，市场机制成为社会资源配置的主要手段。也就是说，这个阶段经济活动中的四个基本问题，即生产什么、如何生产、为谁生产和由谁决策等，都是依靠市场的力量来解决的。由此可见，市场经济是一种区别于社会制度的资源配置方式，即经济运行方式。

2.市场经济的运转条件

要有一定数量的产权明晰的、组织结构完整的企业；要有完备的市场体系，成为社会经济活动和交往的枢纽；要有完整的价格信号体系，能够迅速、准确、明晰地反映市场供求的变化；要有完善的规章制度，既要有规范各种基本经济关系的法规，又要有确定市场运作规则的法规，还要有规范特定方面经济行为的单行法规；要有发达的市场中介服务组织，如信息咨询服务机构行业协会、同业公会、会计师事务所、律师事务所等。

3.市场经济特征

市场经济特征可以归结为以下几个方面：市场对资源配置起基础性作用，这里的资源包括人力、物力、财力等经济资源；市场体系得到充分发展，不仅有众多的买者和卖者，还有一个完整的市场体系，并形成全国统一开放的市场；从事经营活动的企业，是独立自主、自负盈亏的经济实体，是市场主体；社会经济运行主要利用市场所提供的各种经济信号和市场信息调节资源的流动和社会生产的比例；在统一的市场规则下，形成一定的市场秩序，社会生产、流通、分配和消费在市场中枢的联系和调节下，形成有序的社会再生产网络；政府依据市场经济运行规律，对经济实行必要的宏观调控，运用经济政策、经济法规、计划指导和必要的行政手段引导市场经济的发展。

四、弹性理论

在前面的研究中我们曾指出，当价格或其他影响需求的因素发生变化时，需求量会发生变化；当价格或其他影响供给的因素发生变化时，供给量会发生变化。那么，当价格或收入增加 1% 时，需求量会变化多少呢？当自身价格或其他物品的价格增加 1% 时，供给量会变化多少呢？这就是弹性理论所要研究的问题。如果说我们在前面对供给和需求进行了定性分析，研究了它的变动方向，那么，我们要运用弹性理论对供给和需求进行定量分析，研究它的变化大小，使分析得出的结论更加精确。

（一）弹性概念的含义

"弹性"一词像"均衡"一词一样，最初也是来自物理学。只要两个经济变量存在函数关系，我们就可以用弹性表示因变量对自变量变动反应的敏感程度，即当一个经济变量（自变量）发生 1% 的变化时，由它引起的另一个经济变量（因变量）变动的百分比。或者说，在经济学上，弹性衡量的是需求量或供给量（均为因变量）对其影响因素中某一种因素（自变量）变动的反应程度。

弹性大小可用弹性系数表示。弹性的一般公式为：弹性系数 = 因变量变动百分比 / 自变量变动百分比。

（二）需求价格弹性

物品的价格下降会引起需求量的增加，价格上升会引起需求量的减少，但需求量会增加或减少多少呢？我们将通过对需求价格弹性的分析回答这个定量问题。

1.需求价格弹性的含义

需求价格弹性又叫需求弹性，研究的是需求如何随价格的变动而变动，即当物品的价格变动 1% 时需求会变动多少。也就是说，需求弹性表示在一定时期内一种物品的需求量变动对于该物品价格变动的反应程度。在这里，价格是自变量，需求量是因变量。

如果一种物品的需求量对价格变动的反应非常敏感，即当价格变动 1% 时，需求量的变动大于 1%，我们就说这种物品的需求是富有弹性的。如果一种物品对价格变动的反应比较迟钝，即当价格变动 1% 时，需求量变动小于 1%，我们就说这种物品的需求缺乏弹性。需求弹性用需求价格弹性系数衡量。

需求弹性的公式为：需求价格弹性系数 = 需求量变动百分比 / 价格变动百分比。

例如，西红柿的价格上升了 20%，西红柿的需求量减少了 40%，则西红柿的需求弹性系数为：

西红柿的需求弹性系数为 2，说明当其价格变动一个单位时，其需求量变动 2 个单位。因为需求量的变动率大于价格的变动率，所以，西红柿的需求是富有价格弹性的。

由于价格与需求量的变化方向相反，取其一个为正数，另一个则为负数，其比值一定为负数。为了便于比较两者的变化，需要取弹性系数为正数（或它的绝对值），所以，在公式前加一个负号。

2. 需求价格弹性的类别

不同物品的需求量对价格变动的敏感程度差别很大。根据需求弧弹性系数（Ed数值）的大小，可以将需求弹性分为下面五类：

（1）需求富有弹性。在弹性系数大于1，小于无穷，即 $+\infty > E > 1$，为需求富有弹性类型。需求富有弹性表示需求量变动率大于价格变动率，需求量对价格的变动较为敏感，价格下降10%，需求量增加幅度在10%以上。奢侈品以及有替代品的物品属于需求富有弹性一类，如豪华小轿车、出租车服务、家具、项链等。富有弹性的需求曲线是一条较为平坦的曲线。

（2）需求缺乏弹性。在弹性系数大于0、小于1，即 $0 < E < 1$ 时，为需求缺乏弹性类型。需求缺乏弹性说的是，需求量变动率小于价格变动率，需求量对价格变动的反应较为迟钝。当价格上涨10%时，需求量减少幅度小于10%。生活必需品如食物、鞋、家庭用电、药品、医疗保险、火车旅行以及没有替代品的物品等属于需求缺乏弹性一类。经济学家把缺乏弹性的需求曲线描绘成一条较为陡峭的曲线。

（3）需求单位弹性。当弹性系数等于1，即 $E = 1$ 时，为需求单位弹性或单一弹性类型，即需求量的变动率与价格的变动率相等，价格上升10%，需求量则减少10%。$E = 1$ 是一种巧合，在生活中不容易找到这样的事例。

（4）需求完全有弹性。在弹性系数无穷大，即 $E = +\infty$ 时，为需求完全有弹性类型。此时，如果价格既定，需求量为无限。对于水平的需求曲线来说，只要价格有一个微小的变动，需求量就会有极大的变动。当价格为某一固定数值或以下时，消费者愿意购买任何数量的该种物品；当价格大于该数值时，购买量陡减为零。

（5）需求完全无弹性。在弹性系数为零时，即 $E = 0$ 时，为需求完全无弹性类型。此时，不管价格如何变化，需求量都不变，需求量对价格变化没有任何反应。完全无弹性的需求曲线是一条垂直线，不管价格如何变化，需求量始终为一个数值。

从上述分析中可以看出，需求曲线越陡峭，需求价格弹性系数越小；需求曲线越平坦，需求价格弹性系数越大；需求曲线为垂线时，弹性系数为零，完全无弹性；需求曲线呈水平状时，弹性系数为无穷，完全有弹性。

3. 影响需求价格弹性的因素

影响需求价格弹性的因素很多，主要有以下几种：

一是物品在消费者生活中的重要程度。一般来说生活必需品的需求价格弹性较小，因为人们的生活离不开它，即使涨价也要购买，消费量不会减少多少，如面粉、土豆等物品以及医疗服务的需求弹性就很小。非生活必需品（奢侈品）则需求弹性较大，因为人们可以购买它，也可以不购买它；价格低时多购买一些，价格高时少购买一些，如旅游、电影票、小汽车、高档家具等。

二是物品的可替代程度。一种物品的替代品越多,它们之间的相近程度越高,则该物品的需求弹性越大。这是因为人们的选择余地大,一旦该物品涨价,人们便会购买它的替代品,对该物品的购买量会大幅减少。如苹果的价格提高,人们会把购买力转移到橙子、芦柑、梨等水果那里去。相反,其替代品越少的物品,需求弹性越小,如食盐、鞋、鸡蛋以及法律服务都缺乏替代品,它们的需求弹性小于 1。

三是物品用途的广泛性。一种物品用途越广泛,需求弹性就越大;一种物品用途越狭窄,其需求弹性就越小。随着工业的发展,玉米的用途达到了 1000 多种,远远超过了小麦的用途,所以玉米的需求弹性大于小麦。电的用途广,需求弹性也很大。

四是物品购买支出在消费者总消费支出中所占的比重。一种物品的价格在消费者消费总支出中所占的比重越大,其需求弹性就越大,如小轿车、冰箱、空调等。相反,价格在消费支出中所占的比重较小的物品需求弹性较小,如打火机、报纸、铅笔、冰激凌等。

五是时间的长短。有些物品在短期内缺乏弹性,而在长期中就富有弹性了,汽油就属于这类物品。汽油涨价后,在最初一段时间里需求量可能不会减少,但随着时间的推移,人们或者选择购买更省油的车,或者转向乘坐公交车,或者搬迁到距离工作地点更近的地方居住,或者发明出替代汽油的燃料,等等,这些办法的综合使用一定会使汽油的需求量大幅度减少。

需要特别指出的是,世界上的事情是相互联系错综复杂的,一种物品需求弹性的大小是各种影响因素综合作用的结果。我们在分析问题时,一定要把各种因素都考虑进去,坚持唯物辩证法的全面性,避免片面性。

(三)需求收入弹性

正像需求价格弹性研究的是需求量与价格之间的关系一样,需求收入弹性研究的是需求量与收入之间的关系,即人们的收入变动如何影响对一种物品的需求量的变动。例如,当人们收入增加 1% 时,对某一种物品的需求量会增加多少?该物品对收入变动的反应程度如何?在这里,收入是自变量,需求量是因变量,需求收入弹性用需求收入弹性系数衡量。

需求收入弹性的公式是需求量变动百分比除以收入变动百分比。即需求收入弹性系数 = 需求量变动百分比 / 收入变动百分比。

我们可以把所有物品大致区分为生活必需品、劣质品和奢侈品三种。经济学家在长期的研究中发现,这三种物品的需求收入弹性是不同的。

1. 生活必需品。在生活必需品中最主要的是食物。食物的需求收入弹性大于 0 小于 1,缺乏弹性,说明食物消费支出将随着收入的增加而增加,但在总收入中的份额却越来越少。也就是说,食物消费支出的绝对量(购买食物支出的货币额)会随着收入的增加而增加,但它的相对量(购买食物的支出量在收入中所占的比例)却会随着收入的增加而减少。这一结论被称为恩格尔系数。

2. 劣质品。劣质品也被称为低档物品,其是相对于高档物品而言的。例如,相对于坐私家车或出租车出行，坐公交车就是低档物品。劣质品的需求收入弹性比生活必需品的需求收入弹性更小，因此，劣质品的消费支出在消费总支出中的比例会随着收入的增加而更快地下降。这是因为收入增加后，人们更愿意使用高档次的物品，对低档次物品的消费减少了。与裁缝做的衣服相比较，家庭自缝的衣服是劣质品；与商店出售的衣服相比较，裁缝做的衣服又成为劣质品。随着收入的提高，人们走着"自己缝衣服→让裁缝做衣服→到大众商店购买衣服→到专卖店购买名牌衣服"的过程。

3.奢侈品。奢侈品也叫高档物品。奢侈品的需求收入弹性系数大于1，说明随着收入的增加，奢侈品的消费支出增长率要快于收入的增长率，奢侈品的消费支出在消费总支出中的份额会越来越大。

总之，收入增加时，用于生活必需品的支出增加缓慢，用于奢侈品的支出增加较快，用于劣质品的支出在减少。

（四）供给价格弹性

供给价格弹性也叫作供给弹性，其含义是指一种物品的供给对这种物品价格变动的反应程度；也就是说，当价格变动1%时，供给量会变动多少。

如果用供给替换需求，用供给量替换需求量，那么，供给价格弹性的定义与需求价格弹性的定义在表述上完全相同；差别仅在于：对于供给弹性而言，供给量与价格同方向变动；对于需求弹性而言，需求量与价格反方向变动。由于供给量与价格同方向变动，所以，下面的公式中不再加负号。

供给弹性系数可用公式表示为供给量变动率与价格变动率之比，即供给弹性系数=供给量变动百分比/价格变动百分比。

如果用Es表示供给弹性系数，$\triangle Q$表示供给量的变动量，$\triangle P$表示价格的变动量，则

$$E_S = \frac{\triangle Q}{Q} \div \frac{\triangle P}{P} = \frac{\triangle Q}{\triangle P} \times \frac{P}{Q}$$

供给价格弹性也可分为五种类型：

1.供给富有弹性，即$+\infty>E_s>1$。弹性系数大于1小于无穷，表示供给量变动百分比大于价格变动百分比，价格上升10%，供给量将增加10%以上，其供给曲线是一条比较平坦的曲线。

2.供给缺乏弹性，即$0<E_s<1$。弹性系数小于1大于0，意味着供给量变动百分比小于价格变动百分比，价格上升10%，供给量增加不到10%

3.供给单位弹性，即$E_s=1$。供给弹性系数为1，说明供给量变动百分比与价格变动百分比完全一致，价格上升10%，供给量也增加10%。

4.供给有无限弹性，即$E_s=+\infty$。供给有无限弹性是指价格稍微降低一点点供给量骤降为零，价格微小上升会诱发无穷的供给，供给量变动百分比与价格变动百分比比值特别高，供给曲线呈现为水平线。

5. 供给完全无弹性，即 $E_s=0$。供给完全无弹性是指不管价格如何变化，供给量都不会变化。像土地、出土文物、作者已去世的名画等，均属于供给完全无弹性一类，不管价格上涨多少，供给量都不会增加。供给完全无弹性时供给曲线是一条垂线。

影响供给价格弹性的主要因素是行业中增加生产的容易与困难程度。如果增加生产时仅需要投入原材料、燃料、工人等，而不需要投入厂房、设备、土地、技术等，增加生产的容易因素大于困难因素，那么，供给就是富有弹性的，价格微小的上升会使产量大幅度增加。如果生产中所需要的某一种或几种生产要素奇缺，难于投入，则其产品的供给量就是缺乏弹性的。

影响供给弹性的另一个重要因素是时间。有些产品的产量调整在短期内可能存在困难，如企业投入或处理厂房、设备管理人员等需要时间，很难在短期内完成，因此，短期中供给缺乏弹性。但随着时间的推移，生产规模可以扩大或缩小，可以新建工厂或转产，供给量对价格的变动会做出充分的反应，长期中供给也就变得富有弹性了。

生产成本也是影响供给弹性的一个重要因素。企业的供给曲线代表了生产该产品的边际成本，如果产量增加引起边际成本较小的增加，厂商的供给曲线就是较为平坦的，供给量对价格的反应程度大，供给富有弹性；极端时，供给曲线呈水平状，供给有完全弹性。如果产量增加引起边际成本较大的增加，供给曲线是陡峭的，供给就是缺乏弹性的；极端时，供给曲线呈垂线，供给完全无弹性。

（五）弹性理论的应用

把需求弹性和供给弹性联系起来，我们可以分析税收归宿等问题。

税收归宿是当政府增加一种间接税的时候，这种税收的负担落在了谁的身上，是落在消费者身上还是落在生产者身上？

如果税收直接由纳税人承担，这种税是直接税，像所得税、财产税、遗产税等。如果税收并不一定由纳税人承担，而是可以转嫁给其他人，在消费者和生产者之间分摊，这种税就是间接税，如营业税等。关于谁最终承担了税收负担的问题，就是税收归宿问题。税收归宿问题仅涉及间接税，直接税不存在归宿问题。

政府向一种物品征税，等于提高了这种物品的价格。提高了的价格由谁支付呢？这就要看需求价格弹性系数与供给价格弹性系数哪个更大一些，哪个更小一些。一般来说，税收落在了弹性系数小的那一方，即缺乏弹性的那一方。如果需求缺乏弹性，说明消费者对这种物品的依赖性大，或者说这种物品在消费者生活中的重要性大，当价格上升时，消费者的购买量减少有限，税收就主要由消费者承担。如果一种物品的需求富有弹性，说明这种物品在消费者生活中的重要性小。当它的价格上升时，购买量会大幅度减少，税收就主要由生产者承担。供给缺乏弹性的物品，生产者改变产量的困难大，价格变动时产量变动的幅度有限，税收主要由生产者承担。供给富有弹性的物品，生产者很容易扩大或缩小它的产量，价格变动时产量可以大幅度变动，即税收增加、价格上升、需求量减少时，供给也可以大幅度减少，税收就主要由消费者承担。

　　总之，供求的相对弹性是决定税收归宿的关键因素，即税收的负担落在了相对来说缺乏弹性的一方身上，富有弹性的一方逃避了税收。如果需求相对于供给而言缺乏弹性，税收的负担就更多地落在了消费者头上；如果供给相对于需求来说缺乏弹性，税收的负担则更多地落在了生产者头上。

　　需求缺乏弹性时消费者承担了更多的税收。生产者承担的税收小于消费者承担的税收。例如，住房是居民的基本生活需求，住房的需求缺乏价格弹性。如果向房产征税，房价升高，购买者更多地承担了税收。

　　供给缺乏弹性时生产者承担了更多的税收。卖者承担的税收比买者要多。例如，向奢侈品征税，税收主要落在了生产者身上。这是因为富人对奢侈品的需求富有弹性，而生产者缺乏弹性，一旦向奢侈品征税引起价格上升时，富人首先减少了他们的购买量，而生产者拥有固定资产，放弃生产的成本是很大的。其中，一部分工人长期从事奢侈品生产，有此方面的生产技能，难于更换职业。奢侈品的种类很多，如珠宝、豪华轿车、私人飞机等。如向珠宝征税，对富人来说不购买此种物品是很容易做到的，但对于珠宝生产者来说，放弃该项产品的生产却是不容易做到的。因此，人们常说，向奢侈品征税是打在富人的身上，疼在穷人的心上。

　　如果向香烟征税，是消费者还是生产者更多地承担了税收？从短期来看，烟民有很强的烟瘾，香烟的需求缺乏价格弹性，香烟价格提高后消费者的购买量不会减少多少，则税收主要由烟民负担了。但从长期来看，香烟价格提高后新加入的烟民越来越少，对香烟的需求也越来越少，需求价格变得富有弹性了，则税收就可能落在生产者头上。

第二节　市场需求分析

　　消费者与生产者的相互作用构成了市场。我们要分析市场如何运行，首先从消费者的行为——需求谈起。在本节，首先研究价格与需求量的关系，其次分析市场需求如何由个人需求组成，然后关注影响需求的价格之外的其他因素，最后说明什么是沿着需求曲线的移动，什么是需求曲线的移动。

一、价格与需求量之间的关系

　　什么因素决定消费者对某一种物品的需求量呢？决定对一种物品的需求量的因素很多，稍后将会详细分析，我们首先分析其中最重要的一种因素——该种物品自身的价格。

　　一种物品自身价格与其需求量之间的关系可以通过需求表和需求曲线予以说明。表9-1是小王一家对西红柿的需求表。该表是根据小王一家在不同价格水平上购买的西红柿数量绘制而成的。在价格为 0 元时，小王一家对西红柿的购买量最大，为 6 公斤。随着价格不断上涨，小王一家所购买的西红柿数量在不断减少。在价格为 12 元时，小王一家不购买西红柿，或者说购买量为 0 公斤。

表 9-1　小王一家对西红柿的需求表

价格（元）	0	1	2	3	4	5	6	7	8	9	10	11	12
数量（公斤）	6	5.5	5	4.5	4	3.5	3	2.5	2	1.5	1	0.5	0

按照经济学家绘制二维坐标图的习惯，将西红柿的价格表示在纵轴上，将西红柿的数量表示在横轴上，向右下方倾斜的曲线是小王一家对西红柿的需求曲线。需求曲线代表了小王一家在不同价格水平上对西红柿的购买数量。随着价格的不断下降，购买量不断增加。小王一家对西红柿的购买量随价格的变化而变化，在西红柿不同的价格水平上，小王一家愿意而且能够购买的西红柿数量不同。

由此我们可以得出如下结论：需求表和需求曲线表示的是物品价格与需求量之间的关系，即消费者在每一价格水平上愿意而且能够购买的物品数量。需求曲线向右下方倾斜，表示了价格与需求量之间的反方向变动关系，或者说是负相关关系。

向右下方倾斜的需求曲线表明，在其他条件不变的情况下，一种物品的价格上升需求量减少，价格下降需求量增加。这就是需求定理。为什么需求曲线向右下方倾斜？或者说，为什么价格与需求量之间呈反方向变动关系呢？替代效应和收入效应可以解释这一问题。

替代效应是指一种物品的价格上升时，消费者可以通过购买其他类似的未涨价的物品来代替这种涨价的物品。如大米涨价时，人们更多地购买小麦面粉，用面粉替代大米，减少对涨价的大米的购买。相反，如果大米降价时，可以减少面粉的购买，更多地购买大米。这种替代关系反映在大米的需求曲线上，使大米的需求曲线向右下方倾斜。

收入效应是指价格变化能够引起消费者实际收入的变化，从而引起需求量的变化。一种物品的价格上升时，相对来说消费者的实际收入减少了。相反，如果物品价格下降，人们会发现自己变得富裕了，实际收入增加了。实际收入不同于货币收入，它是扣除了物价上涨后的货币收入，或者说是所能购买到的物品与劳务的实际数量。这种价格上升时实际收入下降从而购买量减少、价格下降时实际收入增加从而购买量增加的情况，表现在需求曲线上，使需求曲线向右下方倾斜。

二、决定需求的其他因素

决定需求的因素多种多样，除了我们已经说明的物品自身价格以外，还有相关物品价格、人们的收入、嗜好、对未来的预期以及来自自然界、社会和政府政策等方面的因素。下面，我们分析这些因素。

1. 相关物品的价格。物品之间有两种关系，在这两种关系中，一种物品价格的变化均影响着对另一种物品的需求。

一种是替代品关系。如果两种或两种以上物品具有相同或相似的功能，每一种物品都能够单独满足人的同一种需求，则这两种或两种以上的物品互为替代品。两种替代品之间的关系是，一种物品价格上升，另一种物品需求量增加；一种物品价格下降，另一种物品需求量减少。如羊肉和牛肉、出租车和公交车、固定电话和移动电话、大米和白面、汽油和天然气等，这些物品经常相互替代使用。

另一种是互补品关系。如果两种物品组合在一起才能满足人的某一种需要，那么，这两种物品互为互补品。例如，网络与电脑、通信卫星与电视机、领带与西装、汽车与汽油等，两种物品组合在一起同时被使用，它们互为互补品。两种互补品之间的关系是，一种物品价格上升，另一种物品需求量减少；一种物品价格下降，另一种物品需求量增加。

2. 人们的平均收入水平。一个社会平均收入处于低水平时，人们囊中羞涩，两手空空，不仅购买的物品种类少，而且购买的同一种物品的数量也少。对于大多数物品来说，消费者整体收入与购买量之间的这种正相关关系都是适用的，我们把这些物品叫作正常物品，即收入增加时购买量增多、收入下降时购买量减少的物品。

有少量物品的需求情况恰恰相反，收入增加时购买量减少，收入减少时购买量反而增加，这些物品我们把它叫作低档物品。低档物品的其中一种是旧自行车。一个人在没有钱的时候可能在旧自行车市场上买一辆"除了铃铛不响哪里都响"的自行车，在收入增多时就要买新自行车或者电动车、摩托车、小轿车了。那些面积小、建筑质量差、设计落后的住宅，相比较而言也属于低档物品，随着人们收入的增加，销售量在减少。

3. 偏好。偏好也叫嗜好、爱好。经济学家并不关心偏好形成的原因，只是研究对一种物品的偏好与该物品需求量之间的关系。知识分子买书多，因此，在高等院校附近开设的书店较多。山区不便于骑自行车，山里人没有形成骑自行车的偏好，自行车在山区的销售量几近于零。

4. 预期。对未来的预期也是影响需求量的一个因素。人们会对未来的许多方面进行预期，消费者如果预期到某种物品会涨价，那么，他们就会增多对这种物品的购买量，有时还会抢购。如果预期到某种物品可能降价，则会持币观望，人们普遍有买涨不买落的心理。如果预期到自己未来的收入会大幅度增加，则会加大现期支出。

5. 人口数量与人口结构。人口大国有市场规模的优势，在同一时间对于同一种物品的需求量大。很多跨国公司来我国投资，就有这方面的因素在起作用。同时，人口结构也决定着一种物品的需求量。如在孩子多的地方，玩具的需求量大；在老年人多的地方，老年用品如保健品和老年服装的需求量大。

6. 特殊的偶然因素。如下雨时雨伞的需求量大；夏天冰激凌、电风扇、空调卖得快；冬天棉衣电暖风电热毯卖得快；人们能够获得贷款时对某种物品的购买量更多，等等。

上述这些因素被经济学家称作需求曲线背后的因素。这些因素有些影响消费者购买的欲望，有些影响购买的能力，还有些是对购买条件的约束，等等。

人们对某种物品的购买行为总是由购买欲望、购买能力（购买能力表现为拥有的货币量的多少）、购买条件（如信息、商店的布设等）共同决定的。需求是购买欲望、购买能力和购买条件的统一，缺少任何一个因素都不能形成有效需求。需求定理表述的"在其他条件不变的情况下"一语中的"其他条件"，就是如上的这些因素。

三、沿着需求曲线的移动与需求曲线的移动

影响需求的两类因素，一类是物品的价格，另一类是物品价格以外的隐藏在需求曲线背后的其他因素，这两类因素对需求曲线的影响是不同的。我们关注一类因素对需求的影响时，为了使分析简便，通常假设另一类因素保持不变。由于纵轴表示的是物品自身价格，所以价格变化对需求量的影响是沿着需求曲线的运动，价格下降时沿着需求曲线向右下方移动，价格上升时沿着需求曲线向左上方移动，这种情况经济学家把它叫作需求量的变动，或者叫作沿着曲线的移动，即价格的变化引起了需求量的变动。价格以外的其他因素由于没有表示在坐标两个轴的任何一个上，所以，这些因素的变化引起的是需求曲线向左或向右的平行移动，经济学家把它叫作需求的变动，或曲线的移动。

当其他因素不变时，价格下降，需求量的变动沿着需求曲线向右下方移动，需求量增加。一台电脑的价格为 9800 元时，市场需求量为 3000 台，当价格下降到 3800 元时，需求量增加到 5.5 万台。

当价格不变而价格以外的其他因素中的任何一种因素发生变化时，会引起需求曲线的移动。例如，当人们的收入普遍增加时，某种物品的需求曲线向右上方移动；当人们预期一种物品不久之后会大幅降价时，便减少了现在的购买，使这种物品的需求曲线向左下方移动。一项因素如果能够使需求增加，将使需求曲线向右移动；相反，则使需求曲线向左移动。

经济学家把沿着供给曲线的移动叫作供给量的变动，把供给曲线的移动叫作供给的变动。供给量的变动和供给的变动表示的都是供给数量的变动，区别在于引起这两种变动的因素不同，在坐标图中的表示不同。

第三节　市场供给分析

在研究了市场的一方——消费者的需求之后，我们转向分析市场的另一方——生产者的供给。供给方，如西红柿的生产者菜农老潘一家，他愿意生产多少西红柿呢？有哪些因素能够使他生产得多一些或少一些呢？

一、价格与供给量之间的关系

如同有很多因素影响需求一样，也有很多因素影响供给。在影响供给的诸多因素中，我们首先分析最重要的因素——物品自身的价格，然后再分析其他因素。

价格与供给量之间一个显而易见的关系是，价格高时供给量多，价格低时供给量少。如果西红柿的价格很高，菜农老潘愿意把自家的土地全部用来种植西红柿，并加大劳动、肥料、科技等的投入，甚至还可以租赁别人的土地种植。但是，如果价格低时，老潘就要减少西红柿的种植量，腾出一部分土地种价格较高的其他农作物，甚至把全部土地都用来种植别的农作物。老潘之所以要在多种农作物的种植中进行选择，是因为他同所有生产厂商一样，要获得尽可能多的收益。

根据老潘一家对西红柿的供给表可以画出供给曲线，是一条向右上方倾斜的曲线，它表示了在每一种价格水平时生产者愿意而且有能力供给的西红柿数量。当价格为每吨3500元时老潘愿意供给的数量为15吨；价格上升到6000元时，老潘的供给量增加到30吨。

老潘一家在西红柿的供给上所表现出来的价格与供给量之间的同方向变动关系，或者说正相关关系适用于各种厂商对各种物品的供给，它不是个别现象，而是体现了供给的一般规律。经济学家把这种关系概括为供给定理，即在其他因素不变的条件下，一种物品价格高时供给量多，价格低时供给量少。

供给曲线说明了供给定理，即价格与供给量之间的正相关关系。

二、个人供给与市场供给

上面我们分析了菜农老潘一家对西红柿的供给状况。老潘一家对西红柿的供给只是个人供给。现在整个市场上西红柿的供给情况是怎样的呢？这就涉及市场供给问题。

与市场需求是个人需求之和一样，在每一价格水平上把一个行业中各个生产者对该种物品的供给加起来，就是整个市场对这种物品的供给。现在假设，整个西红柿市场的供给者只有老潘和老西两家。我们把他们两家在不同价格时的西红柿供给量相加，便得到了西红柿这种物品的市场供给。

我们水平地加总老潘和老西的供给曲线，就得到了市场供给曲线。市场供给曲线表示了一种物品的供给量如何随价格的变动而同方向变动。

三、决定供给的其他因素

决定供给的因素除了我们已经分析的物品自身的价格外，还有很多，下面我们分析这些因素。

1.相关物品的价格。如果甲与乙两种物品互为互补品，那么甲的价格上升，对乙的需求量减少，从而使乙的价格下降，乙的供给量减少；反之，甲的价格下降，对乙的需求量增加，从而使乙的价格上升，乙的供给量增加。也就是说，一种物品的价格与它的互补品的供给量呈反方向变动关系，一种物品价格上升，它的互补品供给量减少。

如果甲与乙互为替代品，那么，甲的价格下降，对乙的需求量减少，造成乙的价格下降，使乙的供给量减少；相反，甲的价格上升，对乙的需求量增加，使乙的价格上升，乙的供给量增加。总之，替代品之间一种物品的价格与另一种物品的供给量为正相关关系，同方向变动，即一种物品的价格下降，它的替代品的供给量减少。

2.投入品及劳动的价格。生产一种物品需要多方面的投入，如在建造厂房、租赁土地、购买机械设备和原材料等方面的投入以及在管理、劳动、技术等方面的投入。当这些投入品和劳动的价格上涨而物品的售价不变时，厂商的盈利将会减少甚至成为负数，对这种物品的生产量也就会减少。相反，当物品的售价不变而投入品和劳动的价格下降时，厂商的盈利将会增加，从而会加大对该物品的生产。

3.技术。技术进步将会极大地提高劳动生产率，降低产品成本，在产品售价不变的情况下，使厂商的盈利增加，促使厂商将产量增大。

4.预期。如同消费者对未来的预期会影响购买量一样，厂商对未来的预期也会改变供给量。如果厂商预期产品要涨价，可能会减少现在的供给量，积压在库房里以备涨价后销售。

5.政府政策。政府可以通过微观经济政策或宏观经济政策影响某种物品的市场供给量，如生猪饲养量减少引起猪肉价格上涨，影响了低收入者对猪肉的消费时，政府采取对养猪户补贴的政策，加大市场对猪肉的供给量。

6.特殊或偶然的因素。影响物品供给量的因素除了上述几项以外还有很多，如一些特殊的因素或偶然的因素。风调雨顺可以使农作物丰产从而增加农产品的供给，天旱水涝将造成农作物减产从而减少农产品供给。厂商贷款容易与否、企业家有无创新精神等，都可以影响某种物品的供给。

四、沿着供给曲线的移动与供给曲线的移动

在以上的分析中，我们把决定供给量的变动因素分为两类，一类是物品自身价格，另一类是价格以外的诸种因素，并对这两类因素分别进行了分析。为什么我们要把决定供给的因素分为两类，并分别进行分析呢？

这是因为，在分析物品自身的价格对供给量的影响时，我们假设其他因素不变，仅在供给曲线上运动。当价格下降时，沿着供给曲线向左下方移动，相应的数量就是在此价格时的供给量。同样，当价格上升时，沿着供给曲线向右上方移动，所对应的数量就是价格上升后的供给量。当分析物品自身价格以外的其他因素对供给量的影响时，我们需要移动供给曲线。当坐标系中 x 轴和 y 轴所代表的两个变量不变（在此为数量和价格不变），其他因素发生变化时，曲线本身就要发生向右或向左的移动。例如，如果价格不变技术获得进步时，在同样的资源条件下所能生产的物品更多了，这种情况表现为供给曲线本身向右下方的移动。由于技术这一变量没有表示在横轴或纵轴上，因此，技术发生变化时，将使供给曲线本身移动。物品自身价格以外的决定供给的诸因素发生变化时，都会使供给曲线移动。

经济学家把沿着供给曲线的移动叫作供给量的变动，把供给曲线的移动叫作供给的变

动。供给量的变动和供给的变动表示的都是供给数量的变动，区别在于引起这两种变动的因素不同，在坐标图中的表示不同。

第四节　市场均衡与政府政策

一、市场均衡

前两节分别介绍了市场运行的两个方面——需求与供给，我们知道了价格与需求量和供给量的关系，知道了诸种因素是如何影响需求和供给的。现在，我们把需求与供给结合在一起，研究二者如何在相互作用下决定一种物品的价格和交易量，这就是市场均衡及其形成和变动的问题。

（一）市场均衡及其均衡价格与均衡数量

均衡本是物理学上的概念，经济学借用均衡一词指有关的经济变量在一定条件下相互作用所达到的一种相对静止的状态，即市场均衡。

市场均衡是所有买者与所有卖者之间的一种平衡状态，也叫市场出清。在市场达到均衡状态时，买者愿意而且能够购买的数量与卖者愿意而且能够出售的数量正好相等。此时此刻价格和交易数量不再改变，说明买卖双方都达到了自己的目的。即消费者在他们愿意接受的价格水平上购买到了他们所愿意购买的全部物品与劳务，不愿意增加也不愿意减少他们的购买量；生产者在他们愿意接受的价格水平上出售了他们所愿意出售的全部物品或劳务，也不愿意改变他们的供给数量。在市场达到均衡状态时，其交易价格为均衡价格、交易数量为均衡数量。

为什么经济学家推崇市场均衡呢？这是因为在市场处于均衡时，需求者获得了最大满足，生产者也得到了最大利润，双方皆大欢喜。只有在市场经过充分竞争达到均衡状态时，价格机制才能有效地发挥作用，更好地配置资源。

（二）市场均衡的形成

市场均衡是买卖双方经过竞争而形成的。在市场出现均衡之前，往往存在着或供大于求或供不应求的情况。下面我们分别分析，市场是如何从供大于求或供不应求这两种状态走向均衡，形成均衡价格和均衡数量的。

在供大于求时，市场价格高于均衡价格，存在着生产过剩、需求不足，即超额供给和需求低迷。在这种过剩情况下，是买方市场，买者具有更多的选择权利，买者可以主动砍价；卖者处于被动状态，被迫降价。价格降低的结果，一方面使供给量减少，另一方面使需求量增加。这种一方面减少另一方面增加的相反的运动过程，直到出现市场均衡，即供给量与需求量相等时为止。这是均衡价格和均衡数量形成的一种情况。

在供不应求时，市场价格低于均衡价格，供给量不足，会出现需求过旺、抢购的现象。在这种短缺情况下，是卖方市场。卖者意识到还有提高价格的余地，便纷纷升价。升价后卖者的收益增多了，生产量也就增多了。一部分收入高的买者为了获得自己的满足，能够接受提高了的价格；另一部分收入低的买者对升高了的价格不接受，便停止购买，离开市场。价格上升后，供给量不断增加，需求量不断减少，直到出现均衡，即供给量与需求量相等，价格上升的运动才会停止。

西红柿市场在供不应求和供大于求两种情况下是如何走向均衡的？在价格为每吨1000元和2000元的A项和B项中，需求量分别是58万吨和45万吨，大于相对应的供给量2万吨和15万吨，市场处于短缺的非均衡状态。供不应求的形势导致生产者提高价格。当价格上升后，消费者会因为西红柿变得较为昂贵而减少需求量，生产者会因为收益增多而加大供给量，最终使市场运动到均衡状态，即均衡价格为每吨3000元、均衡数量为30万吨。如果市场存在过剩，像在每吨价格为5000元和40000元的E项和D项中，市场供给量是58万吨和45万吨，大于相对应的需求量2万吨和15万吨，将产生一种使价格下降的力量。当价格从每吨5000元下降到4000元，再下降到3000元时，低价格一方面诱使消费者加大对西红柿的需求量，另一方面则使生产者减少对西红柿的供给量，这两种市场力量的相反运动，最终使西红柿的需求量与供给量相等，均为30万吨。价格下降到交易双方都能够接受的3000元时，市场实现了均衡，价格下降或上升的力量消失，这时，消费者不再改变自己的购买量，生产者也不再改变自己的供给量。

市场均衡的形成是供求两种力量相互作用、买卖双方竞争的结果，这其中包括供给群内部相互之间急于出售而争相降价或囤积居奇等待升价的竞争和需求群内部相互之间急于购买愿意出高价或等待观望不断砍价的竞争。均衡价格和均衡数量的形成过程正是市场机制调节经济的过程。在市场均衡的形成过程中，价格起着至关重要的作用。价格不仅代表了买者与卖者进行交易的条件，即买者对物品的评价高于或等于该价格，卖者的生产成本低于或等于该价格；而且，价格还是一种信号。如果买者需要更多数量的某种物品，该物品的价格就会上升，向卖者传递出供给不足的信号。如果卖者生产出了更多的物品，则会降低价格，向买者传递供给有余的信号。价格协调着买者与卖者的决策，平衡着供给与需求。市场这只看不见的手是通过价格的升降配置资源的。在生产成本不变时，价格上升后将会使更多的资源流向一种物品的生产行业，这种物品的生产量就增多了；价格下降后则会使更多的资源流出这个行业，这种物品的生产量就减少了。因此，市场机制又叫价格机制。

市场均衡是买卖双方经过竞争自然达到的。在这里，不需要市场以外的某种力量的干预，如垄断、行政干预。只有当市场出现了一些问题，这些问题市场自身又解决不了的时候，才需要政府帮助解决。

（三）市场均衡的变动及其分析步骤

正像任何均衡都是暂时的一样，市场均衡也是容易被打破的。前面笔者分析过决定供给的诸因素和决定需求的诸多因素，不管是决定供给的因素，还是决定需求的因素，都是很多的。例如，决定供给的因素有相关物品的价格、成本、技术、预期等；决定需求的因素有收入、偏好、预期、相关物品的价格等。这些因素中的任何一个或几个发生变化，都将使供给曲线或需求曲线发生移动，从而使市场从一种均衡状态过渡到另一种均衡状态。下面笔者分别分析需求变动引起的市场均衡的变动和供给变动引起的市场均衡的变动。

1. 在供给不变时，需求变动对市场均衡的影响

需求增加，需求曲线向右上方移动，均衡价格上升，均衡数量增加；需求减少，需求曲线向左下方移动，均衡价格下降，均衡数量减少。

如果人们的收入提高，或者医学家发现了西红柿对人的健康长寿有一种至关重要的新作用，或者发明了一种家庭制作西红柿酱更加简便实用的技术，使人们对西红柿的需求增加，西红柿市场上出现了排队抢购的情形，这时，西红柿的价格上升，而高价格激励生产者生产更多的西红柿。这种情况表现在坐标图中是需求曲线向右上方的移动，形成了新的均衡点，与原来的均衡点相比，均衡价格上升了，均衡数量增加了。图9-1反映了这一情况。

在图9-1上，原来的需求曲线为D、均衡点为E，当需求增加，需求曲线向右上方移动到D_1时，形成了新的均衡点E_1，这时，西红柿的均衡价格从每吨3000元上升到4000元，均衡数量从30万吨增加到45万吨。如果有一种比西红柿更加富有营养，更加便宜，口感也更加好的替代品问市，那么，西红柿的需求将会减少，西红柿的需求曲线将向左下方移动。这就是图9-1上需求曲线D_2和新的均衡点E_2出现的原因。当需求减少、需求曲线从D移动到D_2时，均衡价格从每吨3000元下降到每吨2000元，均衡数量从30万吨减少到15万吨。

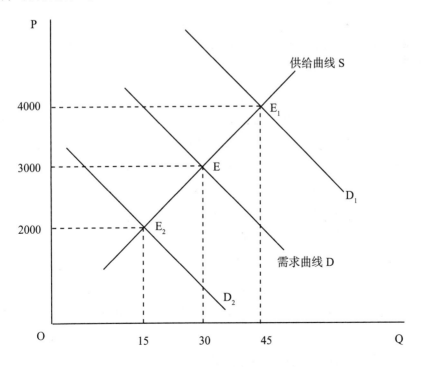

图9-1 西红柿市场需求曲线的移动引起的均衡的变动

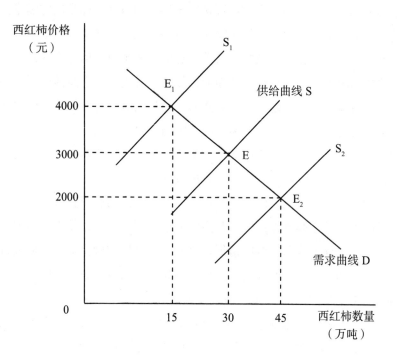

图 9-2　西红柿市场供给曲线的移动引起的均衡的变动

2.在需求不变时，供给变动对市场均衡的影响

供给增加，供给曲线向右下方移动，均衡数量增加，均衡价格下降；供给减少，供给曲线向左上方移动，均衡数量减少，均衡价格上升。

如果有一项适宜于西红柿增产的新技术被用于生产中，西红柿的供给将会增加，在其他因素不变的情况下，均衡价格下降，均衡数量增加，以吸引更多的人食用西红柿。图9-2说明了这一点。

在图9-2上，当需求曲线不变时，供给的增加表现为供给曲线向右下方的移动，均衡点从E变动到E_2，均衡价格从3000下降到2000元，均衡数量从30万吨增加到45万吨；供给的减少表现为供给曲线向左上方的移动，均衡点从E移动到E_1，均衡价格从3000元上升到4000元，均衡数量从30万吨减少到15万吨。

如果需求和供给同时变动，分析起来虽然有些复杂，但依照它们的变动方向分别移动需求曲线和供给曲线，仍然可以得到它们的变动结果—— 一个告诉我们均衡价格和均衡数量的新的均衡点。

从以上的分析中，我们可以得出供求定理。供求定理：需求的变动引起均衡数量和均衡价格同方向变动；供给的变动引起均衡数量同方向变动，均衡价格反方向变动。

3.总结以上我们对西红柿市场需求变动和供给变动的分析过程，可以得出对市场均衡变动分析的三个步骤：

第一，确定是需求曲线的移动还是供给曲线的移动。

第二，确定需求曲线或供给曲线向什么方向移动。

第三，用供求图分析均衡的变动，即分析均衡点的位置变动，分析均衡价格和均衡数量如何变化。

二、市场均衡政策

在市场达到均衡时，消费者购买到了自己想要购买的东西，生产者也将所生产的全部物品销售一空，既不存在剩余，也不存在短缺，是经济学家称道的一种最理想的状态。怎样达到这种理想状态呢？在微观经济领域，经济学家一致主张用"看不见的手"即价格机制调节经济、配置资源，由其自然实现均衡。但是，政府往往喜欢用"看得见的手"管理经济。当政府出于良好动机实施微观经济政策调节经济时，常常使供求偏离均衡，出现或供大于求的过剩或供不应求的短缺，导致资源配置紊乱，在各国普遍受到了经济学家的批评。

政府的价格政策是政府在微观经济领域实施管理的一种常用手段。政府常常采取的价格管制政策有两种，一种是支持价格政策（价格下限），一种是限制价格（价格上限）政策。

1. 支持价格政策

政府为了支持某行业的发展，常常为该行业的产品规定一个最低保护价，就是支持价格，也叫价格下限。

支持价格政策对经济的影响有两种情况：一种情况是支持价格低于市场形成的均衡价格时，支持价格没有作用。

另一种情况是支持价格高于市场形成的均衡价格。在此种情况下，供给量大于需求量，市场出现过剩。过剩的出现表明有一些卖者不能卖出他们想销售的所有物品或劳务。保护价格高于市场均衡价格时所造成的市场过剩。如果西红柿市场的均衡价格为每公斤3元，而政府为了扶持西红柿产业的发展，强行规定西红柿的价格为每公斤4元，那么，西红柿市场就会出现过剩现象。

政府规定的最低工资常常高于市场均衡工资。高于均衡工资的最低工资政策使劳动力市场供给量增加、需求量减少。这是因为在高于均衡工资的工资水平上，有更多一些人选择工作而不是赋闲在家、无所事事。同时，由于雇工工资高于用工者所愿意支付的工资，所以，一部分用工单位便放弃了雇佣工人的打算或者在现有职员的基础上再裁减一部分员工。政府的最低工资制度好像是为工人着想的，但其结果却不利于工人。经济学家指出，实施这一政策会加重社会失业率，使本来还愿意在较低工资水平上就业的一部分工人找不到工作。

支持价格政策实施更多的是农业。世界上很多国家出于保护农业和扩大农产品出口的目的都对农产品实施了最低保护价格或出口价格补贴。最低保护价可以采取多种形式，如按一种平价收购农产品，并按平价买卖，或按平价收购后在供大于求时低价出售，供不应求时高价出售使农产品价格维持在一定水平上。对农产品实行保护价格的好处是能够稳定农业生产，使人们有粮不慌，消除社会动乱的潜在因素；弊端是农产品长期过剩，加重了财政负担，浪费了社会资源，也削弱了农业的竞争力。

2.限制价格政策

限制价格也叫价格上限，是政府对某些关系国计民生的物品设置一个最高限价，销售价格不准超过这个限价，目的是保护消费者的利益。限制价格的作用也有两种情况。

一种情况是当限制价格高于均衡价格时，限制价格没有作用。

另一种情况是当限制价格低于均衡价格时，抑制了生产的发展而刺激了人们的购买欲望，使需求量大于供给量，市场出现短缺。在短缺经济下，人们购买物品时要站长队或走后门，黑市盛行。为了不使黑市盛行，政府也可能实行定量供应，限制购买。销售者则会采取搭配销售的办法，畅销物品和滞销物品一起卖，或者利用关系户、二道贩子变相挣钱。假设政府在西红柿市场上实行限制价格政策，把价格规定在每公斤2元上，低于市场均衡价格3元，这时就会出现短缺现象，使西红柿的需求量由300吨增加到420吨，供给量则由300吨减少到180吨。从计划经济过来的人对短缺经济是非常熟悉的。

在我国长期实行的计划经济时期，各种物品的价格被政府控制，价格是不高，但商品不够丰富。改革开放以来我们放开价格用市场机制调节经济后，生产增加了，市场繁荣了，各种物品琳琅满目、丰富多彩、应有尽有，很少有什么东西买不到。

参考文献

[1] 王涛.经济与管理论文集 2018[M].北京：对外经济贸易大学出版社，2018.

[2] 王明吉，李光辉.经济管理经典著作导读：第 3 辑 [M].石家庄：河北人民出版社，2019.

[3] 上海财经大学上海发展研究院.2018 上海城市经济与管理发展报告 [M].上海：格致出版社；上海：上海人民出版社，2019.

[4] 上海财经大学上海发展研究院，上海市政府决策咨询研究基地"赵晓雷工作室"，上海市教育系统"赵晓雷城市经济与管理工作室"编.2019 上海城市经济与管理发展报告[M].上海：格致出版社，2019.

[5] 高军.经济管理前沿理论与创新发展研究 [M].北京：北京工业大学出版社，2019.

[6] 祝见龙.农业经济管理 [M].石家庄：河北科学技术出版社，2016.

[7] 曾嘉，黄荣晓，黄英女.教育经济与管理 [M].北京：光明日报出版社，2016.

[8] 王培志，葛永智.农业经济管理 [M].济南：山东人民出版社，2016.

[9] 刘宏.民营经济管理研究 [M].长沙：湖南大学出版社，2016.

[10] 史万兵.教育经济与管理研究 [M].沈阳：东北大学出版社，2016.

[11] 朱伏平，杨方燕.经济管理 [M].成都：西南交通大学出版社，2018.

[12] 王远.环境经济与管理 [M].北京：中国环境出版集团，2020.

[13] 何丽荣.经济管理英语 [M].北京：首都经济贸易大学出版社，2020.

[14] 李涛，高军.经济管理基础 [M].北京：机械工业出版社，2020.

[15] 徐厚宝，闫晓霞.微积分 经济管理上 [M].北京：机械工业出版社，2020.

[16] 石振武，程有坤.道路经济与管理 [M].武汉：华中科技大学出版社，2020.

[17] 王宛濮，韩红蕾，杨晓霞.国际贸易与经济管理 [M].北京：航空工业出版社，2019.

[18] 颜廷君，顾建光.中国经济与管理 2018：第 1 辑 [M].北京：中国书籍出版社，2018.

[19] 颜廷君，顾建光.中国经济与管理 2019：第 1 辑 [M].北京：中国书籍出版社，2019.

[20] 姜方桃，邱小平.经济管理类专业"十三五"规划教材 物流信息系统 [M].西安：西安电子科技大学出版社，2019.

[21] 李永峰 . 矿业经济与管理 [M]. 徐州：中国矿业大学出版社，2016.

[22] 陈建明 . 经济管理与会计实践创新 [M]. 成都：电子科技大学出版社，2017.

[23] 王涛 . 经济与管理论文集 2017 版 [M]. 北京：对外经济贸易大学出版社，2017.

[24] 邓志阳 . 综观经济与管理 邓志阳文选 [M]. 广州：暨南大学出版社，2017.

[25] 李桂山 . 英汉双解经济与管理词典 [M]. 北京：商务印书馆，2017.

[26] 颜廷君，顾建光 . 中国经济与管理 2017：第 1 辑 [M]. 北京：中国书籍出版社，2017.

[27] 刘守刚 . 公共经济与管理财政学系列 财政思想与经典传承 [M]. 上海：复旦大学出版社，2020.

[28] 李萌昕 . 信息时代的经济变革 网络经济与管理研究 [M]. 昆明：云南人民出版社，2020.

[29] 王关义 . 经济管理理论与中国经济发展研究 [M]. 北京：中央编译出版社，2018.

[30] 颜廷君，顾建光 . 中国经济与管理 2015 第 2 辑 [M]. 上海：上海人民出版社，2016.

[31] 浙江省现代服务业研究中心，徐绪卿，夏晴 . 服务经济与管理评论 第 2 辑 [M]. 杭州：浙江大学出版社，2016.

[32] 徐力新，梁允萍，李丹，等 . 医院经济管理系统理论指引与实务指南 [M]. 广州：暨南大学出版社，2019.

[33] 陶薇，孙艳平，孙道勇 . 全国高职高专经济管理类十四五理论与实践结合型系列教材 商务沟通与礼仪 [M]. 武汉：华中科技大学出版社，2021.

[34] 上海公务员考试研究中心 . 经济管理 [M]. 上海：上海财经大学出版社，2009.

[35] 郭泽林 . 新形势下企业经济管理的创新策略 [M]. 北京：九州出版社，2018.

[36] 蒋硕亮 . 公共经济与管理·政策分析系列 公共政策学 [M]. 上海：复旦大学出版社，2018.

[37] 殷博益，许彩国，温春玲，等 . 21 世纪经济与管理精品丛书 市场营销学 第 3 版 [M]. 南京：东南大学出版社，2018.